［独角兽·法世界］丛书

铁面柔情

宋长琴　潘丰源　陈　珺◎主编

杨宜中◎等著

全国百佳出版社
中央编译出版社
Central Compilation & Translation Press

图书在版编目（CIP）数据

铁面柔情 / 杨宜中等著. -- 北京 ： 中央编译出版社，2011.11

（独角兽. 法世界）

ISBN 978-7-5117-1091-8

Ⅰ. ①铁… Ⅱ. ①杨… Ⅲ. ①法官－先进事迹－中国－现代 Ⅳ. ①K825.19

中国版本图书馆 CIP 数据核字（2011）第 220053 号

铁面柔情

出版人	和　龑
责任编辑	郑　锦
责任印制	尹　珺
出版发行	中央编译出版社
地　　址	北京西城区车公庄大街乙 5 号鸿儒大厦 B 座（100044）
电　　话	(010)52612345（总编室）　(010)52612336（编辑室） (010)66161011（团购部）　(010)52612332（网络销售） (010)66130345（发行部）　(010)66509618（读者服务部）
网　　址	www.cctobook.com
经　　销	北京瑞哲印刷厂
印　　刷	787 毫米×1092 毫米　1/16
开　　本	全国新华书店
字　　数	180 千字
印　　张	17
版　　次	2011 年 11 月第 1 版　2011 年 12 月第 1 次印刷
定　　价	38.00 元

本书常年法律顾问：北京大成律师事务所首席顾问律师　鲁哈达

序　言

康建枝

我也算是一个资深法官了吧，从书记员、审判员、副庭长、庭长、公安局副局长、法院副院长一步一个脚印的走过来，算一算，嗬，从事法院工作竟然都已经20多年了。

作为一名基层法院院长、党组书记，我深深地体会着我们国家日益的发展强大、繁荣昌盛，也深深地感受着社会矛盾的凸显和多样化。这些年，基层法院受案量逐年攀升，案多人少矛盾突出，审判管理难度不断加大，但在党的领导、人大的监督、政府的支持和上级法院的指导下，与其它法院一样，我所在的鄂尔多斯市东胜区人民法院，深入推进“三项重点工作”，强化司法为民力度，坚定地实践“为大局服务、为人民司法”的宗旨，使执法办案这个法院工作的第一要务得以贯彻落实，司法形象和社会公信力逐步提高。

这促使我在想，作为一个法院院长，在这个不平凡的时代，应该怎样团结带领“一班人”不断地拼搏进取，在化解矛盾、维护稳定、促进和谐等方面发挥更加重要的作用？我认为，法院各项工作的开展首先离不开一个优秀的班子，这个班子必须要“打铁还需自身硬”，能当好带头人，发挥好旗帜和表率作用，只有这样才能把法院队伍建设好，才能把以审判为中心的各项工作做得更好。在这方面，东胜法院的做法经过了时间和实践的检验，是成熟的。

东胜法院在领导班子建设上是有一套的。班子能够精诚团结，强化了凝聚力。我们坚持每季度召开一次民主生活会，“一把手”带头开展批评与自我批评，班子成员之间开诚布公，推心置腹；加强分工协作，党组成员不仅日常工作有分工，即便是临时性的工作也有人负责，班子成员分工不分家，各司其职，互相配合；建立《党组会议事规则》、《院长办公室议事规则》等多项制度，不断规范程序，在制度上对班子成员进行约束。班子能够坚持学习调研，增强了决策力。不断地健全和落实党组学习制度，坚持做到有学习计划、有必读书目、有学习笔记、有考勤登记的“四有”，通过坚持不懈的学习，实现领导思路的统一化；深入基层调查研究，亲自动手撰写调研文章，及时将调研成果转化成决策，用以指导法院各项工作；坚持院领导接待日制度，经常深入当事人中间，了解他们所想所盼，为他们排忧解难，及时化解矛盾，促进社会稳定。班子能够坚持民主集中，强化了执行力。在重大问题决策、干部任免、大额资金使用等方面严格按照“集体领导、民主集中、个别酝酿、会议决定”的原则，做到少数服从多数，进一步提高班子的执行力；把领导干部的责任内容纳入目标管理，做到年初有规定，半年有检查，年终有考核。

不仅如此，东胜法院在用科学的机制实施管理上也是有一套的。我们建立起了审判流程管理机制。出台《审判案件流程管理办法》，建立审判案件流程表，将案件从立案、分案、审理、执行、审限管理、结案、送达、评查、归档、案卷移送等每个环节加以反映，流程表随案流转，并随案送评。建立案件质效监督长效机制。改不定期的庭审观摩为每月一次，由评查小组和审委会成员旁听庭审过程，对法官素质、庭审艺术、审判流程、法官驾驭庭审能力等6个方面45项具体内容严格进行现场考核打分、现场点评，并公开通报考核结果。建立量化考评机制。建立以目标管理考评、卷宗质量评查、信访案件、流程落实、质量差错案件、上诉及再审、违法违纪通报等8项经常性考评通报为主要内容的干警绩效考评机制，形成了周通报、月考核、年奖惩的经常性管理机制。建立司法服务机制。在立案大厅设立诉讼服务中心，实现立案审查、法律咨询、诉前调解、判后答疑、申诉复查、诉讼保全"一站式"服务；推行"巡回法庭"、"假日法庭"，开通24小时接待电话，对诉讼不便的群众实行上门立案、预约开庭；建立"绿色通道"，对涉及弱势群体利益的案件实行"三优先"，即优先立案、优先审理、优先执行；实行司法救助，设立司法救助专项基金，广泛开展诉前协调、法制讲座、以案说法、法律咨询等便民活动。建立"4321"队伍管理机制。就是在队伍建设中实行"四项能手选拔、三级工作调度、两级政绩考核、一案差错否决"的管理机制。"四项能手选拔"，是评比调解巧手、审判能手、记录强手、执行好手，量化考核干警的执法工作。"三级工作调度"，是院长每季度对分管副院长的工作进行一次调度，分管副院长每月对庭室负责人进行一次调度，庭室负责人每半个月对庭内工作进行一次调度。"两级政绩考核"，即院里每月对庭室进行一次考核，庭室每半个月对干警个人进行一次考核。"一案差错否决"，就是对办错案件的干警实行一票否决，不再参加评先活动。建立廉政风险防范管理机制。创新"3+"机制（三个重点、三类等级、三道防线），建立起"责任明确、制度健全、运转协调、问责有力"的廉政风险防范管理机制。按照"对照岗位职责——梳理岗位职权——找准廉政风险——确定风险等级——公示接受建议"的步骤，着重围绕思想纪律作风建设、制度机制建设、岗位职责三大类风险，突出“三个重点”（重点领域、重点岗位、重点环节），严格“四个环节”（岗位自查、部门帮查、分管领导评查、党组审核），采取“五种方法”（自己找、同事帮、群众评、领导点、党组审），对全院每一个工作岗位的廉政风险点进行严格排查。六大类500余条规章制度的建立，形成了“人人头上有目标，个个身上有责任，项项工作有标准”的科学管理机制。

而且，我们“一班人”始终清醒地认识到，干警的素质是法院的灵魂和根本，关系到这个集体的前途和命运，对干警的素质教育必须常抓不懈。所以，东胜法院在教育培训上当然也有一套。我们建立法官讲坛。每月举办一次，由院领导带头，庭长、审判员轮流主讲。每次设定一个主题，讲解内容要求结合法官职业与审判工作特点，每次活动全院干警均到场旁听学习，并可围绕该主题对主讲人进行自由提问，进行交流讨论。我们实行“六个一”学习制度。每周组织一次学习例会，每月召开一次学习讲评会，每月进社区搞一次社会调查，每季度开展一次读书交流会，每半年举行一次学术研讨会，每年至少举办一次专家讲座。我们实行“四个”评比活动。深入开展调解巧手、审判能手、记录强手、执行好手岗位大练兵活动，进一步提高干警的业务素质。我们邀请一批资深法官和学者言传身教，全面提升法官在驾驭庭审、诉讼调解、法律适用、文书制作、矛盾化解等方面的能力。我们开展“六个一”廉政活动。通过组织全院干警每年开展“读一本好书、写一篇反腐倡廉文章、每人写一条警句、看一部电教片、组织一次参观监狱、发一条廉政短信”的“六个一”活动，为干警们脑子里装好“杀毒软件”，提醒干警们自觉筑牢反腐倡廉的“防火墙”。

如上所述，正是由于有了较好的组织保障、制度规范、素质建设，才有了东胜法院一个又一个的成功，才有了社会各界对东胜法院的充分认可，才有了东胜法院的可持续发展。说到成功，结合我作的这个序，我就挺想跟大家提提法院的执行工作和我们东胜法院的执行。

有法律常识的人都知道，执行是落实法律效果、兑现法律承诺的最后手段，而执行难已经成为全社会关注的焦点和难点，如何破解“执行难”顽疾，实现社会公平正义，就成了法院工作的重中之重。最高人民法院历来十分重视执行工作，副院长江必新在今年9月20日召开的全国优秀执行法官先进事迹报告视频会上还指出：“当前执行工作任务重、责任大、风险大，压力更大，要做好这项工作，必须坚持‘公正、廉洁、为民’的核心价值观，必须具备更加全面的政治、业务和道德素质。”

东胜法院坚决贯彻落实最高法院的指示要求，近年来从完善执行联动机制入手，知难而上，努力探索执行工作新机制，切实提高执行实际到位率，走出了一条比较适合当地实际的成功之路。截止到2011年8月的近两年里，我们一共受理了2093件执行案件，执结1698件，执结率达到了81.12%，执结标的18268.1556万元，实现了良好的法律效果和社会效果。

应该说，我们在执行方面也是有一套的。首先，我们构建了诉讼诚信体系。就是以执行环节为枢纽，以诉讼、执行程序中掌握的诚信信息为基础，主动在法院内外广泛收集、整理、分析、运用涉及被执行人、其他诉讼参与人、协助执行单位以及中介机构的信用信息，建立起完备的执行征信信息库。在这个基础上，以执行征信调度中心为平台，对内向立案、审判、信访等各环节延伸，对外加强与银行、公安、房管、车管、工商等相关诚信系统的对接，限制不守信当事人的经营、消费等行为，对诉讼参与人失信行为进行有效规制。

其次，我们构建了“三六三”执行体系。就是“三项机制”：执行联动机制、信息共享机制、执行威慑机制；“六方参与”：党委领导、人大监督、政府参与、政协支持、各界配合、法院主办；“三项制度”：建立联席会议制度、执行救济制度和执行公告、公示威慑制度。

还有，我们致力于打造执行民心工程。这包括：一是建立“民生案件快速执行通道”，对涉及人身损害赔偿、医患纠纷、劳动报酬以及“三费”案件做到“三快”即“快立”、“快审”、“快执”。二是念好“四字诀”，即突出“快”字，确保涉老案件30内执结；强调“心”字，针对涉老案件“沟通难、提供线索难、和解难”等难题，用“耐心”、“细心”、“真心”逐一解决；体现“合”字，突出沟通、配合，实行多方合力，共同执行；落实“助”字，成立救助困难当事人专项基金，对经济特别困难的刑事案件被害人和执行案件的申请人进行救助，切实保障当事人的合法权益。

就像不断探索和创新执行工作一样，多年来，东胜法院坚持“以创新管理体制为重点，向审判管理要质量和效率；以推进公正廉洁执法为保障，向队伍建设要能力和素质”为新时期的工作思路，把“服判息诉，案结事了”作为衡量工作的标准，扎实推进各项工作，全面提升了整体工作水平。

我们法院先后荣获了“全国优秀法院”、“人民满意的好法院”、“全国法院调研工作先进集体”、“全国巾帼文明岗”、自治区法院系统集体一等功、自治区三八红旗集体、自治区司法警察工作先进集体等30多项荣誉。

面对这些荣誉，我会首先想到我的前任们和我的同事们的敬业与奉献，其实他们才是创造这些成绩的主角和主体，而我只是他们中的一个。面对千头万绪的法院工作，忙里偷闲的时候，我喜欢静静地思考，梳理总结一下这些成绩与荣誉背后的工作规律，思考我们东胜法院的现在和将来。

面对东胜法院的将来，我们会以更加饱满的热情和更加有力的措施，从大局着眼，依法履行宪法和法律赋予的职责，在迎接挑战中抓机遇，在破解难题中求突破，在科学发展中谋崛起，在扎实工作中创模范，努力建设一流法官队伍，争创一流工作业绩，为建设平安、和谐社会做出新的更大的贡献！

宜中的老家和我们离得特别近，我们是老乡，借他这本反映法院执行工作全景的著作出版之机，写下这些感想和体会，和全国的读者、同行们分享，是一件非常有价值和意义的事。这还让我有一点感想，我觉得做司法宣传的法院同事们就是不一样，他们总是能从独特的角度去宣传法治，这也是一件功德之事。

故聊以为序。

2011年9月22日

语录摘示

人民法院院长，既是一种职务，更是一种责任。要当好人民法院院长，必须正确把握和履行五项职责：一要守住底线。公正是人民法院的生命线，必须坚守这条底线；二要带好队伍。要打造一个过硬的班子；三要抓好管理。不断提高法院科学管理的水平，向管理要公正、要效率、要形象、要公信；四要推进创新。要坚持在党的领导下稳步推进，坚持从制约司法公正的环节和人民群众反映强烈的突出问题改起，坚持有利于实现司法公正高效；五要回应关切。对社会和人民群众的关切，一定要持积极主动的态度，一定要严肃认真地给予回应。

——摘自最高人民法院院长王胜俊2010年7月19日在全国中基层法院院长第十一期培训班开班式上的讲话

目录
CONTENTS

传奇局长的传奇执行

背景·印象
Background & Impression

成就一番事业，全凭底气支撑。人格魅力靠人气，事业有成靠才气，永不退缩靠豪气。人气、才气、豪气构成人生的底气。

为了探寻执行法官的底气，云南省宣威市人民法院执行局副局长孙亚东用人气、才气、豪气再加正气凝结成的一个个执行传奇故事，奔腾于熟知他的人们心间，那一场场惊心动魄的执行往事总是栩栩如生。

1

□ 核心提示

看着老华远去的背影，孙亚东打了一个寒噤。一方是癌症病人，一方是近千万资产的老板。态虽然表了，但责任不是空对空的发个执行通知，简单的做做被执行人思想工作，在被执行人不履行的情况下找一个回避的台阶。

□ 执行感悟

底气足，办事雷厉风行、果断有力、昂扬向上、独领风骚；底气不足，办事畏畏缩缩、优柔寡断、困之于力、流之于俗、毁之于气。我是个执行法官，我的执行生涯告诉自己，我的底气是足的。

——孙亚东

独特阅历

“求求你了，孙法官。我怕是前世与你有

缘，案件才会又转到你手里。世上没人能治好我的癌症，但我相信你能执行好我的案件。”来人是华某，宣威市民间根雕艺人。

孙亚东给老华倒上一杯水安慰道：“案件刚刚转到我手里，我不会给你留下遗憾。不过，你还是以保养身体为主，不要天天往法院跑了。”

“本来我也不想跑了，但治病要钱哪。被告财产接近千万，差我的无非就是十多万，法院连这点钱都执行不了，我死了也不瞑目。到底为什么，难道真的这社会上钱能通神吗？我跑了法院这几年，也有人告诉我，你的案件要是能够转到那个眼睛亮亮的、眉毛黑黑的、个子高高的贵州人手里就会有希望，在他手里只要被告有钱，没有执行不了的案件。想不到他们说的那个贵州人就是你孙法官，缘分啊缘分。”老华道。

孙亚东笑了笑说：“你也不要听他们过奖了。确实，我们执行法官的心情都一样，只要案件分到手里，都巴不得及早给当事人一个满意的答复。但案多人少，有时确实顾不过来，你不必有其他的想法。不过，你的案件既然到了我手里，按时间顺序我一定会给你一个尽到我责任的答复。

老华忧中有喜道：“只要你真的尽到责任，即使执行不了，我死了也会瞑目，不论怎么说，办总比把案件锁在抽屉里强。孙法官，有你这句话，我该走了，明天，我就要到昆明去化疗。从今以后，我不会来找你，因为从你的言谈中我知道了你的良心。”

看着老华远去的背影，孙亚东打了一个寒噤。一方是癌症病人，一方是近千万资产的老板。态虽然表了，但责任不是空对空的发个执行通知，简单地做做被执行人思想工作，在被执行人不履行的情况下找一个回避的台阶。于是，他打电话把被执行人何某叫到了办公室。

何某打开一包云南印象，抽出一支叼在嘴上，把剩下的“啪”的一声甩在茶几上，然后嘴里就像在茶室一样若无其事的吐起烟圈，让人有一种来者不善的感觉。

孙亚东压住心中被挑衅的怒火："今天请你来主要是商量一下华某与你的执行案……"

还不等孙亚东说完，一句十分强硬的话伴随着何某的烟圈从他的嘴里吐了出来："如果是好吃的果子，早就被山耗子吃了。"孙亚东再次忍住心中的怒火："何老板，话不能这么说，你还是换位考虑一下，对方现在是癌症病人，也正是需要钱医治的时候，不论从哪个角度，都应该给以安慰，就13万元而言，对你来说无非是九牛一毛，况且你们过去还是合作伙伴。""什么合作伙伴，什么九牛一毛，我的钱再多也是我的，你到底与他有什么瓜葛，敢大口大气地通知我来你办公室。"向某说。

孙亚东再也忍不住了："我跟他是有瓜葛，这个瓜葛就是人民法官为人民。案件既然到我手里，我就得对当事人负责，对法律负责。"只听对方道："好，他是人民，我也是人民，你想围着他转，我不跟起你走。我的房产你见着了吧，13万莫非就是一个厕所的价值，你想咋个执行你就去执行，我等着你。"

何某捡起他茶几上那包云南印象，叼起一支扬长而去。

孙亚东并不气馁。次日他又主动上门去何某的公司找何某。何某的"军师"胡某趾高气扬，说："何老板不在。"当问其公司账号时，胡某反问："你们是反贪局的吗？"孙亚东说："我们是法院执行局的。"胡某说："那就对不起。"当孙亚东走出门外，屋里传出一声："这些狗日的。"跟随孙亚东前往执行的同事忍不下这口气，当时就想返回去问个究竟。孙亚东拦住同事说："忍忍吧，当执行法官不挨骂是不可能的，听惯了也就无所谓。"

访来访去，当孙亚东得知何某与某公司有一笔经济来往，于是就给某公司下发了协助执行通知书。该公司当即表态，这笔款还没有到我们账上，到账上你们就来办手续。然而，当孙亚东他们后来去提款时，有协助义务的某公司却说，该款被何某提走了。孙亚东气不打一处来："当初说得好好的，一下就变卦了。法律难道不如一个老板？司法文书在他们眼里莫非就是一张白纸？"他当即请示主管院长，将其有协助义务而不协助的该公司负责人和经办人给予司法拘留。

被拘留人带到法院后，认为法院无能的何某和"军师"胡某气汹汹的赶来，说道："你们想杀鸡警猴吗？放掉他们，有本事就拘留我。"拒不执行法院生效判决，此人本已违法，孙亚东及在场的执行法官一拥而上，本来他们也不想打上门的狗，但这些人也确实太藐视法律了，于是两幅铮亮的手铐终于在这些人的手上显示着它的威严。

由于拘留了近千万资产的何某及其有背景后台的"军师"胡某，不到半个小时，说情的电话便让法院领导和部分干警应接不暇。此时的孙亚东也犹如一头暴怒的雄狮，不论谁说请、谁表态，他只反复讲一句："只要有人先拿出13万元替被告担保，让癌魔病人有个心里寄托，就依法放了他们。"

说情者们只好反过来做何某的思想工作，赔钱事小、名誉事大。现在还来得及，无非就是13万吗？

何某终于同意，并说将其自已公司一角抵做申请人债务。想不到申请人也毫不含糊地同意，法律总算胜利了。然而，当申请人组织人员施工时，何某又主动跟华某商量，算了，我还是给你现金。

案件终于执行了。华某有一个名叫蓝天雄鹰的根雕，曾经有人给过上万元他不卖，此时他硬要送给孙亚东。孙亚东说："'蓝天雄鹰'，我会记在心里，但根雕我绝对不能收，收下你的根雕，我执行这个案件就没有法律意义了。"

2

□ 核心提示

案件线索断了，3000元都执行不了，这还算什么执行法官？喜欢打乒乓球的他此时才真正体会到那句“乒乓球上桌，两头挨打”的歇后语。遭到被执行人奚落，人家说你痴呆，还要当做饭桌上的笑料；3000元执行不下来，申请人说你无能甚至还说你与对方有什么关系。

□ 执行感悟

执行工作就一般人看来在法院算是一项粗活，照判决书所确定的标的把标的物交给对方即可。然而，被执行人躲避、标的物隐匿却是执行难的基因，比起明目张胆的暴力抗法，寻找被执行人、挖掘隐匿标的就难得多。

——孙亚东

独特阅历

执行工作就一般人看来在法院算是一项粗活，照判决书所确定的标的把标的物交给对方即可。然而，被执行人躲避、标的物隐匿却是执行难的基因，比起明目张胆的暴力抗法，寻找被执行人、挖掘隐匿标的就难得多。如果说平息暴力靠勇气，那么从茫茫人海中跟踪被执行人、从无疆的世界中挖掘被执行人财产就必须靠智慧了。

智慧从哪里来？于是，他迷上了《神探狄仁杰》和《渡江侦察记》等法制故事和反特故事片。集古今智慧，不是狄仁杰的他却演绎着狄仁杰；没有当过兵的他却演绎着《渡江侦察记》中的“李连长”，而成为其法院执行局的“侦察兵。”

被执行人出租车司机宁某差王某3000元债务。执行3000元债务，对一个出租司机来说，本来是小事一桩。但宁某与孙亚东第一次接触之后就杳无音信。因为他熟悉孙亚东的口音，只要一听是孙亚东的电话就不接；因为他与法院有纠葛，问其挂靠出租车公司，人家说早就脱钩了。到交警队去查，车主不是其本人。找到车主，车主说原来是租他的车开，现在没有租了，也不知他的去向。

案件线索断了，3000元都执行不了，这还算什么执行法官？喜欢打乒乓球的他此时才真正体会到那句“乒乓球上桌，两头挨打”的歇后语。遭到被执行人奚落，人家说你痴呆，还要当做饭桌上的笑料；3000元执行不下来，申请人说你无能甚至还说你与对方有什么关系。不行，我既不能给被执行人增添笑料，也不能让申请人说我无能。于是，《神探狄仁杰》和《渡江侦察记》中的“李连长”在他心中更加高大起来，他们之所以能够高大，是因为他们敢于突破前人没有做过的事。自己不能高大，是因为自己照葫芦画瓢还会走样。于是，执行教科书中没有的手段使他产生一个想法，那就是侦察故事中的“引蛇出洞。”

为了让他的想法变成现实，他不用法院的座机，也不用自己的手机。他跑到振兴街的一个公共电话亭，操起了广东话：“喂，你是出租车司机吧，我有一笔生意，十二点前要赶到曲靖，能不能租你的车用一用。”宁某终于出洞了：“你给多少钱？”孙亚东答：“钱（蚕）没关系啦，按市场价给你翻（攀）一番（攀）。”“你在哪儿？”“我在中银大厦门口。”“好，我送一个客人去火车站马上就回来。”

不到十五分钟，那辆出租车终于犹如发现猎物的蟒蛇在西河桥露出了“蛇头”，张望着向中银大厦急驰而来。当宁某停下车从车里钻出来张望，孙亚东一个箭步跨过去犹如捕蛇人抓到了蛇的七寸。“走，跟我到法院去。”宁某还没有来得及反应，便说：“请你不要影响我的生意，我要送客人到曲靖去。”孙亚东想笑而没敢露，说道：“曲靖今天不去了，改日我给你介绍，现在你必须跟我去法院。”宁某终于明白自己上了当，豆大的汗珠从额头上滚落下来。

宁某被带到法院。当孙亚东宣布对其拘留时，狡猾的宁某装出无钱的穷酸样，说道：“孙法官，过去我对不住你，你打电话我不接，还告诉车主说如果找着他就说我早就没有给他开车。现在我不能再欺骗你了，只要你饶了我，明早我就把钱送来。开车人从不说不吉利的话，但我今天说了，如果明天不送来，我就翻车死。”

刚中有柔的孙亚东相信了：“既然这样说，我再相信你一次。”

次日，宁某终于来了，还带来了一个老板，是个夹杂着黑老大模样的彪形大汉。此人进门便问：“哪个是孙亚东。”孙说：“我是。”彪形大汉叼起一支烟吹了吹鼻子说：“看不出来，是谁给你权力在路上拦截我兄弟。”孙亚东说：“不是拦截，我是执行公务。”“哪里有这样执行公务的，简直是土匪。”孙亚东强忍着心中的怒火：“你是谁？”彪形大汉说：“不要问我是谁，大路不平旁人踩。今天我就是要问一个究竟，到底是谁给你这个权力。”

孙亚东说：“法律给我的权力，左一次又一次地躲避导致案件执行不了，采取措施拘留他是我职责。如果错了，你可以去纪委、去人大告我。一句话，我不能让法院的判决成其为一纸空文，我不能让老赖影响我的尊严。”然后又问宁某：“钱给带了？”彪形大汉又说“昨天的问题都还没有给我解释，怎么又要钱了。”孙亚东抑制住心中的怒火：“请你不要干扰我执行公务。”“多大个球公务，法官有球什么了不起。”叫上宁某就想走。孙亚东再也忍不住了，在场的法官们也听不下去了。噼噼啪啪，锃亮的手铐锁住了彪形大汉想施淫威的双手。

在场的法官们给了彪形大汉一个下马威。彪形大汉一反先前的怒态：“你们要拘留只能拘留他呀，怎么拘留我呀。”孙亚东说：“今天我们只能拘留你，因为你妨碍我们执行公务。”宁某苦苦哀求：“孙法官，他是我的好哥哥，事是我惹的，放掉他吧，我现在就执行你们的判决。”

彪形大汉立即用他那被手铐锁着的双手艰难地从衣袋里掏出一包中华烟犹如作揖地递到孙亚东面前：“老孙，抽烟吧。”怒气未消的孙亚东一把把那包香烟砸在地板上：“现在你知道小锅是铁铸的了吧。除了拘留15日，还要交罚款1000元。”拘留期满后，彪形大汉不但没有来找孙亚东寻衅恣肆，反而告诫他的哥们，法院那个孙亚东惹不得。

彪形大汉原来也姓宁，是宁某的同乡。事隔不到两年，彪形大汉又有一起债务执行案到了孙亚东手里。当他知其案件就是原先以妨碍执行，拘留他的孙亚东执行，还不等孙亚东上门就主动交来了执行款。这一次，他掏出一包云南印象递一支给孙亚东。孙亚东不但没有把它甩在地板上，还主动与他握了一次手。

3

□ 核心提示

孙亚东步步紧逼：“你身为狱警，这是一个基本常识，既然是法院的调解，钱也应该当着法官给付即使不当着法官给付当时你也要跟她要下一个收条，为什么你在申请人申请后才来补写收条？既然你要和她和好，那为什么又要补写收条呢？

□ 执行感悟

执行陷入僵局，遭遇被执行人威胁、利诱，这都是执行法官避免不了的。陷入僵局要沉得住气，被威胁要以正压邪，遇利诱经得起考验，这样才能胜利突破。

——孙亚东

独特阅历

"孙法官，这烟我们也知道拿不出手，但这是我们母女俩的一点心意。"看着那条沾满泪水的紫云香烟，孙亚东也流泪了。

来人叫胡丽，宣威市人。就在她初中毕业那年，病魔夺去了她父亲的生命。被宣威重点中学录取的她为了赔偿父亲生前住院的那笔债务，只好放弃未来考大学的梦想外出打工。尽管母亲想借钱拉债供她读书，但倔强的她不忍心看着中年丧偶的母亲一天比一天佝偻驼背，更不忍心看到母亲背着她而揩不干的泪水，她要让母亲站起来，并且站得更直。

打工期间，她认识了同乡廖某。由于胡丽有着阿娜多姿的身材，芙蓉出水的神韵，拥有大学毕业文凭的廖某便缠住了她。"不合适吧，你是大学生，我是初中生，况且我只有一个母亲，家里还有一屁股两肋巴的债。""胡丽，你想到哪里去了。我虽然是个大学生，由于没有后台，最终还不是一个打工仔。虽然我们的遭遇有所不同，但都是天涯沦落人。"

就这样，胡丽和廖某好上了。看着天生的一对，地配的一双，胡丽的母亲终于又看到了这个家的希望，于是也就名正言顺的给他们办了婚事。然而好景不长，因为廖某考上了某监狱的狱警，笼罩在这个家庭上空的阴云慢慢朝着这个家压来。

离婚那天，尽管法官们苦口婆心，但也难挽回这个家的厄运。胡丽含着眼泪对法官说："叔叔，你们不要劝了。既然他已死心，强扭的瓜也不会甜。不过，他欺骗了我的感情，总得给我个说法吧。"经法官做工作，廖某答应给胡丽6.8万元作为精神上的慰藉。

廖某接到法院的离婚调解书，把6.8万元当做在法庭上骗取胡丽答应离婚的诱饵。2010年11月6日，胡某在其母的陪同下来到法院请求强制执行。孙亚东立即通知廖某。廖说，这钱我已经给了，她还给了我收条。

孙亚东又把胡丽母女通知来到法院问其到底是怎么回事？胡丽失声痛哭起来："叔叔，我又受骗了。那天晚上，他把我邀约到总站旁边的一家旅馆，说是要和我和好。他真的像谈恋爱一样，给我这样饮料那样饮料，我真的看不出有什么破绽。当我迷迷糊糊的时候，他叫我帮他抄抄那份材料，一遍不行两遍，到底抄些什么我也记不得了。我只记得他说他要和我和好，钱就不执行了。"孙亚东急了，如果真的这样，这事只有找公安机关，白纸黑字，单从鉴定是无法解决的。凭他个人的判断，廖某是不想给你这笔钱了。法院也无法推翻胡丽给廖某的收条是假的。胡丽只有找他单位领导做做思想工作，看他能不能从良心上悔悟。

话虽这样说，但孙亚东并不就轻易放弃这个案件，如果真的上当受骗，母女两确实太可怜了。于是，他通知廖某把胡某给他的收条拿来，发现那一张收条的落款时间是在孙亚东第一次打电话给廖某的时间后，抓住这一疑点，孙亚东把这一疑点和胡某对字据的陈述与某监狱取得联系，并有监狱纪检工作人员在场的情况下问及为什么我当时电话通知你你说钱已经给付了，落款时间又是你告诉我钱已给付的事后，这到底是怎么回事。还有，在写收条的当晚，你采取的手段合不合法？你给我解释第一个问题。第二个问题不是我的职权，你就不需要解释。

看着孙亚东的架势，缺乏反侦察能力的廖某虚汗淋漓："那张收条是假的，但钱确实给了。"

孙亚东步步紧逼："你身为狱警，这是一个基本常识，既然是法院的调解，钱也应该当着法官给付，即使不当着法官给付当时你也要跟她要下一个收条，为什么你在申请人申请后才来补写收条？既然你要和她和好，那为什么又要补写收条呢？你考取狱警不容易，离婚也是很正常的事，作为法官，我也不会说你是不是“陈世美”，但我希望你不要把问题闹大，钱到底给了没有，你回去好好想想再跟我们联系。”

没过多久，廖某又给孙亚东打来电话，说：“那天我与你说那个收条当时我承认是假的是出于我的心里有压力，其实那张收条是真的。现在我想好了，不论出现什么压力，对你们还是应该说真话。”廖某不承认这笔钱没给，孙亚东还真的没有办法了。正当执行陷入僵局时，胡丽又来找孙亚东反映，说是有一个人打她的电话威胁她，如果不承认廖某那笔钱已给，她们母女就不会有好日子过，还说了些可怕的话。

孙亚东问胡某：“你怎么表态？”胡说：“没有，我把手机关了。”孙亚东安慰道：“不怕，他可能还会打来，到时你按下录音键，号码好查得很。”果不其然，没过两天，那个电话又打来了。孙亚东问她声音像谁？胡丽说：“有点像他哥哥。”孙亚东有底了，又找到某监狱纪委将廖某叫来。当着在场人的面，孙亚东问廖某：“你知道这个电话号码吗？”廖答：“不知道。”请你听听这段录音，录音里放出：“你再不承认钱已给了，你就不要说我太手狠了……”

做贼心虚的廖某当即求饶：“这可能是我哥哥干的瞎事，这钱我给、我给。”就这样，胡丽应得的6.8万元终于得到执行。

事后，胡丽母女两给孙亚东带来两条紫云香烟表示衷心谢意。但孙亚东执意不要：“不是我嫌你们的紫云香烟上不了档次，而是我抽不下你们那带泪的香烟。”

“谢谢你了，孙法官，要不是你明察秋毫，那‘陈世美’真把我们母女俩骗定了……”

4

□ 核心提示

老总没来，代理人倒是雷厉风行。孙亚东给代理人交待，他们今天来主要是送达限制这家公司高消费令。既然该公司目前经费困难，老总就应该勒紧裤腰带过一段时间的平民生活。限制高消费令全国法院联网，还要抄送民航、车管……

□ 执行感悟

无论干那一行，态度都是一个决定性的因素。当你确立并养成了对自己负责的工作总是穷尽了办法去做好它时，大家和社会就会认可你，觉得你很不一样，你就传奇了呵。

——孙亚东

独特阅历

“老总在家吗，我们想找他一下。”当昆明某机电设备公司办公室里的一位女士看出来人胸前有鲜红的法徽和领带上镶嵌着天平的显影，便问：“你们是？”孙亚东立即回答：“我们是宣威法院执行局的。”孙亚东立即掏出工作证朝那位女士递去。精明干练的女士突然想起该公司不久前在宣威输了一场官司，于是立即站身给孙亚东等法官泡茶，热情的招呼：“请坐、请坐……”

“老总公差外出。先喝杯水，我私人请你们吃饭。不介意吧。”“君子之交淡如水。饭就不必客气了，既然老总不在，我们想请你签收一份执行通知书。”女士爽快答道：“没问题，那我也就当一回君子吧。”女士接过执行通知书和曲靖中级法院的二审判决书故作惊讶道："返还工程款21.08万元，违约金20万元，这么多呀？"

然而执行通知书送达后，老总长期不会面，电话接通没人接。孙亚东不得不第三次再跑昆明发云南省宣威市人民法院报告财产令。老总得知后急了。虽然他不与孙亚东会面，但还是派来了他的委托代理人。孙亚东问其代理人，能全权代理吗？律师也很果断回答，能。然而，凭代理人提供的银行账号，余额只有8000元。不可能吧，这么大的公司余额只有8000元，孙亚东脑海里产生了疑问。

经过秘密走访调查，孙亚东查出该公司另外还有五个账户，第五次又来到该公司准备对其隐瞒财产处罚。先前的委托代理人不敢出面了，并由另一代理人与孙亚东周旋，答应划拨20万元，剩下的一个月划清。

一个月过后，仍然不见该公司的动静。孙亚东又带着两位执行法官来到该公司。由于该公司办公室是租住的楼房，为了不打草惊蛇，他们不与公司通电话，不按门铃与公司对话开门。他们请保安悄悄打开底楼门口。当他们闪进该公司办公室，眼前一派肃静的场景。还是先前那位女士打圆场："对不起，公司目前处境困难，又害你们大老远的跑来。"孙亚东带有严肃的口气："还要劳驾你一下，请把你们老总或他的代理人叫来。"

老总没来，代理人倒是雷厉风行。孙亚东给代理人交待，他们今天来主要是送达限制该公司高消费令。既然该公司目前经费困难，老总就得勒紧裤腰带过一段时间的平民生活。限制高消费令全国法院联网，还要抄送民航、车管……

"别、别。你说的我知道了，限制高消费令一发出，就等于我们公司倒闭，谁还敢跟该公司做生意，你等等，我跟老总联系一下，该公司经费是有点紧，但还没有到那一步。"代理人拨通老总的电话，只听那边传来"划给他们算了"的声音孙亚东从1991年调入宣威市人民法院已有20年了，到执行局一干就是十年。虽然他没有惊天动地的创举，但在宣威这块6000多平方公里的土地上，茶余饭后、闲谈聊天，都会有人聊起孙亚东“艺高底气足，胆壮鬼避之”的传奇执行故事。就靠这些传奇的执行故事，他被宣威市有关部门和宣威法院四次评为先进工作者、一次云岭优秀职工、办案能手、优秀公务员、三次优秀党员、五星级党员；就靠这些传奇故事，他在2011年宣威市人民法院中层干部竞争上岗中获得组织满意、干警满意的评价，并在激烈的竞争中晋升为宣威市人民法院执行局副局长。

（本文其他作者：张选仁）

第二章　江苏海安李宏林

执行局长“柳叶刀”

背景·印象
Background & Impression

多年来，李宏林始终如一，恪尽职守，把一个个看似无从下手的“死案”扭转办成“活案”，为海安的执行赢得了良好的声誉。由此，他也总结出了他办案成功的“秘诀”：工作有韧劲，手脚要勤快。他带领的海安法院执行局，多次被省高院评为廉洁司法行为示范点、清理执行积案先进集体。他曾荣获全省执行工作先进个人并记二等功两次、三等功三次，获得过海安县政法系统十佳先进个人、海安县优秀共产党员等多项荣誉称号。

1

□ 核心提示

时至今日，判决发生法律效力已经两年多了，40多万元的执行款至今没有着落。家中的顶梁柱塌了，冯建州、刘美芳两位老人一边面临着“白发人送黑发人”的丧子之痛，一边因拿不到儿子的死亡赔偿款而面临着生活无着落的窘境。

□ 执行感悟

“执行难”其实有两个层面：一是被执行人因经济拮据等现实情况确实没有能力赔付，其实应该称为“执行不能”，还不属于“执行难”的范畴；二是被执行人有履行能力却因为主客观因素未履行，这才是真正意义上的“执行难。”作为执行人员，明察秋毫，有效区分被执行人是否有履行能力才是破解“执行难”的关键。

——李宏林

独特阅历

2009年7月中旬，海边小城迎来了一年盛夏中最酷热的时光，李宏林草草吃过早饭后，从家里匆匆推出了他那辆骑了已经有三年多的某品牌电瓶车，风驰电掣地朝单位方向驶去。

到了单位，时钟刚好指向了7点半，比别人早到半个小时，是他从书记员时期就开始有的习惯。当他还是个年轻后生的时候，他就早来半个小时，擦桌子，烧开水，把办公室的茶杯个个擦得透明锃亮，让办公室里的同事一来就能喝上热乎乎的茶水。

然而弹指一挥间，二十多年过去了，乌黑的鬓发已经变得斑白，曾经的小书记员也已经成长为了一名执行局长，然而养成的这个习惯却一如既往地被保留了下来。

他长着一张棱角分明的脸，眼眶长又宽，眼角微微上扬，两道剑眉又浓又黑，有种不怒自威的感觉，说起话来声若洪钟，抑扬顿挫，一般的被执行人看见他，未言而胆气先弱三分。他在开始成为执行员的时候，办起案子来也是一马当先，颇有些拼命三郎的架势。

刚刚跟执行局里的下属打过招呼，坐在了椅子上，一阵电话铃便急促地响起。电话是楼下保安打来的："李局，请赶紧下来一下吧，门口有两个老人家带着凉席睡在那儿，怎么劝都劝不走。我一问可能是归执行局管的事。"

李宏林的眉头顿时拧紧了。八年多的执行经验告诉他，这很可能又是一起积存了很多年的"老大难"执行案件。但是申请执行人带着凉席扬言要睡在法院门口却还是第一次遇到。

几分钟后，李宏林就出现在法院大门口的国徽下。远远望去，他分明地看到一对白发苍苍的老人，已经在太阳晒得发烫的水泥地面上打好了地铺，正坐在上面。他们衣衫褴褛，饱经风霜的脸上被岁月无情地刻满了印记。任凭保安苦口婆心的规劝，他们就是以沉默诉说着他们悲惨的命运和艰苦的诉求。李宏林却一下子认出了这对老夫妻，并油然想起了两年前的一桩人身赔偿纠纷案——

这对老夫妻男的叫冯建州，女的叫刘美芳。

事情还要从2008年说起。当时包工头蒋某承建了县内的某小区房产。然而在楼房建设过程中，一场惨剧发生了：一名安徽籍务工人员冯某不幸触电身亡。冯某来自安徽北部的一个偏远小乡村，是家里唯一的劳动力，也就是这两位老人的儿子。事故发生后，承包该工程的包工头蒋某见势不妙，就卷款逃往了外地。工程的发包方南通某建筑公司也百般推诿，拒绝支付赔偿款，其法人代表在事发之后的第一时间就逃离现场，不知所踪。时至今日，判决发生法律效力已经两年多了，40多万元的执行款至今无处着落，家中的顶梁柱塌了，冯建州、刘美芳两位老人一边面临着“白发人送黑发人”的丧子之痛，一边因拿不到儿子的死亡赔偿款而面临着生活无着落的窘境。

看着这对白发苍苍的老人，李宏林不由得想起了自己家中年迈的父母，想起曾经这对老人迈着蹒跚的步子走进他的办公室，说起儿子时老泪纵横、泣不成声的样子，李宏林的眼眶湿润了。虽然这几个月来，执行局多位承办人没有少为这起案子的执行四处奔波，甚至派出专案组奔赴外地打探、寻找包工头蒋某的下落，但由于蒋某十分狡猾，刻意隐匿，该案一直进展甚微。

面前，一方面保安的规劝丝毫不起效果，另一方面两位白发老人坐着执意不肯离开。此情此景与蓝天下庄严肃穆的国徽极不协调。李宏林轻轻地走过去，用手示意保安不要再做声。他来到两位老人面前，蹲下身来，第一句话就说：“大叔、大妈，你们要当心身体啊！”原本情绪极为抵触的两位老人，听到这话，惨然抽泣起来。

眼见靠言语无法劝老人离开，李宏林感到只有真正为他们解决实际问题，才可以维护人民法院公平正义的形象。回到办公室，李宏林立即召集执行局四名执行长召开了执行长联席会议，并决定把本案作为重点案件，亲自制定执行措施。经过研究，李宏林打算从三件事入手：一，通知民政部门，尽可能将两位老人先安排到县敬老院居住；二，努力为他们申请执行救助金，以解燃眉之急；三，启动执行联动机制，联系蒋某的街道干部、公安干警，在蒋某的住所、公司附近布控。

时间一天一天过去，眼看北方一股冷空气的南下即将带来持续降雨，本来就不大的小城更是暴雨连绵。然而，两位老人白天坐在法院门口，晚上睡在法院门口，谁来劝都不离开，也不搭理人。李宏林的心无比焦虑。然而法院上上下下的同志们以及敬老院的同志对他们无微不至的关怀，终于感动了他们。他们终于答应暂时先在敬老院住下来，等待结果。临走前，刘美芳老人拉住李宏林的手，一再恳求他一定要为他们主持公道。

两位老人走后，李宏林仰望着国徽，感到责任重大，心情万分沉重。其实，何必嘱托，那么多年来，他在哪一起案件的执行中不是披肝沥胆，竭尽全力？自从走上执行这个工作岗位，他青年时期活泼好动的性格已经一点一点地被消磨殆尽，他的性格宛若他鬓角悄悄变白的头发一般，变得有些沉郁甚至是孤寂。

自从走上执行局长的工作岗位，他对每个案子殚尽竭虑，原本乌黑浓密的头发在短短几年时间内变成了银丝，而在他的八小时外，除了加班就是读书。他除了对单位大家的聚会准时出席外，对其他应酬活动则是一概推掉。走上局长这个工作岗位后，他更加忙了，原先搞审判工作的他，对执行工作不甚了解，他就挤出时间来，拼命阅读执行方面的有关书籍。这些年来，他养成的唯一的嗜好就是读书，甚至原先的几个战友因为长时间的疏于联系，关系也疏远了。

这种清教徒式的生活，使他在执行工作中始终保持着客观和冷静。这正是作为执行法官理应具备的一种“铁面无私”的刚性，也是在重大执行活动中保持谨慎、头脑清醒指挥的前提。然而，面对案件中的弱势群体，无论是拿不到工钱的申请人，或者是生意亏损、暂时没能力履行的被执行人，他的内心又充满无比的柔情。

数日的期盼终于有了结果：一方面，5000元的执行救助基金顺利下拨，冯建州夫妇拿到这笔钱，暂时生活有了着落，答应先返回安徽老家；另一方面，通过与街道办合作的执行联动机制发挥了作用，街道干部打来了电话，称蒋某已经回到了家中，但是早出晚归，白天不在家中。

电话是临近下班的时候打来的，接到电话的李宏林不由得喜出望外，他立刻联系了执行局的另外两名副局长，组织力量执行，第二天凌晨五点多，睡眼惺忪的蒋某刚刚打开门，还没有明白怎么回事，就被法院执行干警逮了个正着。

在法院执行局办公室，李宏林义正言辞的对蒋某说道：“这对老夫妻，老年丧子，无依无靠，作为责任方，你们一分钱都不出，天理何容？大家都是人，将心比心，这事如果发生在你儿子身上，你会怎么想？”一席话说得蒋某无地自容，在法院强大的执行威慑下，蒋某先行缴纳了部分赔偿款共计12.5万元，表示其余的赔偿款他将在下个月内一次性全部凑齐。

一个月后，蒋某的妻子果然如期将其承诺的剩余款额如数汇到。李宏林如释重负地躺在宽大的办公椅里。将近一个月的奔波着实把他累得够呛，更别提心中的那份煎熬。此刻，终于可以舒展筋骨，享受起那片刻的轻松了。

执行局副局长袁慧剑后来说：当他和政法委的领导风尘仆仆地把这40多万元赔偿款送到申请人手里的时候，刘美芳老人激动地差点跪下。他们临走前，老人一再拉着他的手说："你们一定要再来啊！一定要来啊！"两位年近七旬的老人朴素的话语，不正体现了人民法官和群众间浓浓的真情吗？

2

□ 核心提示

匿迹潜踪数月的陈某依然盛气凌人，拒绝履行义务，终于被关押到了松江拘留所。但纵然被拘留，他还是气势嚣张，声称："反正阿拉就是没钱！阿拉又不是刑事案子，侬能拿我怎么办——关我十四天，十四天一到，侬还不是只能放了我！"

□ 执行感悟

执行中不能放过哪怕一丝希望，哪怕只有百分之一的希望，执行法官也要付诸百分之百的努力，也总是从这一丝希望中迎来胜利的曙光。因为，上帝的天平它总会向正义倾斜的。

——李宏林

独特阅历

每当一个大案执行成功，李宏林总会有片刻悠闲快乐的心情。这时他会有时间到书店去淘淘时下最流行的执行书籍。可是用不了几天，就又会有大案难案或者是信访案件送到他的面前。与以前做执行员时不同，担任局长后的李宏林几乎成了大案难案、重复信访案件的"专业户"和院里众人皆知的"救火队长。"多少几乎不可能执行到位的案子，在他手里总能起死回生，柳暗花明。因此，他在市执行系统也得了个“柳叶刀”的美称。

“蜀道难，难于上青天，执行难，难于攀蜀道。”而“执行难”问题在司法界是一个公认的难题，尤其现在随着法律知识的普及，被执行人规避财产的意识不断加强，法院查找被执行人及其财产下落越来越困难。而李宏林分析说，“执行难”其实分两个层面：一是被执行人因经济拮据等现实情况确实没有能力赔付，确切地说，称为“执行不能”，这其实不属于“执行难”的范畴；二是被执行人有履行能力却通过主客观原因未履行，这才是真正意义上的“执行难。”作为执行人员，明察秋毫，有效区分被执行人是否有履行能力才是破解“执行难”的关键。

事实上，李宏林在执行工作中就常常与“老赖”打交道，甚至有些“老赖”比上案中的蒋某更狡猾，更霸道。这里面表现出的执行法官和被执行人之间的斗智斗勇，简直比时下流行的谍战剧里的情节还要精彩。

比如数年前，当地清平镇的一起养蛇案，情节就特别曲折，至今为执行局上下津津乐道。事情的经过是这样的：

当年，特种养殖业在全国大地如雨后春笋般迅猛发展。看到有人尝到了甜头，清平的农民也跃跃欲试，想要一展身手。这时一家养蛇技术推广公司在当地电视媒体上打出的广告牢牢吸引了很多老百姓的眼球：该公司先向老百姓出售种蛇，并提供技术，承诺蛇养成后高价进行回购。

而当蛇农辛辛苦苦劳作了一年下来，交由公司按约定进行回购时，该公司却以成蛇品质不达标为由百般推诿，拒不收购。蛇农们这才知道上当受骗，愤怒之下群起把公司老板扭送到乡政府。乡政府有关人员告诉蛇农，私自限制公司老板人身自由不是办法，弄不好还要触犯法律，要通过法律途径解决问题。于是蛇农向法院起诉。

很快法院判决下来了：该公司承担违约责任，赔付50余万元。但当案件到了执行阶段，执行人员和蛇农们却发现该公司已经人去楼空了。蛇农们再次愤怒了，愤怒的同时又感到无比委屈和无助。个个心里是五味杂陈。面对老百姓的诉求，院党组向执行局下达了死命令：一定要把这起案件执行到位，为老百姓主持公道。李宏林又是临危受命，亲自负责这个案件的执行。

接到案子后，李宏林先是仔细分析了案情，并且经过细致盘查，他发现公司的法定代表人居然是江西的一名年仅24岁的男子，经过调查了解，这名男子只是公司股东陈某找的一只“替罪羊”，发现该公司的第一股东陈某是一名上海人，女性，开办公司时注册资金30万，再到该公司的开户银行一查，李宏林发现这30万注册资金在存入后不久就被她以“购买养蛇”为名，分几次全部提走了。目前该公司已经资不抵债，濒临倒闭。

李宏林不禁为对手的谙熟法律感到吃惊，因为她取走30万资金显然像是经过精心设计的，手续齐全，难以构成“抽逃注册资本罪”，可谓钻了法律一个空子。没有钱，又找不到人——留给李宏林的可供执行的线索几乎没有。

但他并不灰心，而是将那仅有的几张纸的材料反反复复，来回细看，经过仔细的抽丝剥茧，李宏林最终将目光锁定在这样一句话上：在该公司注册时，陈某作为第一股东以及法定代表人，亲自写了一句履历介绍，说曾在上海宝山区另一家养蛇公司任过副总经理。

这样一句普普通通的话放在谁眼里都可能会被轻轻掠过，但在充满职业敏感的李宏林眼里却显现出它背后真正的价值。李宏林像一位经验丰富的老侦探一样突发灵感：既然她在海安开公司骗蛇农的钱，会不会在宝山利用同样的公司也有过类似案底呢？

李宏林决定亲赴宝山法院。果不其然，经宝山法院确认：陈某在先前任副总经理的那家公司就职时，的确也有前科，并且这家公司目前还在。在宝山法院同志的陪同下，李宏林又赶到那家公司，得到新的线索：陈某目前人在松江开了一家美容院。

事不宜迟，李宏林饭都来不及吃，驱车直奔松江，赶到松江已经是华灯初上。在当地兄弟法院的配合下，李宏林牢牢锁定了陈某的行踪，此时已经犹如瓮中捉鳖。不日，李宏林就派人在陈某新开的营业场所把她堵了个正着。

匿迹潜踪数月的陈某依然盛气凌人，拒绝履行义务，终于被关押到了松江拘留所。但纵然被拘留，陈某还是气势嚣张，声称："反正阿拉就是没钱！阿拉又不是刑事案子，侬能拿我怎么办——关我十四天，十四天一到侬还不是只能放了我！"

这下李宏林的眉头又拧紧了。的确，这个女人真是老奸巨猾。她说的没错，人虽抓到了，没钱最多拘留她十四天，期限一到还是只能放人，结果是抓了也白抓，钱还是追不回来。除非发现她涉嫌刑事犯罪。陈某身在拘留所倒是坦然，该吃吃，该睡睡；李宏林却茶饭不思，睁眼闭眼都是蛇农的那50多万元钱。

突然他回想起一个细节，正是这个细节曾被他忽略掉了，也正只有这个细节才能使本案起死回生：记得陈某被拘押前，李宏林问她怎么会到海安来开公司的，她说是姜堰有个远房亲戚介绍她过来的。也许通过她的远亲能够发现新的有价值的线索——这或许是一个突破口，也是案件能否成功执行的最后一丝希望了。

李宏林总是不放过哪怕一丝希望，哪怕只有百分之一的希望，他也要付诸百分之百的努力，他也总是从这一丝希望中迎来胜利的曙光。这次，上帝的天平再次向正义倾斜了。这位亲戚刚开始回避执行人员，经过执行人员的电话联系和大量的思想工作后，处于同情当地蛇农的遭遇，这位远亲终于向李宏林吐露了实情：他确实帮陈某借了

30万用于注册验资，但是时间没过多久，陈某就来找他，并给了他30万，让他把这笔钱还清了。

最后，陈某的这位远房亲戚还向执行人员提供了偿还贷款的凭证，李宏林拿着还款凭证和他的调查资料一对比，真相顿时水落石出：还钱的日子正好和陈某抽取资金“购买养蛇”的日子吻合。这下证据链完全建立起来了：陈某借钱验资，又假借购买养蛇的名义抽资还债，构成“虚假抽逃注册资本罪”，触犯刑律，确凿无疑。

此时，陈某在宝山拘留所的十五天拘留期刚满，正沾沾自喜，以为稳操胜券的陈某还没等整理好行装，就听说被海安方面刑事拘留的消息，不啻于吃了当头一棒，立刻像霜打的茄子——蔫了。被押回海安后，得知自己的犯罪事实已全部败露，陈某终于低下了头，并通知家里人把钱汇了过来。

多年来，李宏林始终如一，恪尽职守，把一个个看似无从下手的“死案”扭转办成“活案”，为海安的执行赢得了良好的声誉。由此，他也总结出了他办案成功的“秘诀”：工作有韧劲，手脚要勤快。他带领的海安法院执行局，多次被省高院评为“廉洁司法行为示范点”、“清理执行积案先进集体。”他曾荣获全省执行工作先进个人并记二等功二次、三等功三次，获得过“海安县政法系统十佳先进个人”、“海安县优秀共产党员”等多项荣誉称号。

李宏林曾说：“百姓案子无小事。”他不仅用行动诠释着这句朴素话语的内涵，同时也是这样要求下属的。在下属的眼里，李宏林办案子一流，简直无人能比，但对工作严格得几乎有点苛刻，是出了名的拼命三郎。这点，李宏林自己也不否认，他说他跟他的偶像——一位美国杰出的企业家一样，“凡事喜欢追求残忍的完美。”

这几年，执行局新分配来多名年轻的法官，个个都是大学本科生。面对他们，李宏林这个上世纪80年代的高中毕业生不仅不怵，反而毫不留情地指出了他们的弱点——“纸上谈兵”：理论一大堆，却不懂得联系实际。

青年法官小赵这几年在李宏林的指导下进步很大，因为他始终记得李局时常放在嘴边的一句话：“案子到手，要认真阅卷，多动脑筋，千万不能就案办案！”

记得刚进法院不久，小赵接到一桩民间借贷案子。被执行人欠申请执行人两万元钱，执行期限到了仍不归还，申请执行人申请法院强制执行。因为拨打被执行人的电话不通，小赵就根据申请执行人的申请，查封了被执行人存放在某厂的一批货物。李宏林调查后，为此事严肃批评了小赵。因为据查，被执行人不能按时还款的确是因为重病住院。在取得了申请执行人谅解的前提下，他撤销了查封裁定书，经过与被执行人联系后，申请执行人如数拿到了被欠的两万元钱。

李宏林总是告诫年轻的执行法官：要戒骄戒躁，冷静办案，注重法律效果和社会效果相结合。上面那粧案子，被执行人不是恶意躲债，规避法院执行，而是因为生病住院的原因未能及时履行，而且被执行人资信状况一直良好，没有过赖账不还的现象。这个案子如果草率地强制执行，查封被执行人的货物，就有可能影响其生产经营，进而产生恶劣的社会影响。

为了帮助年轻的法官迅速成长，李宏林做到案案过目，必定写下每个案子不同的执行注意事项，再发给承办人执行。不仅如此，在执行小组的成员分配安排，他采取“以老带新”的“纵贯线”安排法，总是把年轻的法官和有经验的老法官安排在一起，年轻法官的加入给执行小组带来了新的活力，而且在经验丰富的老法官的带领下也得到了迅速的成长。

在李宏林的带领下，执行局屡创佳绩，连续几年案件执结率保持在85%以上，成为江苏省首批“清理执行积案先进集体”，荣誉卓著；

更是连续多年被评为廉洁司法行为示范点，成为当年全省法院为数不多的屡获此项殊荣的集体之一!

对于李宏林来说，荣誉只代表过去，前途任重而道远。在他的人生字典里永远没有“退缩”二字。他将继续在做一名执行大军中冷静肝胆的执行指挥官，带领海安法院全体执行干警奋战在充满艰辛的执行一线，心系国家、情系群众。为了心中闪亮的国徽和正义的天平，他带领执行局全体同志正开创新的业绩，建立新的功勋。

（本文其他作者：傅荣荣）

第三章　山东商河王兴华

霸气法官的柔情执行

背景·印象
Background & Impression

他身高1.80米，魁梧挺拔的身材，炯炯有神的眼眸，不怒自威的霸气，令很多初次见面的人们“心存畏惧”，还没说话气势先矮了半截，“霸气”已经成为很多人对他的第一印象。然而，就是这样一个人，在目睹苦难时会留下辛酸的眼泪，在见到孤苦无依的孤寡老人时也会情难自禁。这位集“铁腕”与“柔情”于一身的人就是山东省商河县人民法院执行局局长——王兴华。

王兴华，46岁，自1982年在商河县人民法院参加工作以来，担任过法警、书记员、执行员，法警大队副大队长、大队长等职务。

1

□ 核心提示

“我刚上班时，就跟着他去执行案件，他是一点情面都不讲的，黑着脸，调门高，认理不认人，在记执行笔录时有好几次都吓得我握不住笔。”现任执行局副局长、执行二庭庭长石玉珍回忆起当年与王兴华搭档时的情形，依然感慨万分。

□ 执行感悟

一般情况下，他并不愿对被执行人实施处罚措施，但是只要涉及赡养之类的案件时，如果被执行人很不配合，他并不排除使用一些过激的手段，其目的是教育被执行人如何正确对待法律文书所确定的义务，如何做一个有道德、有素养的人，即使自己被说成是“恶魔”也不在乎。

——王兴华

多年来从未离开过执行工作一线。2009年，王兴华通过竞争上岗成为商河法院执行局局长，是位名副其实的“执行工作通。”

独特阅历

王兴华执行案件时的铁腕政策是出了名的，正如开头所说，很多人在王兴华面前总会不自觉地感到“理亏。”这一方面得因于王兴华那魁梧的身材和威严的气势，而最重要的原因则是他执行案件时所表现出来的强势和硬气，令被执行人无不“闻风丧胆”，继而“纷纷落马。”

“我刚上班时，就跟着他去执行案件，他是一点情面都不讲的，黑着脸，调门高，认理不认人，在记执行笔录时有好几次都吓得我握不住笔。”现任执行局副局长、执行二庭庭长石玉珍回忆起当年与王兴华搭档时的情形，依然感慨万分。

“那个时候年轻气盛，对于不赡养老人、不尽抚养义务等不尊重法律的行为非常恼怒，所以执行任务时往往毫不客气，这可能是大家认为我脾气大、手段狠的缘故吧。”王兴华挠挠头，不好意思地说。

有关材料显示，基层法院作为执行的主阵地，担负着全国80%的案件执行工作。法院执行是司法工作的重要组成部分，是法律程序的最后阶段，是整个社会“公平与正义”实现的最后一道防线。正因为如此，“执行难”已成为当前法院审判工作中的突出问题，执行工作也成为社会上公认的风险性大、复杂度高的工作，因为执行案件的类型大多都是“涉农”、“涉困”、“涉企”和“涉府”案件，执行工作的复杂和困难可想而知。长期在这样的环境下工作，王兴华留给大家的印象则显得尤为强硬和“霸道”了。

王兴华曾执行过这样一起案子。被执行人马春田60岁，其父母均为90多岁的年迈老人，父亲常年因病在床，由于马春田不交纳每年1200斤粮食和1000元钱的赡养费，致使老人生活无着。无奈之下，高龄母亲不得不在娘家侄子的搀扶下来到法院申请执行。当法院第一次传唤马春田时，马曾答应回家就把钱和粮食交给父母，结果却迟迟没有履行，等王兴华再次传唤他到庭说明情况时，他却拿来了与妻子两人离婚的民事调解书。

之后，马春田便外出打工，下落不明。因马春田都有了两个孙子，其所谓的“离婚”有明显的规避执行之嫌。为快速执行此案，王兴华通过银行、信用社查询马春田原夫妇的存款情况。结果发现马前妻的存折上有7万元存款，而且这一存款是前一时间从马春田的存折上转入的。

存有巨款，还不赡养老人？这真把王兴华的肺都气炸了！王兴华横下一条心：再怎么困难也要把案子坚决执行到底！经与分管领导请示，王兴华果断下达了执行裁定书，依法划拨了马春田前妻的存款2400元及罚款8000元。马春田夫妇这才慌了神。通过反复的思想教育，他们终于认识到错误的严重性，说明了假离婚的真实情况，并同意交纳赡养费。由于马春田夫妇认识态度好转，王兴华经请示分管领导，只对他们处罚了500元，将剩余罚款予以退回。这个案子在当地曾引起强烈反响。

王兴华经常讲，一般情况下，他并不愿对被执行人实施处罚措施，但是只要涉及赡养之类的案件时，如果被执行人很不配合，他并不排除使用一些过激的手段，其目的是教育被执行人如何正确对待法律文书所确定的义务，如何做一个有道德、有素养的人，即使自己被说成是“恶魔”也不在乎。

2

□ 核心提示

对待自己严格要求，对待同事王兴华也照样毫不留情。有一次，局里安排一个法官去执行一个案子，结果被执行人通过熟人留住了这位法官吃了顿饭，事后这位法官觉得此案没法执行了，就想出了其他理由希望王局长把案子调给别人去办。

□ 执行感悟

虽然有时候并不一定违反多大的原则，也不一定是多么贵重的礼物，但是这次收了，下次可能还会收，时间长了就容易放松自我、迷失本性，最终走上不归路。正所谓欲望是无止境的，到时候东窗事发时再后悔就来不及了！

——王兴华

独特阅历

2008年以来，由于商河法院执行局执行工作社会反响好，美誉度提高，山东省高级法院和济南中院指定执行的案件大量增多。这些指定案件大多是执行积案，案件标的额大，案情复杂，社会背景因素干扰严重，有一定的危险性，且执行难度非常大。

在执行青岛安邦石化公司一案中，标的额是700多万。这也是从省高院指定执行的一起案件。王兴华等人到青岛安邦公司进行调查时发现，该公司所使用的土地是某区政府划拨的，没有房产证，青岛公司的办公室也是租赁的，其公司总部设在北京。为了查清公司的财产状况，他们拿着工作证到某区土地管理局查询，土管局工作人员说领导不在家，也不允许查询，最后还被一名脾气不好的副局长给推搡出来。

调查工作一时陷入僵局，怎么办呢？“是无功而返呢，还是继续寻找突破点？”王兴华在紧张地思考着。“作为一名执行人员，绝对不能轻言放弃，要坚持到不能再坚持为止！”王兴华和同事们果断返回该局，找到五楼档案室。此时，正有一青年职工在查阅卷宗。他们出示工作证后，说明是法院的，要调取某公司的土地档案。没想到，这位工作人员竟同意查阅。结果在青岛某公司的土地登记合同中，都有相关的合同号，而且该公司也向财政局交纳了土地出让金，这说明该公司对于下属的加油站都有合法的土地使用权，只是出于地方保护，没有办理相关证件。

在此基础上，他们又从工商局和该区所在的所有金融机构中，从20多个账户上查到了80多万元的存款并予以划拨。找到了突破口，事情就好办多了。当被执行人了解执行进展后，不得不要求与王兴华“谈判。”王兴华为了避免在外地可能遭受不法势力的侵害，不时地变换居住地点，巧妙与被执行人周旋，终于执结了这一700万元的疑难大案。

谈起这起案子时，王兴华依然记忆犹新。因为这起案子的复杂性、危险性都是很典型的，如果没有坚持到底的毅力，没有敢于冒风险的勇气，那么这起案子就很有可能不了了之。“看到多年的执行积案在大家的智慧与努力下执结了，所有的不痛快都化为了乌有，那种开心是没这经历的人所难以体会的！”王兴华深表欣慰地说。

王兴华的铁腕不仅表现在办案时严格依法办事，还表现在原则性和自我约束力上。多年来，王兴华从来不吃请、不受贿，这对于常年生活在“是非窝子”的人来说并不是一件很容易的事。对于很多人来说，随便松一松手，一张购物卡、一件小礼物就到手了，既办成了事、不违反大的原则，又有好处，这样的好事何乐而不为？王兴华却不！王兴华有自己的考虑，他认为虽然有时候并不一定违反多大的原则，也不一定是多么贵重的礼物，但是这次收了，下次可能还会收，时间长了就容易放松自我、迷失本性，最终走上不归路。正所谓欲望是无止境的，到时候东窗事发时再后悔就来不及了！

认识王兴华的人都知道，王兴华有个不成文的规定，多年来，他从来不在家里接待上门说案子的人，无论是朋友、亲戚抑或是熟人、慕名前来的人。只要涉及执行案件的事情，一律在办公室里面谈。不涉及违法的事项，可以酌情商办；一旦涉及法律层面的事情，“对不起”是王兴华常说的一句口头禅，这一点在全院上下是出了名的。

对待自己严格要求，对待同事王兴华也照样毫不留情。有一次，局里安排一个法官去执行一个案子，结果被执行人通过熟人留住这位法官吃了顿饭，事后这位法官觉得此案没法执行了，就想出了其他理由希望王局长把案子调给别人去办。王兴华觉得很是纳闷就详细了解了一下情况，结果居然问出了这样的情况，气得王兴华当时就把这位法官大骂了一顿，还让他在局里召开的会议上当众承认错误，以儆效尤。此后，王兴华的铁腕政策在执行局无人不知、无人不晓。

刘利民跟王兴华是多年的伙伴，也是好朋友，他曾经笑称王兴华是个个人欲望值很低的人。“王兴华基本上没有什么特别的爱好，不喜欢喝酒，不喜欢交际，不喜欢出去玩，如果非得列一项的话，那么闷着头抽烟算是一件吧，也就是仅此而已了，你说这样的人多无聊啊，想要贿赂一下更是难上加难啊！”刘利民笑着说，“所以我觉得，让王兴华当执行局局长是再合适不过的事情了。”

3

□ 核心提示

离婚后，男方即外出打工，把孩子丢给爷爷奶奶照看，而孩子的爷爷奶奶又坚决不让孩子的母亲探望，在僵持了三个月之后，女方无奈之下来到了法院执行局，请求强制执行探视权。

□ 执行感悟

当时我都恨不得把自己的头发给揪下来，都是因为我们工作方法简单粗暴才导致发生这样的情况，从此我就告诉自己也告诉同事，再遇到这样的案子，千万不能简单的以为强制执行就行了，让失落的亲情复位才是最重要的。

——王兴华

独特阅历

刚认识王兴华的人，可能会被他外露的铁骨和硬气所折服，而只要真正熟悉了王兴华的人则会明白在王兴华“霸道”的外表下面，隐藏着的则是一颗柔情款款的内心。

当我们去采访王兴华时，他正在办公室里接待一对母女，王兴华的脸上满是担忧和焦虑，与母女俩的交谈也是语重心长，非常沉重。细听之下才知道，原来这对母女是母亲来帮女儿争取孩子的探视权的。崔秀英家住惠民县，与商河县青年男子周任青经人介绍后结婚，并在婚后不久生下了一名女孩。由于两人没有感情基础，婚后发生很多矛盾，直到俩人感觉都过不下去，于是在法院调解不成的情况下判决两人离婚，女孩归男方抚养，女方有探视权。

谁知，离婚后，男方即外出打工，把孩子丢给爷爷奶奶照看，而孩子的爷爷奶奶又坚决不让孩子的母亲探望，在僵持了三个月之后，女方无奈之下来到了法院执行局，请求强制执行探视权。在了解了案子的基本情况后，王兴华局长并没有立刻答应女方的请求，而是苦口婆心的劝导女方，把问题想清楚之后再决定。

“你是不是只想看孩子一眼？”王兴华问道。“是啊，我已经三个月没有看到孩子了，也曾经去过原婆婆的家里，但是他们都拦着，说什么也不让看，也不收我给孩子买的礼物。”年轻母亲哽咽着，眼泪不自觉地流了下来。

“我理解你的心情，但是你也要明白，选择了离婚就意味着选择了付出代价，承担思念孩子的苦痛则是最大的问题。我们是可以把孩子强行给你带过来看一眼，但是看完之后呢？你想过没有？孩子还不是照样得回到他爷爷奶奶的身边？如果因为你的坚持而导致可能产生大人对孩子的不公待遇，这会给孩子带来更加长久的伤害啊！”

“那……可是我实在是没办法了啊！”崔秀英也不过才30岁，无望之下禁不住放声大哭。其母也在旁边不停地叹气。

“别哭，先别哭，”王兴华赶紧劝慰道，“问题总会解决的。你想没想过跟孩子家人再接触一下，争取和平解决这个探视权问题？”

“我当然愿意啊，毕竟孩子由他们养着，只要对孩子好，我受点委屈也没什么的。”崔秀英急忙说道。

“那就行。这样吧，你们明天把给孩子买的东西带过来，我们执行局帮你送到孩子那里去，并做好孩子爷爷奶奶的工作，我想人心都是肉长的，时间长了，等孩子家人知道了你是真心疼爱孩子之后，肯定会同意你们见面的。”

听到此话后，母女俩激动地握住王兴华的手久久不愿松开，并声称全都听王局长的。这时，我们也看到王兴华的眼里分明有泪珠在闪动……

送走这对母女之后，王兴华感觉非常不好意思：“让你们见笑了，我就是受不了眼泪，每次接待这样的申请人都先把自己给惹得难受起来，呵呵。”

我们趁机把心中的疑问讲了出来，为什么不直接按照申请人的要求强制执行对孩子的探视权，而是拐了个弯、费这么大工夫去做可能很不容易做成的工作呢？这样在无形之中不是增加执行局的工作量吗？

对于我们的疑问，王兴华笑了笑，并没有直接回答我们的问题，而是给我们讲了一个案子。“那还是两年前的一个冬天，当时也是替一位母亲执行探视权，孩子已经六岁了，父母离婚后一直由祖父母养育，而祖父母一直抗拒孩子的母亲去探视，无奈之下这位母亲就找到了执行局，要求我们帮她强制执行探视权。于是，我带领一名法官去她原公婆家里执行，要求他们把孩子带出来，接受孩子母亲的正常探视，每次都被他们以各种理由搪塞过去。因为孩子父亲不在家，又看不到孩子，我们好几次都是无功而返，直到有一次，事情有了转机。”说到此，王兴华的声音变得更为低沉，神情也更为寥落。

“有一天，下起了中雨，我们觉得这是一次难得的机会，这样的天气，我们突击上门，老人肯定不做思想准备，那么我们也就能顺利地把孩子带出来了。如我所愿，当我们登门时，孩子的祖父母显得非常慌乱，神情也很尴尬，可是我们还是没有在家里看到孩子，老人坚称孩子去亲戚家里了，可是我们不相信，这样强烈的暴风雨天气，怎么可能不在家呢？

我们就在他们家里坐着、等着，同时进行旁敲侧击，希望可能问出实情。可是两位老人还是很不配合，并且很不客气地要撵我们离开，就这样僵持了半个多小时。正当我感觉无望准备撤队时，无意间瞥见了堂屋北面那张小铁床下有小股液体慢慢流出，我惊讶不已，急忙跑到床下，掀开床单才发现正是我们要找的孩子，被尿憋急了才尿到了床下。

那时天气已是相当冷，孩子在床底下呆了多半个小时，手脚冰凉，话都快说不出来了。”这个时候的王兴华已经是情难自禁，泪流满面。“当时我都恨不得把自己的头发给揪下来，都是因为我们工作方法简单粗暴才导致发生这样的情况，从此我就告诉自己也告诉同事，再遇到这样的案子，千万不能简单的以为强制执行就行了，让失落的亲情复位才是最重要的。”

王兴华等人的心血并没有白费，多年来在执行三费（扶养费、赡养费、抚育费）案件中，他们都是尽量运用情理法教育，引导当事人主动履行义务，尽量不强制执行。强制执行虽然能解决权利人的实体权利，但对于家属之间的关系理顺、融洽程度会产生一定的精神和心理障碍。尤其是对于抚养费案件，一般判决规定被执行人年交一定数额的抚养费，申请执行人应该每两年申请执行一次。王兴华则要求一旦申请执行人申请执行后，执行局的工作人员就会根据所有同类案件当事人的情况进行列表，写在一个本子上，进行跟踪执行。这个本子被大家昵称为“亲情跟踪表。”此后每年的抚养费则安排人员定期催交，避免申请执行人多立一次案，多跑几次腿。

在王兴华等人的辛苦感召下，很多被执行人被深深感动了，有些人不用执行局提醒，每年都提前把赡养费、抚养费或者抚育费交到执行局这边来，这其中不乏很多感人的事例。

许商街道办事处的一位离婚的男当事人就连续给儿子送抚养费来执行局送了15年，有一年还是其现任妻子送来的。还有一位当事人与妻子离婚时闹得不可开交，连孩子的抚养费都不想交，在执行局多人耐心做工作之后，多年来不但定期给孩子支付抚养费，还使得孩子与自己新组成的家庭都保持着良好的关系，直到现在，虽然孩子已经年满18周岁，不再需要他支付抚养费，孩子还坚持坐火车去看望他的祖父母，令很多人感动不已。

4

□ 核心提示

商河法院党组书记、院长白龙深有感触地说：“兴华同志高调做事，低调做人，执行队伍像铁板一块，工作很让人放心。在破解执行难这样复杂的社会背景下，王兴华心中想着当事人，克服司法刻板化，切实关注弱势群体，闯出了一条‘和谐执行’的新路子，非常令人敬佩。”

□ 执行感悟

一个好的执行法官一定要有良心，有正义感，应充分体谅老百姓生存的艰难困苦以及他们内心的情感需求。一个人的力量是微小的，然而只要大家都秉承这样一种理念，我相信很多人会为此而受益终生。

——王兴华

独特阅历

家住河北沧州的老人兰洪瑞一说起王兴华来就感动的老泪纵横：“王法官真是个大好人，为了我的事情东奔西走不说，还自掏腰包帮我出车费，我一辈子都忘不了他！”

原来，商河县韩庙乡打狗店村50多岁的光棍老汉张洪新在天津赶驴车搞运输时，有一天驴因受惊，将老人的儿子撞死，留下孤儿寡母和饱经风霜的老父亲。经当地法院判决，由张洪新赔偿老人儿子一家53万元。由于张洪新被判服刑，也一直没有把补偿款给老人一家。老人担心商河法院有地方保护主义，所以带着孙儿、孙女以及儿媳来商河法院执行局想问个究竟。

王兴华开车和老人一同找到韩庙乡张洪新的家，看到的是一个家徒四壁的家，连门楼也没有。同时和村支书见了面，村里说明了张洪新的情况。老人及他的儿媳也相信了张洪新无能力执行的事实。

看着老人一家孤苦无依的窘况，王兴华的心里非常难过，回到法院后，他不但给老人一家买来了饭，还把身上仅有的四百元钱掏出来给他们做路费。同时向领导请示，为兰洪瑞儿媳申请了司法救助金两万元，以缓解解他们的困顿生活。老人及儿媳知道后，当场感激地给王兴华跪了下来……。

这位出生于东北的铁性汉子，善良柔情办案的例子还有很多。

2009年9月，崔胜国前往徐方银等五位被告合伙经营的轧棉厂从事打包工作。同年10月10日晚，由于厂方没有经过岗前培训，工作中崔胜国的右胳膊被卷入皮清机中，造成崔胜国右胳膊被皮清机绞断。经伤残鉴定，崔胜国为三级伤残。此案经商河法院判决，五被告赔偿崔胜国各项费用共计83549元。但五被告只履行了3500元便各自逃避，使崔胜国一家的生活不堪重负，无以为继。

商河法院执行局于2010年1月受理了崔胜国的申请执行案，王兴华负责承办。此时五位被执行人因经营不善早已分道扬镳，有的做买卖，有的外出打工，有的下落不明。2011年3月，王兴华通过多方努力执行了1万元，但崔胜国一家的生活依然非常清苦。面对崔胜国一家的遭遇，王兴华的心也在滴血。在暂时执行不能的情况下，他号召全局干警以集资方式向崔胜国提供人性化援助2000元，以帮助他度过难关，崔胜国一家深受感动。功夫不负有心人。最后，王兴华和同事通过有奖举报被执行人线索、启动联动机制等手段，辗转两省三市查找五位被执行人，终于在2011年6月29日全部执结了崔胜国的赔偿款7万元。

谈起王兴华时，商河法院党组书记、院长白龙深有感触地说："兴华同志高调做事，低调做人，执行队伍像铁板一块，工作很让人放心。在破解执行难这样复杂的社会背景下，王兴华心中想着当事人，克服司法刻板化，切实关注弱势群体，闯出了一条'和谐执行'的新路子，非常令人敬佩。"

"有时候，执行案子是不难的，但是执行过后的情感伤害则是难以弥补的。"王兴华沉重地说，"一个好的执行法官一定要有良心，有正义感，应充分体谅老百姓生存的艰难困苦以及他们内心的情感需求。一个人的力量是微小的，然而只要大家都秉承这样一种理念，我相信很多人会为此而受益终生。"

铁骨铮铮，款款柔情，王兴华以其卓越的办案作风、独特的个人魅力赢得了人们的一致好评，成为商河法院一位当之无愧的标杆性人物。

几年时间里，在王兴华的带领下，执行局全体干警上下齐心，同甘共苦，把商河法院执行局打造成全县乃至全市、全省的先进典型。就在近期，商河法院执行局因工作突出被山东省高院作为济南市唯一一家"全国无执行积案先进法院"报最高法院审批。而王兴华和他的大批干警也被商河县委、县政府以及济南市中级人民法院、省高院多次授予荣誉称号，博得了社会的广泛认可。

在采访中，王兴华说的最多的一句话就是"我的最大愿望就是尽心尽力执行好每一个案子，让申请人能够怀着期待而来，带着满足而去。"话语朴素，却令人深深感受到王兴华对于执行工作的无比热爱、对于人民群众的无限深情。

“人在履行职责中得到幸福，就像一个人驮着东西，可心头很舒畅。人要是没有它，不尽什么职责，就等于驾驶空车一样，也就是说，白白浪费。”正如俄罗斯剧作家罗佐夫所说，人活着的最大意义，不在于从社会中得到了多少，而在于能够给予社会多少。王兴华以其实际行动向我们证明了这一点。

（本文其他作者：马立娟　陈宜森）

第四章　四川广安张利平

案子办结那一刻我最爽

背景·印象
Background & Impression

说起张利平，四川省广安市广安区人民法院的人们都说这个人可不是个一般人。为啥？作为一个法官，他在经济庭负责过国有企业改制案件的审理，在民庭负责过房地产类型案件的审理，如今的他又挑起了执行工作这个重担。

他说自己热爱法律工作，热爱法官这个职业，喜欢挑战的感觉，享受那种案结事了的成就感。“别人越是认为难办，我就越是想把它解决了，当案子办结的那一刻，那种成就感什么都替代不了。”作为一位领导干部，他的责任就更大更重了，但他从来没有松懈过。“带

1

□ 核心提示

2011年春节假期刚过，执行局接到当事人杨某的举报，张利平立即组织干警赶赴广安区广门乡，争取出其不意地控制住逃债10年的沈某父子。一停车，干警们就对沈某的住处进行布控，但未曾料到，沈某十分警觉，狡猾地跳下房前的高坡窜入密林逃走了，一场精心布置的行动眼看就要以失败告终了。

□ 执行感悟

如何在看似不可能的一个僵局之下找到突破口，把隐藏的可执行点挖掘出来，是非常考验一个执行人员执行水平的。

——张利平

独特阅历

尽管之前没有搞过执行工作，但多年审判

好了队伍，办好了案子，当事人满意了，我也就没有遗憾了。”

经验养成的职业敏感告诉他，执行关键在于“兑现”二字，“对当事人来讲，执行不是维护判决的效力，而是能不能拿到钱，就这么简单。”

执行中的兑现又不仅仅指当事人最后拿到了补偿，还要看这个“兑现”质量的高低，兑现的方法是否恰当合理，兑现的过程是否双方满意，兑现的程度是否圆满……这些都是作为一个执行法官必须在实践中摸索和积累的，也是执行工作的真谛所在。

虽然作为局长不用案案亲为，但张为了更快熟悉执行工作的特殊性，更快把握执行工作的规律性，他经常和干警们一起下乡办案，设身处地去体会执行案件的特殊之处，同时经常主持或参与一些重大复杂案件的讨论，和同事们群策群力制定出切实有效的执行方案，从法律上从方法上探寻最有利于案件兑现的执行措施。

“如何在看似不可能的一个僵局之下找到突破口，把隐藏的可执行点挖掘出来，是非常考验一个执行人员执行水平的。”张利平说。2011年春节假期刚过，广安区人民法院执行局接到了当事人杨某的举报信息，张利平立即组织干警赶赴广安区广门乡，争取出其不意控制住逃债10年的沈某父子。虽然干警们一停车就对沈某的住处进行布控，但未曾料到沈某十分警觉，狡猾地跳下房前的高坡窜入密林逃走了，一场精心布置的行动眼看就要以失败告终了。

但张利平并没有因为跑掉了被执行人就放弃了执行行动，他仔细查看了沈某的住所：三层的楼房，有不少的家电，还有三辆摩托车……这些让他果断做出了决定：搜查！搜查的过程中沈某的妻子情绪有些异样的激动，在检查到一些特定物品时却又表现得反常的平静，“她一定在掩饰什么！一定要仔细查看，特别是她表现得反常的不在乎的东西。”

张也亲自参与搜查，在翻查一个旧钱包时他忽然停顿了一下，又重新翻开找到了一张看起来很新的小单据，一个明显很久没有用过的钱包怎么有一张很新的单子，一看日期，十几天前刚刚存的，“就是这个了，怎么回事？你们一口咬定没有钱，这个怎么解释？”张没有给沈某妻子解释的机会，他立即安排一路干警火速赶往银行进行调查处理：“兵贵神速，让人逃跑了，我们不能再让这笔钱跑掉。”事实果真如此，在那个账户中有1万多元存款，刚好能够偿还掉债务。

执行中的情况是千变万化的，执行时机往往是稍纵即逝，张利平是一个很注重细节的人，他经常这样说：“执行要抓细节求突破，我们要善于观察和留意被执行人的言语动作、情绪动向，因为绝大多数执行案件已经没有多少法律上的挖掘点，突破口就在判决之外的现实情况中。”

能够让申请人的合法权益最终得以实现，这才是法律的最高意旨所在，对于需要弥补伤害或损失的当事人来讲，一纸判决的公正虽然可贵，却还及不上赔偿兑现的实在，这正是作为一名执行法官应当竭力追求的目标。

2

□ 核心提示

每隔一段时间，张利平就要对全局的案件做摸底，做到心中有数、有的放矢，像是行军打仗一样勾勒出一幅“作战图”，一个个案件分门归类，哪些是散兵游勇、哪些是劲敌都了然于胸。

□ 执行感悟

如果遇到一点阻力就畏缩不前，那么大部分案子都只能变成陈年老案了。关键时刻，要是我们当时软了一丝，这一趟就白跑了，以后也别想再来了。

——张利平

独特阅历

执行工作难度大，要想取得工作上的突破，就必须要有迎难而上的决心，张利平始终坚持着这一点，“如果遇到一点阻力就畏缩不前，那么大部分案子都只能变成陈年老案了。”在院党组的大力支持下，他负责执行工作后3个月就“一炮而响”，打出了广安区人民法院执行局的风采。

为了替广安市绿色包装有限公司追讨货款，他精心组织带领20余名干警远赴南充市异地执行一家公司，赶到被执行公司现场时，大门紧闭，还有一百多名社会闲散人员的威胁和阻挠，在这种情况下他毫不畏惧。

“不开门我们就破门，让他明白不是法律求他，而是要他主动低头”，眼见广安法院执行队伍毫不退缩的气势，被执行人最终妥协了，愿意主动履行欠款。事后，张利平对大家说了一句话：“要是我们当时软了一丝，这一趟就白跑了，以后也别想再来了。”

干过执行工作的都知道“执行难”这三个字，有被执行人的逃避、阻挠、抗拒，有被执行人确实困难的情形，还有很多案外干扰因素的交织，法律的判决遭受现实的考验是执行工作面临的常态，一个个难题就是横在路上的一座座山峰，没有捷径绕行，唯有迈步从头越。

张利平有一个习惯，每隔一段时间就要对全局的案件做摸底，做到心中有数有的放矢，像是行军打仗一样勾勒出一幅“作战图”，一个个案件分门归类，哪些是散兵游勇哪些是劲敌都了然于胸。“很多案子都很难，但我们要集中优势兵力攻克那些最难啃的骨头案件，这不但可以消除这些案件成为积案的隐患，也能对其他案件顺利执行起到侧面的带动作用。在条件有限的情况下，我们要合理调配资源提高我们的工作效率，最大限度缓解执行难的局面。”集中力量办难案，以点带面求突破，这也成为了张利平主持执行工作的一个重要策略。

2010年春节刚过，张就没有休息过一天，天天都在为一个涉及十几家租赁户的搬迁案件奔波。“其实春节前这个案子就来了，没把它拿下来过节都有点不顺畅，心里总是惦记着，春节都过了，我们誓要把这个案子拿下。”该案的地点是一个停车场，一个难点是搬迁起来工作量很大，有生产铁桶的加工厂、有生产豆芽的作坊、有仓库、有蜂窝煤场、有找不到所有人的大货车、还有几家住户，二是当事人对抗情绪严重，其中的冯某有暴力阻挠的行为。在多次协商调解无果的情况下，张利平组织制订了详细的强制执行方案，并继续催促各个被执行人主动搬出并交还房屋，但事情的发展往往是多变而出人意料的，冯某组织了一行7人突然跑到法院来闹事，威胁并抓扯前去处理的执行法官。

事发突然，张利平正在外县出差，接到电话后火速赶了回来，了解情况部署处理。赶到后他说了这样一句话：“也许这也是一件好事，是我们和他们正面接触开诚布公协商解决的最佳机会。”院长黄建武肯定了张利平的想法，要求及时层层汇报，快速稳控当事人情绪，积极联系组织协商。

一切都有序地开展着，在做调解工作时他强调了一点：“在调解的同时必须要对他们今天冲击法院的行为进行批评教育，讲明厉害关系”，坚持、耐心、真挚，从下午两点一直忙碌到凌晨一点，没有谁吃过晚饭没有谁离开过岗位，大家的努力终于换来了所有被执行方和申请人调解协议的达成，各个被执行人都愿意主动搬出停车场。

张利平和忙碌了近十个小时的同事们围坐一起吃着夜宵，大家没有一丝疲倦，有说有笑谈论着刚刚过去的那充满成就感的十个小时，谈论着如何劝说、如何让当事双方握手言和。

3

□ 核心提示

执行局有时候给外界的一个印象就是似乎不讲法律，靠“蛮力”解决问题，但实际却绝非如此，执行中法律关系与现实情况的交织有时候更加复杂，光靠承办人一个人的力量很难理清，也很难随时掌控复杂多变的案情，这种情况就需要执行法官们在法律关系上各抒己见，然后根据案情制定出切实可行的执行方案。

□ 执行感悟

气势这种东西在法律上没有，但我们的执行工作却很需要，特别是面对那些故意阻挠的被执行人，我们有了足够的气势才能体现出法律是威严的是不容侵犯的。

——张利平

独特阅历

执行工作苦中有乐，这是张利平和他的执行队伍兄弟们常挂在嘴边的一句话。

顶烈日踏泥泞、熬夜蹲守被执行人、半夜接到电话出警、驱车几百上千公里执行案件……这些都是他们的家常便饭，但却没有谁抱怨过累叫过苦，大家反而是乐在其中，这就是广安区人民法院的执行队伍。

执行队伍人多、经常“野外作业”，容易养成散漫的习惯，也容易在内部产生小集体，他来到执行局后将提高这支队伍的凝聚力作为了自己的一个重要目标，事实证明他的这个工作思路非常正确，在后来的多个重大执行案件中得到了体现。

张利平认为，要带好一个队伍从根本上要依靠大家共同认可的制度，以制度来规范大家的行为，而不是靠上级的命令，因此他组织制订完善了执行局内部的一些日常制度，从业务操作、人员调配、经验总结、理论学习等多方面来加强队伍的内部沟通，强化队伍的整体凝聚力。

每周一，执行局都会召开一个简短的例会，这是他来到执行局后的一大改变，并一直坚持了下来从未间断。会议虽短，但效率却很高，一周有哪些事要做，轻重缓急一一区分，有哪些疑难案件需要仔细研究，提出来集思广益，任务件件落实人员个个到位，整个执行局相对散漫的状态得到了很大的改观，工作实效有了很大的提高，办案中的拖延现象也得到了大幅度降低。

执行局给外界的一个印象就是不讲法律，靠“蛮力”解决问题，但实际却并非如此，执行中法律关系与现实情况的交织有时候更加复杂，光靠承办人一个人的力量很难理清，也很难随时掌控复杂多变的案情，这种情况就需要大家共同努力，在法律关系上各抒己见，然后再从实际情况入手，制定出切实可行的执行方案。

张经常说：“其实研讨执行案件是个很微妙的过程，不但要准确把握法律上的权利义务关系，更要结合案件的现实情况，不能纸上谈兵，不然法律关系理得再清楚也于事无补。”因此，执行局也规定并逐渐形成了重大案件讨论制度，确保了每一个通过讨论的案件最终都办成高质量案件。

搞执行工作和审判工作一个很大的区别就在于需要“人多力量大”，法律的威严写在纸上很多时候无法威慑到被执行人，只有当其感受到切实的“危险”时才会妥协，一两个执行人员面对对方一家人以及越来越多的围观群众，再有理的语言也会被淹没得一干二净，这个时候你就会亲身感受到多来几个同事的重要性。

“气势这种东西在法律上没有，但我们的执行工作却很需要，特别是面对那些故意阻挠的被执行人，我们有了足够的气势才能体现出法律是威严的是不容侵犯的”，而要获得这种“气势”，靠的就是大家的齐心协力，靠的就是一支充满凝聚力的队伍。

2010年9月，广安区法院执行局强制执行了一个交付鱼塘的案件，这让张利平和干警们深刻体会到了队伍整体能力的重要性。被执行方有4户共8人，8人的对抗都十分强烈，连前去做工作的基层干部都被限制过人身自由。执行干警多次前去，得到的也只是越来越嚣张的威胁恐吓，当地群众对他们霸占鱼塘也是敢怒不敢言。

“这就是地方一霸了，他们眼中根本没有法律，我们必须打下这股嚣张气焰”，张利平下了这样的决心。但被执行人多，而且有两家是杀猪卖肉的，有很多危险物品，要想不出任何意外强制交付是很有难度的。为此，张利平组织干警多方摸排被执行人本人及家庭情况，讲“谁负责谁”落实到人头，模拟现场进行了演练。

执行的当天，当被执行人正要起势阻挠时，没成想瞬间就被控制住了，八个人几乎在同一时间被有效控制，现场没有发生一丝混乱，一切都按部就班。连参与协助的公安干警都称赞：“没想到，比我们还专业啊！”

4

□ 核心提示

在一个追讨借款的案件中，利息高达200多万，申请人就主动向张提出："只要你们把全部利息追到，我拿20万表示感谢。"张听后也没表现出一丝波澜，只是对他这样说："我们是在执法，不是在做生意，我们要的感谢是你对法律的信任，是对我们公正执法的信任。"

□ 执行感悟

我们不能只看到一点小利益就忘记了作为一个法官的操守，不能因为吃了一顿饭就毁了自己。

——张利平

独特阅历

执行部门是"事故高发区"，这并不是偏见而是客观情况，在执行案件过程中更容易发生有损司法公正的现象，这是任何一个搞执行的人都需要高度重视和警惕的，必须客观看待这个现实，从而有针对性地寻找原因和应对方法。

执行工作和当事人直接接触多，和钱财打交道多，各种直接或间接的诱惑不可避免，这就使得执行工作中的廉洁工作必须抓牢、抓好、常抓不懈，张利平来到执行局后，没有一起群众的举报，没有一名干警在廉洁上出过问题。

"我们不能只看到一点小利益就忘记了作为一个法官的操守，不能因为吃了一顿饭就毁了自己，仔细想想，值吗？不值更不应该！"每周的例会上他都会说几句关于公正执法、廉洁司法的话，虽然不多，但却成为了他的一个习惯。不以权谋私说大了是原则问题，但真正要做好却是一个细节问题，从细节上形成了那种不偏不倚的意识，自然就很难出现不廉洁的现象。

在一个强制交房案件的执行现场，干警们站在烈日下维护现场秩序，一站就是几个小时，申请人买来了饮料准备发给大家，被他看到后他立即上去委婉拒绝了。事后他这样对大家讲："这个案子被执行人到现场来闹过、煽动过，围观的群众很多，我们不单是在执行判决那么简单，更要向群众体现出我们是依法执行，不偏不倚公公正正，对待两方都是一样的态度，喝一瓶水事小，让群众怀疑我们和申请人有猫腻事就大了。"

廉洁工作要搞好，领导干部要带头，张利平不但时刻要求全局干警要依法办案遵守纪律，更加以身作则严于律己。作为执行局长，难免会碰到来找关系、托人情、"谈条件"的情况，但他始终坚持原则不破口子，"在法律允许范围内的权益，只要当事人提出来，我们就会尽最大努力去为他们实现，但是有损公正、有损他人利益的事情我绝不同意。"

在一个追讨借款的案件中，利息高达200多万，申请人就主动向张提出："只要你们把全部利息追到，我拿20万表示感谢。"张利平听后也没表现出一丝波澜，只是对他这样说："我们是在执法，不是在做生意，我们要的感谢是你对法律的信任，是对我们公正执法的信任。"

作为一般的执行法官，更多的是面对当事人的吃请，但作为局长面对的"诱惑"却更大，如果没有坚定的原则没有不变的信念，就更容易滑向深渊。不能廉洁执法，就会丧失当事人对法律的信任，丧失人民群众对公正的信赖。"执行是维护法律尊严的大堤，保护的是千千万万人的合法权益得以实现，廉洁就是这个大堤的基础，没有了它，首先被冲走的就是我们这些护堤人。"

“执行局是一支能征善战的队伍，近两年来办了不少大案要案，张利平同志是合格的领头雁，是优秀的共产党员，是社会主义法治的忠实捍卫者。”院党组书记、院长黄建武对这名班子成员的工作赞赏有加，市委、区委的领导对广安区法院的执行工作充分肯定。

“执行路漫漫，忠诚心坦然。”作为基层执行法官的张利平用对党、对人民、对法律的热忱，高举着公平正义的大旗，书写着更加壮丽的执行新篇章。

（本文其他作者：藤乾生　郭大金）

第五章　内蒙古莫旗孟宪波

“三千”局长孟宪波

背景·印象
Background & Impression

有人说他真像官，碰到群众受委屈，拍案而起申张正义敢负责；有人说他不像官，无论谁找上门，他都来者不拒，是一名普通的执行法官；有人说他像一把伞，在群众最困难的时候为他们遮风挡雨办实事；有人说他像一头牛，只讲奉献不图名利。

不管别人怎么说，孟宪波从没有停止自己坚实的脚步，他一如既往，秉承“平平凡凡做人，公公正正办事”的人生追求，在执行工作战线上无怨无悔，不懈奋进。他就是莫旗人民法院执行局局长孟宪波，一名在法院工作了30年的老同志。

1

□ 核心提示

面对被执行人的刁难、漠视甚至是谩骂，孟宪波敢说、敢做、敢碰硬，发扬“千言万语、千辛万苦、千方百计”的“三千”精神，不气馁，不退缩，迎难而上，逐步消除了当事人的对立情绪，化解了矛盾，从而使一批影响较大的疑难案件得到解决。

□ 执行感悟

法律是我们最坚强的后盾，任何一个执行法官都是吓不倒的。

——孟宪波

独特阅历

了解执行情况的人都知道，法院的一些执行案件往往历经时间长，当事人情绪波动激烈，解决难度较大，而且大多数执行案件的背后，往往都牵动着一个人或一家人甚至一群人的切身利益。为此，我们的主人公孟宪波，经常带头深入办案第一线，到被执行人家中了解情况，调查研究，掌握第一手材料，积极组织疑难案件的处理、沟通和协调工作。

面对被执行人的刁难、漠视甚至是谩骂，孟宪波敢说、敢做、敢碰硬，发扬“千言万语、千辛万苦、千方百计”的“三千”精神，不气馁，不退缩，迎难而上，逐步消除当事人的对立情绪，倾心化解矛盾，从而使一批影响较大的疑难案件得到解决。

2011年6月，大雨初停，在佛晓前的夜色中，法院两辆执行专用警车从内蒙古莫旗驶出，一路四轮飞驰，溅起一地泥水，在离开城区80公里外的塔温敖宝镇坡坝村嘎然停住。村边雾霭蒙蒙，凉凉的直往脸上打，在近处飘着的是淡淡的，在远处笼着的是浓浓的。当他们拢头发时，手都是湿漉漉的，粘乎乎的，被执行人的家就这样被大雾笼罩着显得有些模糊。

车门被迅速打开，局长孟宪波带着八名执行干警悄悄的来到了被执行人家的大门前。被执行人王威武人送绰号王老虎，今年40多岁，人如其名，长得虎背熊腰，在村里名号是响当当的，因其强硬、霸气更是无人敢惹。三年前欠下申请执行人李凤山承包土地款4.6万元，虽经申请人多次索要，被执行人王家要么说年景不好，种地赔了钱，要么就说租给他家的地土质不好，致使种地血本无归，总之，王家就是赖着不给。实在是要急了眼，王老虎硬是将申请执行人给打了出来。今年初进入执行程序后，被执行人王老虎对法院作出的判决不屑一顾，执行法官三次去其家执行均无功而返，最后一次他竟然吩咐儿子们将大门锁了起来，硬是不让执行法官进去，并扬言，谁敢再进来，叫他立着进来，横着出去，气焰十分嚣张。

执行局长孟宪波偏偏不信这个邪，下定决心啃下这块硬骨头。针对此案专门召开了执行会议，决定对被执行人王威武家的一台“东方红802型拖拉机”进行强制执行，为防止暴力抗法，他详细周密地布署了此次行动方案。

咚、咚、咚，敲门没有人开门，两条大黑狗迅速窜出，汪、汪、汪地吼叫着。再次敲门，院内传出响动，但依然没有人开门。

孟局长一个手势，六名法警迅速翻墙进入院内并打开了大门。孟局长一马当先，带人冲了进去。

被执行人王威武光着膀子，一脚横在房门框上大声质问着：“你们凭什么闯进我家的院门？马上给我滚出去。”

孟局长向他亮明了身份，要求他偿还所欠申请执行人的4.6万元。

“要钱没有，要命有一条，你们能把我怎么样？”被执行人王老虎要起横来。

孟局长当即向王老虎宣布对其所有的一台东方红802型拖拉机予以扣押，若不能按时还款，将择期予以拍卖。

想拉走我的机器，门儿都没有，王老虎凶相毕露，从门框里抽出一把菜刀，向正准备启动东方红802型拖拉机的法警冲去。

几名法警立刻冲上前去夺下了王老虎的菜刀，并制服了王老虎。

这时王家大院外已经围上了十多个人，有几个王家的亲属想进入执行现场，被在外围警戒的法警予以制止。

“你不就姓孟吗，我知道你家住在哪里，小心我要你全家人的命。”王老虎恶狠狠地吼叫着。

“法律是我们最坚强的后盾，任何一个法官都是吓不倒的。”孟局长义正词严地说道，并告诉王老虎：法律的尊严不容践踏，人民法院的判决裁定必须得到执行。今天你暴力抗法，我们决定对你进行司法拘留。

法警迅速给被执行人王老虎戴上了手铐，并将他推进了执行警车内。

“凭什么抓人啊，你们是土匪呀，”王老虎的妻子朱某尖叫着冲了上来，踢打着车门，撕扯着执行法官的衣服。无论执行法官怎么样解释，朱某就是不听，说什么也不让把被执行人带走。最后被法警强制带离了执行现场。

法警启动了拖拉机，然而意想不到的事情发生了，被执行人王老虎年近70岁的老父亲不知什么时候钻进了拖拉机的底部，用手死死地抱住了拖拉机的链轨。老人在拖拉机底下装聋做哑，任凭法官如何劝解他都不予理会。老人年事已高的情况，使法官停止了启动车辆，执行法官们耐心地对老人进行讲解、劝说。

眼看快中午了，外面下起了小雨，但被执行人王老虎的父亲仍旧赖在拖拉机的底下不肯出来，看来要想在短时间内劝其出来，那是不太可能的事情。为了确保老人人身安全，也为了执行过程少费周折，孟宪波决定做被执行人王老虎及其妻子朱某的思想工作，让其劝说老人出来。经过近两个多小时的劝说，并解除对王老虎执行的司法拘留后，被执行人夫妻才同意让老人出来。

拖拉机启动了，缓缓开出了被执行人的家中，直到开进塔温敖宝人民法庭，全体执行干警才松了一口气。

2

□ **核心提示**

2008年7月5日，执行局接到申请执行人李盛先的电话，得知被执行人周绍义正在宝山镇给其老母大规模操办葬礼，并把周绍义的电话号码告诉了执行法官。

□ 执行感悟

法律是公正和善良的艺术，在执行案件中要对自己“约法三章”：第一，不轻视小额案件，因为小额案件往往涉及百姓生活；第二，公平对待每一个当事人，本着善良和正义来适用法律；第三，以宽容的态度对待当事人，充分尊重当事人的尊严和利益。

——孟宪波

独特阅历

2011年7月5日，天空下着小雨，在内蒙古呼伦贝尔市莫力达瓦达斡尔族自治旗宝山镇靠北山边的一栋平房院内，年过半百的周绍义大摆宴席，正在为其老母操办丧事。

这时，周绍义身边的手机响了起来，电话那头传来一个陌生而又熟悉的声音：“周老板，可要节哀呀!”周绍义连声道谢，忙问：“您是？”回答让他大吃一惊，对方竟是莫旗人民法院执行局孟宪波局长，周绍义慌忙将手机挂断，心口突突乱跳，额头、后背顿时冒出了一层冷汗。

事情发生在四年前，作为宝山镇小有名气的生资商店老板，周绍义由于经营不善，连年亏损，欠下莫旗某批发部老板李盛先货款1.6万元始终无法给付。周绍义不但不积极偿还这笔货款，反而变卖商店和房产，举家外迁，从此下落不明。法院判决后，4四年来该案一直没有得到执结。

2008年7月5日，执行局接到申请执行人李盛先的电话，得知被执行人周绍义正在宝山镇给其老母大规模操办葬礼，并把周绍义的电话号码告诉了执行法官，因而发生了前文的一幕。

周绍义不由得在心中暗暗祈祷：“法官千万别来，挨过今天一切就没事了。”真是越怕越要来，不一会儿，几名不寻常的客人来到他的面前，身穿便服的孟宪波局长悄悄地向他表明身份，并要求他给付四年前他所欠申请执行人李盛先的1.6万元货款，否则今天将依法对其进行司法拘留。

周绍义脸涨得通红，尴尬地说："我现在没能力偿还这笔钱，请再给我三天时间，到时我一定亲自送去。"

孟宪波局长浅浅一笑，却又不失威严地告诉他："我们给了你四年时间你都没有给付，再给你三天时间你能给付吗？没能力给付，你怎么能操办得起这么大规模的葬礼？"

周绍义神色十分不安，频频转头看还未察觉的前来吊唁的宾客们，为了老母的葬礼顺利进行，为了保留自己的名声，周绍义终于让步了，同意用现场收到的礼金来偿还欠李盛先的货款。

于是，在一个无人注意的小屋里，执行法官收下了周绍义交来的1.65万元（500元实际支出费）现金，毫不声张地离开了宝山镇。就这样，一件被拖了四年之久的积案终于在葬礼上被执结了。

孟宪波严格办案之外，还善于春风化雨，不论多么难缠的当事人，他都会温和以待，将温暖与真诚源源不断地传递出来，让当事人在他耐心的说服教育中，了解法律，了解责任，主动配合法院执行工作。

有一起民间借款案件，被执行人赵晓娟是一名普通的农村妇女，她的前夫在他们的婚姻存续期间，背着她曾向李某借了1万块钱用于挥霍，对此赵晓娟一无所知。但是，按照现有的法律该债务属于赵晓娟与前夫的共同债务。由于其前夫一直未还，故债权人一纸诉状告到了法院，不久，原告李某拿着判决来法院申请执行。

当法官接到案子，找到赵晓娟的时候，赵晓娟的前夫因癌症已经去世，这笔1万元的债务一下子全部都落在了赵晓娟的肩上。当孟宪波与赵晓娟谈话的时候，面对着从天而降的债务，赵晓娟不知所措了。

她告诉法官她还有两个女儿需要抚养，前夫生病的时候虽然他们已经离婚，但也是她在照顾，欠下了2万多元钱，而且她不能理解前夫欠的钱为什么要由她来偿还。

虽然，孟宪波向她耐心解释了法律的规定，但是，赵晓娟始终不愿意偿还债务。对此，孟宪波并没有气馁，在随后的几个月里孟宪波一次又一次找赵晓娟谈话，与她沟通。在了解到赵晓娟的实际困难后，孟宪波还主动与申请人联系，希望双方能够达成和解，帮助赵晓娟渡过难关，不要让她承受过重的压力。

在孟宪波的耐心劝说下，原告同意将金额降低，只要偿还6000元的债务就行。在孟宪波将原告的让步告知与赵晓娟的时候，孟宪波看到了赵晓娟那家徒四壁的房子，和两个还在上学的孩子，孟宪波只是淡淡地问了一句："孩子上学要是有困难，你就找我，我给你出学费。"当时，赵晓娟这个一向坚强的女子，却失声痛哭。之后没过几天，赵晓娟就来到了法院将东拼西凑的案件款一次交清了，还一再感谢孟宪波的帮助。

"群众利益无小事。"从事执行工作20年来，他把当事人的事当成自己家的事，时时刻刻记在心、抓在手，一天不解决他一天心不安。为此他给自己立了一条规矩："接待群众来访态度要热心，倾听要耐心，记录要专心，阅卷要细心，解释要真心，答复要诚心。"只要群众来到他的办公室，他总是倒水让座听其倾诉，仔细阅读材料，认真做好记录。

一次，莫旗红彦镇一位上访老汉拿着判决书气哼哼来到他的办公室，认为法庭执行不力，请求执行局给予解决。孟宪波接过判决书，边问边看，一份六页的判决书，他一连看了三遍。这位老人激动地拉着孟宪波的手久久不撒开，说："我今天是遇着好法官了！我的判决书连看三遍，真认真！今天不管你说啥，孟局长，我听你的！"孟宪波就是这样，用自己朴素的言行诠释着共产党员对群众高度负责、满腔热情的高尚情怀。凡是他接待的涉执信访案件，他都一抓到底。对反映有理有据的上访户，他排除干扰为他们解决问题，自己能办的立即去办，自己办不了的也要竭尽全力协调有关部门处理，决不推托、敷衍当事人。

“千锤百炼，只为浩然正气；满腔热血，尽洒无限青春。”面对激烈尖锐的利益碰撞，面对手持利刃暴力抗法的被执行人，他每天都风雨兼程；为了法律的尊严，为了当事人的利益，奔走在漫漫执行路上，不断成功地执结一件又一件案件。为此他付出了全身心的精力，用实际行动维护公平和正义的最后一道防线。执行路漫漫，山高、水长、路不平。当一名执行法官——是他无悔的人生。

（本文其他作者：徐庆礼　庞艳萍）

第六章　江苏南通王建平

战斗在南通执行战线上

背景·印象
Background & Impression

这是一个无名高地，他在这个无名高地上任意驰骋。

这是一条看不见的战线，他在这条战线上一往无前。

这是一群数不清的碉堡，他提起炸药包，英勇无畏地朝着碉堡喷射出来的火舌冲去。

这就是我们法院的执行战士。他们面对着眼前数不清的执行难案，心中时刻牢记五个字：人民的法官。为了人民的利益，他们就像战士冲锋陷阵一样，无所畏惧。

王建平，南通中级法院执行局副局长，这个在执行战线上默默无闻的无名英雄，面对着许多疑难复杂的案子，

1

□ 核心提示

接电话时，王建平正在和妻子一起吃午饭。本来他想今年除夕可以在家帮妻子干点活了，想不到又泡汤了。他三下五除二扒了几口饭，搁下碗筷，立即通知书记员在法院门口等。他很快来到院里，局长王成将警车钥匙交到他手上。王建平驾车向被执行人沈某家中驰去。

□ 执行感悟

你是个执行法官，特别是执行局长，就得随时待命。申请人电话打到法院，说是发现被执行人的行踪，你必须赶紧出发。如果稍有缓慢，申请人怪罪不说，等你赶到那儿，被执行人可能早已逃之夭夭了。

——王建平

他从来没有退缩，而是毫不犹豫地说：“我上。”

独特阅历

“平常要找个被执行人可真难，见你法官去了，有意跟你捉迷藏。但是，中国有个传统，临近春节，多数人想到回家过年。这可是个寻找被执行人的好机会。”50多岁的王建平，微显皱纹的脸上荡漾着一股英勇气概。

除夕，法定的节日。这时候，其他机关可以不上班办公，就是法院的其他部门人员也可以在家休息。但你如果是个执行法官，特别是执行局长，就得随时待命。申请人电话打到法院，说是发现被执行人的行踪，你必须赶紧出发。如果稍有缓慢，申请人怪罪不说，等你赶到那儿，被执行人早已逃之夭夭。因此，你必须隐蔽接近。

那是一个除夕的中午，申请执行人、某信用社的一个部门领导，给王建平打来电话：“王局长吗？我们发现被执行人沈某回家过年，请赶紧来。”

王建平就像战士接到战斗命令一样，没有丝毫迟疑，立即回话：“好的！我们一个小时以后到。请盯住沈某的行踪。”

接电话时，王建平正在和妻子一起吃午饭。本来他想今年除夕可以在家帮妻子干点活了，想不到又泡汤了，他三下五除二扒了几口饭，搁下碗筷，立即通知书记员在法院门口等。他很快到院里，局长王成将警车钥匙交到他手上。王建平驾车向被执行人沈某家中驰去。

这是一个《保证担保借款合同》纠纷案件，原来约定沈某向某信用社借款200万元，用来作建筑资金周转，借款到期后，沈某一直没有还钱。案子告到法院，到了执行阶段，沈某一直东躲西藏，两年多不见人影。

这天，气温降到摄氏零下8度，是当地20年来最冷的时日。北风像狼一样吼叫，满天鹅毛大雪铺天盖地而来，人们在家取暖，沉浸在节日的喜庆中。作为执行局副局长的王建平不顾天寒地冻，此时想的是尽快到达被执行人沈某家中。

被执行人沈某家住海门市农村，从南通到沈某家少说也有五十多公里，王建平率领书记员火速前往。快到沈某家时，沈某远远地发现有警车，料想法官肯定是来找自己的，立即穿好大衣，拎起黑亮的手提包，一头扎进小轿车里走了。他到了海门市一家宾馆住了下来，并约了几个朋友来打牌，他对宾馆服务员反复交待，不管谁来找，都不能透露姓名，都不能开门，以为这样法官就找不到他了。

这时申请人在沈某家的路上守候着，为了避免被沈某发觉，王建平和申请人一同步行前往沈某家中。

“我们是法院的法官，找沈某谈谈。”

“他几年不回家了，你们来干什么？”

王建平从谈话中察言观色，意识到沈某已经溜了：“既然沈某不在家，我们就不打搅了。告辞！”

王建平估计沈某不会走多远，立马回转，决定到海门城里的宾馆去找。

下午三点多钟，根据分析与有人举报，确定沈某住在某宾馆，王建平与书记员直奔某宾馆，因沈某用他人名义登记住宿，一时难以确定在哪个房间。王建平请宾馆服务员开门，服务员不但拒绝开门，态度也极不友好："我们是宾馆，靠客人来生活，都像你们这样，早把客人吓跑了。大年三十，怎么能做这种事呢？"

王建平见宾馆不配合，只好求助公安派出所，给附近的一个派出所打了电话，回答："民事执行案件，不管。"

不管，怎么办，难道我们自己也不管吗？法律的庄严何在，难道眼睁睁地看着沈某在自己的眼皮底下溜走，也不管？不，别人可以不管，我偏要管到底。无奈，他们一个楼层一个楼层找，在过道里门外一个房间一个房间听动静，毕竟除夕住宾馆的人极少。当他们听到一个房间有声音时，就敲门，任凭怎么敲，就是不开门。没辙，就在门外静静地候着，看你沈某往哪儿跑？

冬天的傍晚来得早，五点多钟天就暗下来了。沈某在门边站了好一会儿，没有听到动静，料想法官早已回家过年了，脸上说不出的得意，自言自语地说道："跟我沈某玩花样，还嫩了点！"边说边开门，大摇大摆地走出来，准备回家与家人团聚吃年夜饭。

可是，令沈某万万没想到的是，刚出来就被王建平逮个正着。王建平亮明身份，出示工作证、执行公务证，请沈某配合法院执行。沈某开始态度强硬，王建平在海门法院执行局的协助下，将沈某带到海门法院。王建平单刀直入地说："案件到了执行阶段，你东躲西藏，不依法履行债务。今晚你是要回家过年，还是要进看守所？"

沈某想这下完了，年过不成了，与家人不能团聚了，哆哆嗦嗦地说："我愿意配合法院执行。"

王建平进一步向沈某释法明理，沈某内心被感化了，当即表示在三个地方有建筑工地，仅在青海做完的建筑工程款也足够还了。在场的申请执行人某信用社同意了沈某的承诺。做完笔录，双方签了字。沈某还当即从黑亮的拎包里掏出8万元，履行了部分债务。

此时，已是万家灯火，鞭炮声声。尽管天气寒冷，王建平就像一个凯旋的战士一样返回在执行路上，心里充满着宁静与自豪。

面对一份份生效法律文书，面对一份份强制执行申请书，王建平就像看到一份份无声的命令，寝食不安。不管春夏秋冬，不管风雪严寒，不管狂风暴雨，不管烈日炎炎，也不怕当事人的阻碍，甚至不惧生命危险，他总是战斗在执行一线，时刻捍卫着法律的威严。

七月流火，气温高达38度多，超过人体正常体温。法官顾茂彬手上有个执行案子，这个案子是个三角债，比较复杂。七月的一天早晨，顾茂彬带着书记员刘勇建驱车要前往300余里外的盐城去执行，为了防止不测，执行局副局长王建平率领二位同志一同前往。

申请执行人是常州的一家纺织公司，被执行人是如皋的一家服饰有限公司，双方是一个《买卖合同》纠纷，执行标的为54.8万元。此案经当地仲裁委员会仲裁后进入强制执行的。

顾茂彬法官在执行被执行人如皋一家服饰有限公司的同时，被执行人如皋的一家服饰有限公司在盐城中院作为原告诉被告盐城的一家服饰公司胜诉，申请盐城中院强制执行。盐城中院在执行过程中，盐城某公司提出，他们应该向如皋某服饰公司交付2.5万件牛仔风衣，因为如皋的一家服饰公司欠常州的一家公司货款没有还，上述货物被南通中院查封。

这天中午一点多钟，正是太阳最毒的时候，烤得大地滚烫。王建平和顾茂彬等法官在盐城中院法官的协助下，冒着酷热前往盐城某服饰公司强制执行。他们汗流浃背，直奔5楼找到服饰公司的老总，要求依法协助。老总先是找出种种理由不肯协助，法官们苦口婆心地依法劝说，一直到下午四点多钟才同意配合常州某公司拉货。

烈日下，法官们监督装货，热浪扑来，烤得头晕眼花。六点多钟，正当装货热火朝天的时候，突然来了三十多人大呼大叫地冲到装货现场，往车前一堵，为首的几个叫嚷着："看谁能把货拉走，我们跟他拚了。"

这帮人自称是当地人，其中有一人姓何，他拿出借条，说如皋的一家公司欠他8000元钱，两年多了没还，要把货扣下来，整个场面一时闹哄哄的。为了控制事态发展，装货不得不停了下来，王建平和法官们立即将何某这帮人请到公司办公室，问明了有关情况，然后指出他们阻碍执行所要承担的法律后果。至于要钱，让何某到如皋法院起诉，可是何某怎么也听不进去，立即站了起来："我不管，我就是要将8000元的货款扣下来。"

这时天全黑了，法官们汗湿的衣服沾在身上，浑身难受，口渴得喉咙冒烟，嘴唇干裂，肚子也开始咕噜咕噜叫，蚊子不停地叮咬，奇痒难忍，王建平和法官们全然不顾，他们任凭何某等人发脾气，始终动之以情，晓之以理。八点多钟，何某终于同意装货。

夜里十点多钟，货多数装上了车，其中一辆车已经装运走了，第二辆车也准备起运。蓦地，何某这帮人又大呼小叫地冲到车前，将货车团团围住，还有的将警车堵住，一时执行又陷入僵局。

善者不来，来者不善。这帮人中有黑道人混的，有来起哄的，也有来看热闹的，各种各样的人都有，你必须想办法镇住这个场面，才能维护法律的尊严，才能树立法官的权威，否则会被不明真相的群众看笑话。王建平内心深处充满着对人民的敬爱、对貌视法律者的憎恨。他厉声说道："你们究竟想干什么？刚才不是已经谈好了吗？你们这样做要负法律责任的。"

这一突如其来的喊声，将这帮人唬住了，一时闹哄哄的场面安静了，随即大家窃窃私语，有的群众说："我们不应该跟来起哄。"有的群众说："法院执行哪儿有错？我们瞎掺和什么？"

在这寂静的夜晚，刚才几个带头的依然不肯罢休，声音一浪高过一浪，大有山雨欲来风满楼之势。

王建平和法官们临危不惧。跟这些在黑道上混的人打交道，那是一种胆量与智慧的较量，狭路相逢勇者胜。王建平迎头上去，分成两组，一面分头做工作，一面控制现场，防止货物被哄抢。

月光悠闲地挂在树梢头，犹如水晶般透明。月光下，王建平出奇的冷静：当人们激动时，要冷却场面，不要激怒他们。时间一分一秒地过去，法官们耐心地分别做三方的工作，认真地释法明理。时间一长，三个堵警车的小伙子听了王建平的一番话，觉得在理，渐渐走开了；那些在黑道上混的人，听着听着也觉得应该通过法律途径来解决，渐渐不吭声了。最后常州一家公司与何某自愿达成协议，暂时代如皋一家公司还了款。

此时，已是午夜一点半了，王建平感到口干舌燥，饥肠辘辘，全身乏力，因为第二天还要去外地执行，他和法官们伴随着皎洁的月光上路了。

2

□ 核心提示

面对八十余位债权人2000多万元债权、六户承租人、一百多名职工的执行案件，他冲破重重阻力，迎刃而解。

□ 执行感悟

面对混乱的执行场面，贸然动用强制执行措施行不通，抓人更行不通，会把事情弄得更糟，必须抑制住自己的感情，对待百姓必须要有同情心，心中要有群众观念。

——王建平

谈到执行南通百乐门的案件，王建平的心情直到今天都不能平静。这虽然不是一场硝烟弥漫的战斗，但就像战斗一样惊心动魄。

2005年5月初，位于南通市繁华地段的南通百货有限公司将建筑面积一万多平方米的房屋，出租给南通信盛投资管理顾问有限公司，合同约定年租金为600万元，之后双方又订立了七份补充协议。南通信盛投资管理顾问有限公司承租后除了开设百乐门大酒店以外，还将部分房屋转租给“红顶鹅”等六个次承租人，此后没有按约正常支付房租。南通百货有限公司向南通仲裁委员会申请仲裁，2008年9月18日，向南通中院申请强制执行：南通信盛投资管理顾问有限公司向南通百货公司完整交付营业楼、仓库楼以及其他附属用房、场地、设施；执行标的1980017.14元；信盛公司承担本案执行费用。

王建平接手这一案子后，手机24小时开机，随时待命，遇到紧急情况随叫随到。

清晨，王建平刚刚起床，一阵清脆的电话铃声响起，他猜想肯定又是百乐门案的事，习惯地抓起电话，还没等他说话，对方传来急促的声音：“王局，我是百货公司，一百多名职工冲到百乐门了，他们要住进百乐门酒店！”

这么多人进去，如果法官不在现场，职工们会与承租户发生意想不到的冲突，弄不好打起来，逼急了，还有可能出人命，王建平搁下电话，二话不说，立即奔赴百乐门。

从百乐门门口到大厅，里三层外三层，挤挤挨挨，人围了一圈又一圈，不少职工正和承租户发生口角。有的手指指指点点，有的破口大骂。

“你们这是干什么？不管有什么事通过法律途径解决，”王建平一看这阵势，顾不得多想，冲到最前面，厉声喝道。

一看法院的执行局长来了，职工们原先激动的情绪更加激动了：“局长给评评理，哪有租房不付租金的。既然不付租金，给我滚出去，我们进去住。”

这样混乱的场面，动用强制执行措施行不通，抓人更行不通，会把事情弄得更糟，必须抑制住自己的感情，对待百姓必须要有同情心，心中要有群众观念。古人说民以食为天，收不到租金，基本生活得不到保障，能不吵闹吗？但是作为一名副局长，作为一名人民的法官，既要依法办案，更要讲究执行艺术，和谐执行。他调整了一下激动的情绪，语气缓和地说：“大家有话慢慢说，先推荐几名代表，到法院去，到我办公室去谈。你们这样做不是解决问题的办法。”

听了王建平的一席话，多数职工愤怒的火焰压了下来，大家你看看我，我看看你，再看王建平，仿佛王建平是他们的救星。这时，人群中有人站出来说话了：“我们先听法院局长的，暂时不闹了。只有法院才能主持公道！”

是啊，人们有了纠纷，没地方去说的时候，只有去法院诉讼，求得公正公平。老百姓是相信党的，相信法院的，不管怎么说，我们应该最大限度地保护债权人的利益，保护老百姓的利益。王建平眼含激动的泪水，和几个百姓代表交谈着：“先让大家回去吧。”

场面控制住了。职工们退场了。

一波未平，一波又起。

那是将要过年的时候，八十多位债权人和部分职工又一次来到百乐门，堵塞酒店大门，实施断电断水，有的债权人放出话，再过十来天就要过年了，如果七天内拿不到钱，就住进酒店。

本案涉及信盛投资管理顾问有限公司八十余位债权人约2000多万元债权无法落实、六户承租人的权益得不到保障，近百名职工的生活面临困难等具体实情无法解决，债权人与职工多次上访，有的要跳楼轻生，有的欲用汽油烧毁酒店。

有一对七十多岁的老夫妇，将自己一辈子积蓄的20多万元投入进去，指望养老的，现在泡汤了。老夫妻俩子女下岗失业，自己养老的钱又没了，心情非常沉重，一时想不开，颤巍巍地来到酒店，爬上酒店顶层欲跳楼了却此生。

王建平获知情况后，火速赶赴，才幸免于难。老夫妇俩见到王建平抱头痛哭。

有一对中年夫妻，东借西凑，投资一百多万元，原先指望能分红获得更多的回报，想不到做了白日梦，心情压抑，既然收不回来，那就过年时住酒店，吃酒店，一天，他们请服务员开了一间房，随即回家将日用品搬了进来。

有一个女债权人住进了酒店，把酒店房门的锁换了，将家中的生活用品搬了进来……。

债权人也好，职工们也好，都开始上访了。

那段时间，王建平心情十分沉重，寝食不安，白天一整天在酒店做工作，夜里常常半夜才回家，有时干脆在酒店沙发上打个盹就算过夜了。冬天天气寒冷，坐在酒店大厅里开始不觉得怎么冷，一旦睡着了，后半夜就被冻醒了。

为了减少各方当事人的损失，不知有多少个夜晚，王建平彻夜未眠，连夜向中院领导写报告，请求由中院向市委报告。南通市委、市政府很快成立了工作组出面协调，最终市委决定由南通市委政法委统一指挥，南通中院负责执行。

2009年4月底，南通市委政法委召集中院、公安、公证、崇川区政府、信访局等相关部门开会，部署执行工作。中院召集执行局、法警支队、监察室、行政装备处、宣教处等部门一百余位干警，分成四个清理组、一个警戒组、一个思想疏导组、一个固定证据组、一个保障组、一个新闻报道组，凌晨六点集中出发，六时二十分到达执行现场。执行外围部分路段，由公安民警实施戒严。

这一南通市各界人士关注的重大执行案件，在一百余名公安民警及卫生、消防、信访、公证等部门人员的配合下，通过南通中院一百多名执行干警突袭式强制执行，不到四个小时就告捷了。有关职工的生活问题、债权人的权益问题、酒店员工的工资等一系列问题，王建平通过跑有关部门一一得到了落实。

3

□ 核心提示

看到查封公告，一百多人蜂拥而来。这些人中有供货商，有经销商。他们就像一股暴怒的洪水汹涌地向超市猛扑过来。

□ 执行感悟

法院的执行阵地是老百姓实现司法救助的最后一道屏障，是老百姓祈求法官司法公正的所在。

——王建平

独特阅历

王建平一米八多的个头，走起路来就像他的办案作风一样，风风火火，雷厉风行。可是谈到执行保全如皋大型欧尚超市这个案件时，他这样的钢铁汉子有时也感到吃不消了。你看，他带领中院执行局的兄弟们，每天早晨六七点钟开着警车出发，晚上九十点钟才回到院里，历时三个多月。这三个多月，可谓惊心动魄。

2006年底，对有着千年古城的如皋来说，无疑又添了一道亮丽的风景。刚过元旦，位于闹市区新开张了一家大型超市，这对市民来说无疑是个福音。春节前后，超市顾客盈门，店主生意兴隆，红红火火。

谁也没想到，春节过后不久，生意逐渐萧条。到了四五月份，几乎无人问津。三十六计走为上计，五月底的一天，老板趁员工下班，到了后半夜用早已准备好的铁链在大门上加了把锁。第二天，开门的来了，感到惊愕，员工们上班后，见如此情形，更觉得不可思议，左等右等不见老板来，一打电话关机，这才感到事情的严重。一连数日，都是铁将军把门。

欧尚超市原是如皋市广发市场有限公司和缪霄峰共同租给太仓一家电器公司及张某的，合同从2006年11月起一下订了10年。一看数日关门，找不到老板，员工们急了：五月份的工资没有着落了。承租户急了：租金只收到了160万元，还有的钱要泡汤了。随即申请法院进行诉前保全。按合同约定，被申请人应付给申请人欠缴的租金138.5万元，同时10万元的保证金归申请人所有，并赔偿申请人半年租金199万元，合计347.5万元。

6月5日，法院贴出了查封公告。同时开始对超市物品进行了保全。

看到查封公告，一百多人蜂拥而来。这些人中有供货商，有经销商。他们就像一股暴怒的洪水汹涌地向超市猛扑过来。

“请法官出来，我们要拉自己的的东西。”

“不行就砸锁，冲进去！”

是啊，你能说群众的要求是错的吗？不能。群众的要求是合理的，是符合常情的，他们的激动情绪是可以理解的，但是不符合法律的规定。

王建平和法官们身穿制服，站在烈日下，汗流浃背。面对这么多的群众，王建平没有退缩，走到了群众中间，高声说道：“请大家静一静，我是南通中院执行局副局长王建平。你们有事尽管找我，但不能瞎来。你们的要求只要是合理合情合法，我们都会考虑的。请大家依次排队，我们逐个登记，每天分批接待。”

王建平组织法官分头行动，一组拉着小推车进入超市清点物品，一组负责接待群众。

老百姓是通情达理的，当他们见到王建平来到自己中间，好像看到了希望，原先波动的情绪渐渐平息了。在他们眼里，法律是神圣的，法官办案是公正的，现在走投无路时，只有求助于法律，听从法官的裁判。

从此，王建平每天早晨率领十多名法官，亲自开着警车行驶在南通通往如皋的公路上，每天一百多公里的路程，风雨无阻。白天，他除了接待群众外，还和法官一起出入超市，清点物品。一些时鲜物品，在多日断水断电的情况下，加上天气闷热，早已腐烂变质，恶臭异常。超市里面，异味扑鼻，有的法官当场呕吐，有的闷热中暑。中午吃碗面条继续干，一直干到天黑，才踏上返回的路。

这段时间正是热浪灼人的季节。最热时中午地表温度达到四五十度，王建平和法官们挥汗如雨，热得胸闷如堵。进入超市，就像进入一个大蒸笼，一会儿衣服和裤子全被汗水浸透了。为了赶时间，争速度，王建平带领法官一面清点东西，一面登记货号。同种物品，货号不一样，就得单独抄写登记。抄写完了，装入手推车，再一车一车往外拉，既当清点工，又当搬运工。

一天中午十二时许，正当王建平和法官们干得热火朝天时，突然，超市库房铁门外传来嘈杂的吵嚷声。王建平定睛一看，好家伙，又来了一百多人，有的从铁门上爬进来，有的手中拿着家伙，向铁门冲去，嘴里高声嚷嚷：“不许搬东西，要搬东西，先把我们的工资付了。”

原来这些人是超市的员工，总共干了六个多月，有两个月没有拿到一分钱的工资，这些人中中年妇女居多，原先都有单位，下岗失业后好不容易找到这份工作，没想到没干几天又歇业了。她们上有老，下有小，见超市在清理，急了：东西搬走了，找谁去要工钱？于是纠集家人前来讨说法。

这帮普通百姓为了生存，四处找工作做，不容易，不能得罪呀。为了生活，一旦头脑发热，什么事都干得出来的。王建平啊王建平，要是她们一闹事，你就是有三头六臂也没用。王建平冷静了，他不发火，语气和缓："大家听我说，现在是在保全阶段。正是为了减少大家的损失，法院才这样做的。将来等案子审理好了，会给大家一个说法的。如果大家不听我的劝说，一味地抢东西，不但不能解决问题，而且使损失越来越大。请大家相互转告，你们在超市财务室上的工资表上的姓名，都在我这儿。这么热的天，站在太阳底下要中暑的，大家回去吧。进展情况我会通知大家的。"

"是啊，法官说得对，我们还是听法官的。"人群中有人眼含热泪说道。

王建平也被这样的场面感动了。古人说：当官不为与民作主，不如回家卖红薯。作为一个执行局长也要为老百姓作主呀。此案保全历时三个多月，王建平和法官们天天起早，天天晚归，人累得疲惫不堪，有时回到家一躺下就睡着了。以后，案子审理下来执行，又历时整整一年多时间，为了百姓的利益，王建平不知有多少个夜晚睡不着觉，终使此案最后得到圆满解决。

法院的执行阵地是老百姓实现司法救助的最后一道屏障，是老百姓祈求法官司法公正的所在。王建平在法院执行阵地上冲锋陷阵，勇往直前……

（本文其他作者：陆圣斌）

第七章　福建南靖黄志雄

志雄智取“老赖”

背景·印象
Background & Impression

初见这位法官，三十来岁，瘦小、黝黑，无论如何也很难把眼前的这个人和执结1100多件案子的执行局长联系起来，但此人就是我们本文的主人公黄志雄。

1975年黄志雄出生在世界文化遗产——福建土楼故里南靖县，大学毕业后到法院工作。自2003年以来已经办结了1100多件案，实现了“零错案、零投诉、零上访。”自2005年起，他连续六年被评为优秀公务员，连续两次被省法院评为先进工作者、执行办案能手，荣立三等功一次、二等功一次，被团市委、市劳动与社会保

1

□ 核心提示

这个王典文，与执行法官玩起了“躲猫猫”，像人间蒸发似的，人去楼空，让执行法官找了六年没执行到一分钱。时间飞逝，这六年来，谢大妈前前后后来法院多少次了，连她自己也记不清了，但她却清楚地记得执行法官已换了四任了。

□ 执行感悟

执行案件时，有时候越急越不能不打草惊蛇。当咱们确实掌握了线索时，时不时地应用一下“三十六计”，就会让执行工作柳暗花明起来。

——黄志雄

独特阅历

2002年夏天，王典文找到同村的谢大妈：

障局授予漳州市十佳青年岗位能手。2010年12月29日，被福建省高级人民法院评为全省十佳法官，荣记了个人二等功。

2011年2月，获县委、县政府嘉奖，被评为政法工作先进个人、优秀共产党员。他是福建省南靖县创先争优活动中涌现出来的典型。2011年1月28日，中共南靖县委创先争优活动领导小组决定在全县党员干部中广泛开展向黄志雄同志学习的活动。《人民法院报》、《闽南日报》、《海峡导报》、中国法院网、南靖电视台、漳州电视台等新闻媒体多次报道他的事迹。

“我经营的食杂店急需资金周转，能不能借我一点钱？”，朴实的谢大妈闻言后，脱口而出：“正好前几天，我卖了龙眼，攒了1万元，可以先借给你，不知你要借多长时间。”王典文用钱心切，说：“一个月就能还清，不过还差5000元。”好心的谢大妈听后，心里替王典文着急，望着王典文无奈的双眼，谢大妈说：“不要着急，明天我到安溪老家再借5000元给你用。”王典文很是感谢：“我忘不了你的情。”第三天，谢大妈没有食言，果真将借来的5000元和自己的1万元，如数送到王典文家。

过了一个月，谢大妈依约定时间来到王典文家中，要王典文兑现承诺还钱！王典文请求谢大妈再宽限些日子，谢大妈答应再宽半个月。之后，谢大妈不时依约向她的债务人要钱，王典文有些不耐烦地对谢大妈说：“现在青黄不接的，哪有钱还你呀！”谢大妈没想到王典文不仅不领情、分文未还，还恶语伤人。这回呀，气急的谢大妈回到家后，思前想后，越来越感觉不妥了，必须想个办法要回钱。

第二天，谢大妈早早起床，找人写了一张诉状，急急忙忙地来到南靖法院的法庭，愤怒地将王典文告上了法庭。庭审中，王典文对借款事实供认不悔，但一个劲儿地向法官陈述因经济困难还不了债务。不久，法庭作出了判决。判决生效后，对方仍不还钱，于是谢大妈申请了强制执行。

这时的王典文，与执行法官玩起了躲猫猫游戏，像人间蒸发似的，人去楼空，让执行法官找了六年没执行到一分钱。时间飞逝，这六年来，前前后后来法院多少次了，连谢大妈也记不清了，但她清楚记住执行法官已换了四任了。

不久前，谢大妈与往常不一样，从医院看完病来到法院，又要跟执行法官说说王典文有多坏，不但不还钱，还毒死她家好几只鸭子。这一回，她再次发现自己案件的承办法官又换了后，心里十分着急，当时就抱怨道："执行员换了一个又一个，可我的案件却没有什么进展。"更让她大迭眼镜的是，眼前这位执行法官，瘦削、文静，一点儿威严也没有，觉得自己的案件交给这个人执行让人有点不放心。

她走到这位不起眼的法官面前说："我的案件，轮到你来办了，王典文可坏了，就你这体格，你斗不过他。"，听到这话后，这位年轻的黄副局长没有生气，起身倒了一杯开水递给她，请谢大妈坐下来，心平气和地对谢大妈详细介绍案件整个执行过程，指出了每个细节，分析了执行这个案件的困难和克服的办法后，真诚地告诉她："您老人家请放心，我会帮您把钱要回来的。"谢大妈听了这句话，有点不敢想信自己的耳朵，心想这个法官和其他法官有点不一样，已经对我的案件非常了解了呢，但她还有一个更大的疑问："他会有那么大的能力？"于是她反问这位法官："你会辣手摧花吗？"，黄副局长笑笑，对谢大妈说："你放心，回去等我电话吧。"谢大妈听到这话后，心里更复杂了，她从来没有听哪位执行法官对她这样说。谢大妈带着这个疑问，回了家。

没多久，她家的电话响了。谢大妈拿起电话，那头传来了执行法官黄志雄的声音："大妈，您的钱给您要回来了，还有您要求的3000元利息，一分也不少！"

“小伙子，别逗我老太婆了。就你那小体格，好几个法官都要不回来的账，你几天就给我要回来了？”谢大妈不信。可这却是千真万确的。原来，为了她的案子，黄志雄访遍了王典文的左邻右舍。通过走访，黄志雄了解到王典文有一处店面租给了他人。但由于产权登记手续不全，缺乏有力证据证实该房屋所有权属于王典文，这也是前任执行法官遭遇过的棘手问题。

为了不打草惊蛇，黄副局长用了一招“围魏救赵”，避开王典文，围绕承租人做文章。经过几个星期的软磨硬泡，承租人终于说出了真相：王典文为了规避执行，与承租人对外统一口径，说是房子从一个公司租来的。从2003年起至2008年12月，王典文就收取了租金近5万元。承租人还说王典文怕法院提取租金，每一年来要租金的时间都比合同约定早，而且一年比一年更提前，与法官一直玩躲猫猫游戏。

有钱却拒不履行，证据确凿。黄副局长决定联系公安机关以拒执罪上网通缉王典文。没想到，第二天，王典文便来到法院交齐了所有欠款。谢大妈终于拿回了1.5万元及利息3000元。王典文还被判处有期徒刑六个月，缓刑一年。

多年的欠款拿到手，谢大妈说不出的感激，便制作了一面锦旗送到法院以表示感谢。此后，天热了，她就打个电话给这个“不一样的”好法官，提醒他不要中暑；天凉了，打个电话提醒他不要感冒。一来二去，双方便结成了忘年交。

“挣钱心急，没有防备，大意了。”的哥王树山肠子都悔青了。他做梦也没有想到，自己会开着的士，自投罗网，成为瓮中之鳖。这是黄副局长“智”服老赖的又一杰作。

原来，王树山1998年至1999年间，向福建省南靖县合成氨厂购销化肥，共结欠合成氨厂64706.75元货款未支付。2000年6月，合成氨厂诉至南靖县人民法院，经调解，王树山从8月起至12月每月30日前分四期归还该货款。调解生效后未按协履行，合成氨厂于2001年6月向法院申请执行，执行中被执行人王树山至11月止仅付了3万元后，以生活困难为由不再支付，并以外出打工为名躲避执行。黄志雄依法向银行、房产管理、交警大队等部门查询其存款、房产、车辆情况，均一无所获后，只能暂缓执行。

2007年2月10日上午，黄志雄像往常一样，微服私访了被执行人王树山所在村的群众，一位上了年纪的老大爷向黄法官接供了一个“重要情报”，称“王树山家常有一辆新车出入，据传还载客。”获此信息，黄法官如获至宝，迅速到交警部门查询车辆登记情况，可出乎意料的是，车辆并没有登记在王树山名下。

于是，黄法官便联系申请执行人一同到县城各大车站，跟出租车的司机们聊天，可能出于警惕，司机没有告诉他们相关情况。此时，黄法官心里开始质疑起老大爷信息的可靠性。他想来想去，觉得老大爷没有骗他们的理由和动机，最后还是排除了疑问，肯定了老大爷的“情报。”中午时分，黄法官这个老黄牛使出“牛”一般的犟脾气，再一次到村里以“租车”的名义向群众了解情况，一位热心的群众说：“王树山利用春节期间，用自家车，接送乘客。”噢，原来如此，黄志雄法官向知情人要了王树山的手机号码。此时，黄法官便心生一计，采取瓮中捉鳖的办法，让被执行人“自投罗网。”经报请分管院领导同意后，黄法官事先到法院值班室向保安人员交待一番。之后，黄法官走到在离法院不远的一个马路上。

2007年2月10日14时，在家午睡的王树山接到一个“陌生”电话，问：“你是王树山吗？我要想包你的车到漳州办事。”听到有人包车到漳州市区办事，王树山接电话后问“在哪个位置？”为防备王树山提防之心，他没有告诉他在法院，约其到南靖县山城镇富康路路口接人，王树山心想春节生意真好，刚跑一趟包车，现在又有人要包车，便从睡惺中兴奋起来。

当王树山来到约定地点时，一个穿着整齐、二十多岁的“乘客”坐上出租车。上车之后，黄志雄法官再一次确认他是王树山之后，对向王树山说：“还有一个带行李的朋友在法院已经办完事，过去接他一下就走。”王树山深信不疑，迅速将出租车开进了法院的停车场，保安见装快速进值班室把大门关起来。这时，黄志雄对王树山说：“我是法院的，跟我到办公室，要解决你拖欠货款的事。”此时王树山便意识到“上当”了，方知这位“特殊乘客”是法院执行人员。王树山乖乖地下车，“人赃俱获，立地成囚。”

到案后，经黄志雄对被执行人王树山进行法制教育，王树山承认自家轿车是自己出钱，为躲避执行，登记在儿子名下的。他只得主动同申请执行人的法定代表人联系，取得申请人的谅解并减免了部分债务，之后打电话叫其女儿带来余款人民币2.6万元交给了黄志雄法官。至此，该案全部执结。

2

□ 核心提示

黄法官知道这只“老鼠”，是为了救妻而来。这是今天黄法官第三次与其智斗了。因为其夫妻超生，需要交纳社会抚养费人民币15840元，但其一直拒交。结果，“老鼠”喝得醉醺醺的，打着车就来了。

□ 执行感悟

执行法官要在具体的执行实践中培养自己的冷静功夫和细心功

夫，有了冷静就一定会发现蛛丝马迹，有了细心就一定会柳暗花明。

——黄志雄

独特阅历

嘟嘟……法庭电话响了。黄法官拿起电话。只听电话那头大声说道："我是'老鼠'，有种出来跟我单挑，抓一个弱女子，算不了什么男子汉。"听到这番威胁的话，黄法官又一次眉头紧锁。但他很快灵机一动，不如将计就计，当一回"猫"抓住这只"老鼠。""好吧，单挑就单挑，你到法庭楼下，咱们两个来单挑。"

黄法官知道这只"老鼠"，是为了救妻而来。这是今天黄法官第三次与其智斗了。因为其夫妻超生，需要交纳社会抚养费人民币15840元，但其在执行中一直拒不交纳。结果"老鼠"喝得醉醺醺的，打着车就来了。一进法庭，马上就被两个法警把他给铐住了，谁和他单挑呀?

原来，5月15日这天还没亮，黄法官等人再次前往其住处执行时，"老鼠"一家人应该仍在睡梦中，但敲了很久，门就是不开。黄法官感到很奇怪，想从门缝往里看个究竟，但门缝太小了，看不清楚。想一想，门口整齐地放着两双拖鞋，这说明，屋里有人。此时，黄法官将耳朵贴近门，细听里面，心喜自己的判断没有错，里面有细细交谈和移动位置的声音。黄法官立即表明身份后，他们却不肯开门。执行人员向他们强调了拒不配合的法律后果，正准备强行而入时，其妻出来开门了，但是"老鼠"不见了，原来"老鼠"留下妻子，从后窗钻窗而出向山上飞快逃跑。"老鼠"没有想到，妻子被法院拘留了。

"老鼠"在山上见到妻子被拘留了，非常气愤，立即下山回到家里，喝了几口酒，借着酒劲携带凶器骑着摩托车飞奔下来追赶警车。不久，"老鼠"飞快地赶上了，突然将摩托车横扫过来停在路中央，迅速地从车上拨出一把砍柴刀，似有"横刀立马"之势。他靠近警车，大声地吼道：“把我妻子放出来，否则……”见此情形，车上人员脸色立变，从来没有碰到这种情形，如有谁将头伸出，可能会被砍。这时，黄法官暗示，其他执行人员站起身来用身体档住“老鼠”的视线，并不让其妻子发出声音。这样能解决问题吗？车上的人员心惊肉跳。“老鼠”从来没有见过我们，况且今天他夺窗而逃，黄法官心想到这里，灵机一动，不紧不慢摇下玻璃，露出一小缝，装作无事地问道：“发生什么事情了？。”“老鼠”大声地再吼道：“快把我妻子放了。”黄法官说道：“今天到你村执行的有三辆警车，我们的任务不是抓你妻子，可能在前面那辆车上吧。”“老鼠”不相信，仍然手里握刀，两眼怒视着法官没有说话。黄法官心想，他不是急于救妻，怎么还不去追呢？得在急字上激他一回，说道：“再不去追，走远了，你就追不上了。”“老鼠”一听有理，又急又怀疑地骑上摩托车，飞驰而去。

好惊险呀，好不容易脱身。黄法官冷静后对司机说：“不能沿着这条路走了，得改道而行，万一他后悔回来了，我们就会有更大危险。”，就这样，司机迅速把车开进附近的乡村道路。

约半个钟头后，警车回到了法庭。黄法官刚落座不久，“老鼠”就打来电话，欲与法官单挑，才上演了开头一幕。

咱们再叙述另一起执行案子。

“冰箱盒”一动又动了。这一动，让黄法官迅速作出判断，赖账户吴灯根，肯定躲在里面。这时，黄法官暗示法警掀开冰箱包装盒，将吴灯根从“冰箱”里“请”进拘留所。

吴灯根向同村的吴某河购得一辆摩托车从事载客营运业务。2000年6月21日，吴灯根在载韩某过程中，致韩某从车上摔落而死亡。经法院判决吴某应赔偿39281元。执行中，吴灯根为躲避法院执行，外出务工十余年，很少回家。

2月12日，黄法官下乡，路过吴灯根所在村，记起了这起老案，决定下车，到村里走访，用发动群众制服老赖的办法，寻找吴灯根。黄法官下车后，见到榕树底下有几个老者在一起聊天，便凑上去，与他们聊天。有个年长者，递过一支卷烟给黄法官抽。平常不抽烟的黄法官，不以不抽烟为由拒绝，更不以烟质差而不抽，而是有滋味地抽起来，还呛呛了几口。老者们大笑了起来。这一笑，拉近了距离，有了亲切感。聊天不久，黄法官问起了吴灯根的下落，老者们说，平常没有见过他，不过呀，过几天他儿子要结婚了，一定会回来吧。得此信息后，黄法官分析道，按农村风俗，临近结婚时，要置办喜糖、采购用品、通知亲属，还要派人到女方家商量婚礼事谊，这些事情没有提前几天商量或置办，肯定不行。估计，明天或后天，吴灯根肯定要回来。

2月15日6点50分，六名执行人员突然将被执行人吴某家包围，吴灯根听到楼下的吵闹声之后，悄悄地将窗户开个小缝，一眼就看到了法院的执行人员，黄法官的双眼正向他盯来，两眼对视，吴顿时慌了神儿。吴灯根趁执行人员未上楼前，来不及穿衣服，迅速跑到隔楼，蹲在角落，并叫来其妻，帮忙把"冰箱"外包装纸箱笼盖起来，充当"冰箱。"

当执行人员搜查了每个房间均不见吴灯根时，黄法官也纳闷起来，怎么就一会就不见了，心里想，难道刚才见到的人不是吴灯根？是他妻子不成？黄法官不信，便用手摸摸了被窝，有两个窝是热的，说明有两个人在睡觉，不可仅有其妻。黄法官心里肯定，两眼对视的人就吴灯根。黄法官这时仔细观察其妻，两眼直视其妻，她的眼睛越看越不正常，不敢直视黄法官。见黄法官走到哪里，就跟到哪里。突然，黄法官要进隔楼时，其妻快速走到黄法官跟前，说道："这里是堆杂物的。"

"为什么要解释呢？"黄法官心里想到，难道就躲在里面不成。于是，执行人员突然拉开其妻，进入杂物间。确实杂物一堆，执行人员心里不甘，用寻找猎物的眼光环视着每个角落。黄法官突然见一个冰箱盒会动，起初以为冬天风大吹的。不一会儿又动，这连续的几动，引起执行人员警惕。黄法官暗示，执行人员迅速围住并掀开“冰箱”，只见吴仅穿一条短裤蹲在地上。原来，天冷，吴灯根冷得直颤抖，使冰箱盒一动再动，暴露了玄机，成了瓮中之鳖，被司法拘留。不久，其子与申请执行人达成赔偿34281元的和解协议，取得申请执行人的谅解，并履行了全部赔偿。

黄志雄就是这样一位始终把当事人的冷暖系于心间，胸怀爱民之心，恪守为民之责的基层法官，用他的法律智慧智斗“老赖”，执结了一起起难案；他质朴无华，却心中始终装着百姓的利益，他用实际行动一次次诠释着作为一名法官的责任，让群众感受到党和政府的温暖，感受到了司法的关怀。

（作者：杨宜中）

第八章　云南红河何黑坡

何黑坡的执行情节与智慧

背景·印象
Background & Impression

何黑坡，男，哈尼族，1964年出生于云南省红河哈尼族彝族自治州红河县的一个贫困小村庄，1984年参加工作以来，先后在村委会、乡政府、县公安局、县委办、法院等部门工作，1987年至今在红河州中级人民法院工作。

1997年至今担任执行法官的14年间，执结各类案件1000余件，无当事人上诉、申诉，达100%案结事了，由于在集中清理执行积案期间表现突出，受到了红河州中级人民法院党组的嘉奖。

24年来，他固守着那份对公平正义的执着，忠实履行了一名人

1

□ 核心提示

命运似乎对她特别不公，在煤矿工作的丈夫早年去世，儿子在一场不幸的交通事故中死亡。开出租车的女儿1999年被四名未成年人抢劫杀害，法院判处四名未成年人的法定代理人赔偿张惠英的损失，可这四名未成年人的法定代理人都是困难企业的职工，企业效益不好，没有可供执行的财产，导致此案十多年不决，这也成了是何法官的一块“心病。”

□ 执行感悟

自己吃点亏不要紧，只要承办的执行案件有效果，申请执行人的权益得到保护，这就是我最大的欣慰。

——何黑坡

民法官的庄严使命，情系老百姓，从为司法为民的点点滴滴做起，书写了无悔的法官人生……

独特阅历

2010年12月17日，周五下午17时30分。周末的下班时间一般都会稍微提前几分钟，在云南省红河哈尼族彝族自治州中级人民法院，工作人员陆续散去，开始和家人共度周末。执行法官何黑坡和执行局的其他两名同事刚从乡下办案回来，已经跑了好几个县。下乡办案一个多星期的他显得很疲惫，无意识地解下身上的钥匙，机械地把办公室的门打开，一头坐在沙发上就懒得动了，他想好好休息一下。

作为执行局副局长，在下乡办案过程中，不仅要办好自己承办的案件，还得为其他同志承办案件的执行出谋划策、提供指导。这一个多星期下来，何副局长和他的同事办了十多件案子，累得有些心力交瘁了。本来，这个周末他可以好好休息一下，但申请执行人张惠英令他放心不下。前几天在一个边疆县下乡办案时，68岁的张惠英打电话给他："何法官，我的案子还能不能执行？我这段时间眼睛也看不见了，医生说需要做手术。"

想到这里，他立刻决定放弃周六的休息时间去看望张惠英老太，因为下周的时间已经安排得满满的了。满怀为民爱民之情的他此时心想："张惠英的案子一下子也执行不了，但再过一个月就春节了，自己得去看看这位当事人，让她过上一个和谐、美好的节日！”

张老太是个孤寡老人，没有工作，已经失去了劳动能力，似乎命运对她特别不公，在煤矿工作的丈夫早些年就去世，儿子在一场不幸的交通事故中死亡，开出租车的女儿1999年被四名未成年人抢劫杀害，法院判处四名未成年人的法定代理人赔偿张惠英的损失，可这四名未成年人的法定代理人都是困难企业的职工，企业效益不好，这四名被执行人没有可供执行的财产，导致何法官承办的此案久拖不决，十多年过去了，此案成了是他的一块“心病。”

只有彻底把案给结了，才能医好何法官的心病。

12月18日，周六。何法官早早醒来，叫上自己刚从部队退役的儿子做帮手，将昨天晚上向妻子“申请”到的2000元放进公文包，又向要好的朋友借了一辆越野车加满油，带上院里一名年轻同事，一大早就向距离红河州州府蒙自150多公里的弥勒县拖白煤矿奔去，他的申请执行人张惠英就住在拖白煤矿的一间平房里。

他之所以向妻子“申请”2000元，说服儿子暂时不要买手提电脑，就是要先行垫付给张惠英老人的。昨天晚上，他就向做医生的朋友咨询到张惠英老人做眼手术的费用不会超过2000元，为此，妻子还抱怨他“不顾自家顾别家，自家儿子也当公家人使用”；他之所以向要好的朋友借了一辆越野车，是因为执行局的办案用车只剩轿车了，而从弥勒县城到拖白煤矿的道路比较难走，非要一辆越野车才行，为此，朋友说他“别人是公车私用，你却把朋友的私车公用。”

何法官就是这样，心里永远装着当事人，为了当事人的利益，宁愿调动自己各方面的关系，自己吃些亏也满不在乎，他妻子所说“自家儿子当公家人使用”的情况屡屡发生，这甚至还影响了“小何”找工作，可何法官却说：“自己吃点亏不要紧，只要承办的执行案件有效果，申请执行人的权益得到保护，这就是我最大的欣慰。”

越野车到达弥勒县城后，何法官不断用手示意小何向左向右地驾驶，迅速向拖白煤矿一路颠簸，嘎然在煤矿一间工人宿舍门前停下来。这个地方他来过好多次，太熟悉了，否则，几百间工人们的宿舍像用一个模子塑出来的，只来过一两次的人都很容易认错门。

走进张老太的家门，眼睛不好使的张老太一眼就认出了何法官。张老太像见到自己儿子一样满脸欣喜，何法官也像是去看望自己的长辈一样问寒问暖，详细了解张老太近期以来的身体状况、经济状况，送上了2000元慰问金。不善言辞的张老太不断地重复："谢谢何法官！谢谢何法官。"感激和激动之情溢于言表。

到何法官要返回蒙自走出张老太家门时，张老太硬是"不听劝"送出远远的一程。

2

□ 核心提示

在班车上，张老太的心情平静了许多，她原本对办案法官很不满，以为法院办案不力，但经过这次"闹访"，看到法院领导和承办法官热情细致的服务，她终于相信："案件执行不了不是法院的原因，或许被执行人真是没钱赔，这倒是不能怪法院。"

□ 执行感悟

农村计划生育难，法院执行工作难。被执行人没有可供执行的财产，这是导致许多案件无法执结的主要原因之一，也是执行法官最头疼的事情。

——何黑坡

张老太的案子从1999年拖到至今一直未得到完全执行，原因就是被执行人没有可供执行的财产。

在这个案子的执行过程中，执行标的仅3万元，但由于被执行人均是困难企业工人，收入十分微薄，被执行人连起码的正常生活都无法保证，通过采取多种方法，多次执行后仅到位6900元，尚有2万多元无法执行，使本案的执行陷入困境，甚至一度被中止执行。

家庭遭遇横祸，3万元才执行到位6900元，还被中止执行，这令张老太心里不是滋味。2004年的一天，张老太突访法院，到处找院领导，当问题得不到现场解决后，张老太就睡在值班大厅，到晚上11：00也不肯离去，她说："我生病没钱治疗，案件得不到执行，我就要一直睡在法院值班大厅。"第二天，何法官从食堂买了一些食用油、大米等物品，经过认真细致的劝导，张老太才肯离去。何法官还专门送张老太到车站，为张老太买好回家的车票。

在班车上，张老太的心情平静了许多，她原本对办案法官很不满，以为法院办案不力，但经过这次"闹访"，看到法院领导和承办法官热情细致的服务，她终于相信："案件执行不了不是法院的原因，或许被执行人真是没钱赔，这倒是不能怪法院。"

精诚所至，金石为开。法官为民服务的情怀最能打动当事人的心。在办理张老太案件的过程中，何法官多次自掏腰包，从自己工资中省出2000多元，解张老太的燃眉之急，还为张老太购买食用油、大米等物品，使何法官与张老太由原先的对立关系转变为友好关系。何法官说："执行法官也像普通人一样对弱势群体同情，执行法官自掏腰包为当事人买车票、付住宿费和伙食费，或者为当事人提供几百元甚至更多资助的事情，在执行局经常发生，许多同事都遇到过。”

2009年中秋节前不久，何法官在云南省高级人民法院挂职任执行局局长助理，工作繁忙之余，打电话给红河中院执行局的同事，叫同事帮忙办理相关手续，为张老太提供了3750元的执行救助。

2010年，在全国清理执行积案过程中，在党委、政府的关心帮助下，红河州建立了涉诉特困群体执行救助办法，规定州、县财政每年划拨经费作为执行救助资金。2011年6月，通过执行合议庭讨论、相关领导审批等层层程序，张老太被列为执行救助对象，对张老太进行一次性救助，张老太一次性拿到了剩余的执行案款14950元，实现了案结事了，使本案圆满划上了句号。

张老太作为曾经的“闹访”者，为何最终息了诉、罢了访？这是国家越来越重视涉诉特困群体的救助工作，红河州设立了执行救助专项经费，加大对特困申请执行人的救助力度取得的良好结果，这更是执行法官坚守自己高尚的职业道德，在“执行难”面前始终对自己的当事人“不离不弃”，竭诚为当事人服务的结果。

3

□ **核心提示**

在2008年12月至2009年全国集中清理执行积案期间，红河州两级法院执结案件12501件，执结率100%，执行到位款项1.2亿余元，中院受到中央政法委、最高人民法院的联合表彰，被评为全国集中清理执行积案先进集体。

□ 执行感悟

清理执行积案对缓解执行难、维护和树立司法权威具有重要作用，对我们执行法官来说也有利于丰富工作经验、提升党性修养和业务素质。

——何黑坡

独特阅历

在2008年12月至2009年全国集中清理执行积案期间，红河州两级法院执结案件12501件，执结率100%，执行到位款项1.2亿余元，红河中院受到中央政法委、最高人民法院的联合表彰，被评为全国集中清理执行积案先进集体。

成绩来之不易，荣誉应该倍加珍惜。红河州圆满完成集中清理执行积案工作任务，除了领导层面的高度重视之外，饱含像何法官一样参与清理执行积案的个人的热情、智慧和汗水。正是我们许多亲自执行和参与执行的法院干警以及社会各界的关心支持，通过每一个人的“辛勤之沙”，聚成了全州清积工作圆满完成之塔。

何法官十分重视清理执行积案工作，他说：“清理执行积案对缓解执行难、维护和树立司法权威具有重要作用，对我们执行法官来说也有利于丰富工作经验、提升党性修养和业务素质。”

在集中清理执行积案期间，何法官到云南高院挂职半年多，但仍然圆满完成了工作任务，个人办结积案118件，执行标的7533万元，收到了良好的社会效果、法律效果，受到了中院党组的嘉奖。

何法官承办的中国工商银行红河州建水县支行等十家权利人申请执行建水县有色金属产业有限公司系列案件中，查明义务人建水县有色金属产业有限公司欠债3000余万元，该被执行企业因无力偿还借款，将其公司名下的四个工厂在银行借款抵押期间分别租赁给一个公司和三名个人，租期长达六年，四家承租人在租赁期间总投资达到711万元。此外，该被执行企业还欠下国家税收、电费、民工工资和职工养老保险等一大笔债务。

纵观整个系列案，义务人欠债面大，涉及金额特别巨大，如不妥善处理，将产生极大的社会矛盾，引发不稳定群体性事件。鉴于案件复杂重大的实际情况，何法官以自己娴熟的法律业务，凭借多年从事民商事审判的经验，结合执行工作要做大量社会工作的特点，对该系列案的推进执行做了科学合理的分工，依法对被执行人的全部财产和四家承租人在租赁期间的投资进行评估，及时做好承租人的思想工作，择时依法公开拍卖被执行人名下的厂房、选厂及其设备、土地使用权等，拍卖所得人民币1800万元。

之后，及时召集建水县工商银行等十家申请执行人、四家承租人、被执行企业和建水县国土资源管理局，对拍卖所得款的分配问题进行了多次协商，最终达成了抵押权优先、职工养老保险优先、诉讼保全优先、土地出让金优先、承租人租赁优先的分配共识。其余八家普通债权人虽然不足额受偿案件执行标的，但也不同程度地实现了债权。

该系列案的执结，使建水县工商银行实现了债权，被执行企业一百余名职工养老保险也得到补缴，国家规定的土地出让金得到缴纳，做到了国家、集体、个人的利益平衡，坚持了执行工作法律效果与社会效果的有机统一，妥善化解了社会矛盾，促进了地方经济社会的健康和谐发展。

（本文其他作者：岳万青）

第九章　江苏大丰郑刚

打响执行的突破之战

背景·印象
Background & Impression

仅仅用了一年多的时间，现年41岁的郑刚，就创造了自己履职江苏省大丰市法院执行局长以来意想不到的成绩：执结了142件案，涉案标的500多万元，无一引起矛盾激化，无一引发越级上访，他由此再次被法院表彰为年度工作先进个人；创新运用债权入股、先股后还、先租后股、整体出售的灵活执行理念和艺术，收效明显，被肯定并推广，实现了执行无积案，被省高院命名为执行积案先进工作者。

郑刚，历任书记员、助审员、审判员、副庭长、庭长，曾多次被评为各级各种先进、授予各种荣誉，2010

1

□ 核心提示

市委书记倪峰、市长陈平不止一次在会议上强调："不支持法院和谐执行的不是好干部，领导干部给法院和谐执行人为阻力的要考虑换人，破坏和谐执行的要追究责任。"

□ 执行感悟

"骨头案"不及时攻破，很容易酿成执行积案或缠案，执行工作对此要高度敏感，要想尽办法去突破，以和谐的方法最终执结。

——郑　刚

独特阅历

"执行工作是审判工作的最终环节，如何使当事人的合法权益得以保障？几位前任都十年9月任法院党组成员、执行局长。

分优秀，自己正是站在了他们的肩膀上，才刚有斩获，但离党组书记、院长宋长琴的希冀还有很大差距，该如何在创新工作上有更新的突破？……”

沉甸甸的执行压力，迫使2010年9月上任的郑刚去作各种思考和梳理。思前想后，他决心要从创新执行理念，走和谐执行新路上逐步破局。

他着力营造法院内、外部和谐执行环境，突出释法疏导，使当事人自觉履行率与执行和解率逐年递增。积极争取市党委、政府、人大、政协这“四大家”领导对和谐执行的支持，就和谐执行的重大问题，社会反响较大案件的执行方案等，主动向“四大家”领导汇报，诚邀人大代表、政协委员莅临执行现场，支持、监督法院和谐执行，督促相关部门从人财物上倾力支持法院和谐执行。

市委书记倪峰、市长陈平不止一次地在会议上强调说，“不支持法院和谐执行的不是好干部，领导干部给法院和谐执行人为阻力的要考虑换人，破坏和谐执行的要追究责任。”全市出现了市委重视，人大、政协监督规范，政府关系顺畅的良好和谐执行环境，自《新的诉讼费办法》“申请执行人不交纳执行费”规定实施后，郑刚积极协同院领导向市委、政府汇报，市委、政府立即拨款30万元改善执行装备，支持和谐执行良性发展。

郑刚倡导执行局不断改革和完善和谐执行方法，变被动执行为主动执行，对辖区阻力较大、难以执结的案件，申请上级法院"增援"提级执行，改法院一家执行为动员社会一切力量参与执行，创新采用债权入股、先股后还、先租后股、整体出售等灵活执行方法，执结影响企业转换经营机制案件。

2011年初，郑刚主办了一起重大案件的执行。大丰某造纸厂因国家政策指令停产，下岗的246名职工申请法院执行集资款500多万元，企业无力承担。他率同事多次做工作，说服广大职工以债权入股、先股后还方法支持企业转产，又协调劳动部门使246名职工再就业，最终平息了这起群体上访案，市综治办夸他"为社会稳定出了大力。"

他们构建了全国首家辖区金融信息集中查询机制。2011年4月20日，该局经与人行大丰支行及辖区内11家商业银行沟通，构建了集中查询机制。该制度明确规定，各金融机构确定专职人员负责与法院执行集中查询及信息反馈对接工作。法院经办人员于每周一将集中查询信息送至各金融机构，各金融机构专职人员及时进行查询，在规定的期间内将查询结果反馈至法院。遇紧急情况须查询的，法院经办人员可以电话联系金融机构专职人员进行查询，待后补办相应手续。金融机构亦可利用此机制反向查询拟借款人在法院的涉执情况。

该机制的建立，减少了司法资源的浪费，提高了金融信息查询的工作效率，降低了金融贷款的风险，为进一步实现集中查询与执行信息反馈电子化打下了良好基础。经过两个多月的运行，已经集中查询被执行人金融信息近400个，直接扣划被执行人存款50余万元，减少了执行人员查找被执行人金融信息的工作量，能让执行人员做到有的放矢，极大地提升了执行效率。

据了解，今年以来，郑刚主办的108件执行案大多是"骨头案"，但无一酿成执行积案或缠案，而且五件有关部门批转的信访案被平息。与此同时，加大破解“执行难”这个一直困扰人民法院工作的难点的力度，也是他一直着力的。而执行工作面临的形势依然严峻，任务依然繁重，特别是各种新型、疑难、复杂执行案件不断增多，一些被执行人诚信理念缺失，规避法律、逃避履行法律义务，加之人民法院反制措施不力，一些法律、法规以及政策衔接的缺失，给被执行人规避执行以可乘之机，使有些案件一时难以执结，损害了当事人的合法权益和人民法院的司法权威。

因此，他们在年初就决定深刻剖析反规避执行行为，积极探索反规避执行的法律、政策措施和办法，加大对规避执行行为的打击力度，最大限度保护当事人的合法权益，以回应新形势下人民群众对执行工作的新期盼。

鉴于此种思路，今年伊始，郑刚即与市公安局进行联系，沟通“拒执罪”的具体情形，统一明确对该行为的打击标准，并明确案件移送的程序、刑事立案后的协调等。经过交流，双方达成了一定共识，为开展打击规避执行的行为打下了良好基础。

白自成与高文斌返还原物纠纷执行一案，在审理过程中于2009年3月13日作出民事裁定，对被告高文斌控制的部分财产采取保全措施，并于2009年4月7日将该民事裁定书和保全财产清单送达至高文斌父亲高本立代收。同年4月27日，该院作出民事判决，判令被告高文斌返还原告白自成车床、钻床等财物。被告高文斌不服一审判决，上诉至盐城中院。后盐城中院作出民事裁定，高文斌的上诉作自动撤回处理。

2009年7月16日，白自成向法院申请强制执行。2009年8月17日，该院向被告高文斌发出了执行通知书。被告人高文斌在收到执行通知书后于2009年国庆节期间将判决返还且被保全的车床、钻床等财物转移藏匿于他处。此后，高文斌外出打工，该局因无法寻找其下落，故多次执行未果。该局经过讨论，认为高文斌涉嫌拒执罪，决定移送公安机关处理，经公安机关侦查，对高文斌采取了强制措施。

被告人高文斌归案后，于2011年2月份交还了大部分转移的保全财产给白自成。2011年6月10日，执行局与刑事审判庭联合召开刑事公开宣判暨反规避执行教育大会。会上，对高文斌拒不执行判决、裁定罪一案进行了公开宣判：被告人高文斌犯拒不执行判决、裁定罪，判处有期徒刑一年六个月。

执行局对到会的一百余名被执行人借机进行了法制教育。会议结束后，郑刚与执行法官们抓住有利时机，立即与被执行人谈话，当场执结案件十一件，执行标的款20万余元，达成和解协议二十余份，获得了良好的执行效果。与此同时，他们要求电视台对会议内容进行了报道，在社会上形成了强烈反响。

今年上半年，执行局共移送公安机关进行“拒执罪”刑事立案的有八件，其中有四件经过公安机关刑事立案后，被执行人已经全部履行义务。通过刑事打击，有效扭转了执行困难的局面，为下一步开展执行工作奠定了良好基础。

2

□ 核心提示

对于这些不见财产不见人、毫无执行线索的“法律白条”，2009年，江苏省大丰市法院在市委、市政府支持下，依托电子政务平台开发了“执行威慑机制信息管理系统”，向金融、公安、建设、国土等25家成员单位查询相关执行线索，撒下“天罗地网。”

□ **执行感悟**

充分发挥“执行威慑机制信息管理系统”和专兼职协助执行员队伍的作用，就是执行工作的创新和突破。结案之余，让更多的人了解法院的执行工作，起到宣传法制、教育群众的作用，有助于实现执行工作的司法效果和社会效果的最优化。

——郑　刚

独特阅历

在一起人身损害赔偿案中，南京某策划公司、盐城某展览公司被判赔偿吴某夫妇29万元后，玩起了失踪。

体弱多病、年届70的吴某夫妇申请强制执行，摆在执行员面前的是：两被告公司均已歇业、法定代表人都下落不明。

对于这些不见财产不见人、毫无执行线索的“法律白条”，2009年，江苏省大丰市法院在市委、市政府支持下，依托电子政务平台开发了“执行威慑机制信息管理系统”，向金融、公安、建设、国土等25家成员单位查询相关执行线索，撒下“天罗地网。”

于是，郑刚连夜召开会议，要求执行法官们积极行动起来。执行员及时启用联动机制，通过执行威慑机制信息管理系统“布控”两被告公司的法定代表人。很快，执行员收到了联动单位反馈的信息：策划公司法定代表人王某在南京一家宾馆登记入住。执行员获悉后立即赶赴南京，找到正在宾馆休息的王某。通过王某又找到了盐城公司法定代表人蒋某，在强大的执行威慑下，两人无奈地履行全部义务。

面对“法律白条“，大丰力求由法院跳“光杆舞”向全社会共同参与执行的“大合唱”转变，实现全社会联动执行。威慑系统运行以来，共对8600余件案件进行了查询，查获车辆线索658条，有效银行存款账号6400余条，涉及银行存款金额达5800余万元。

执行威慑机制信息管理系统与法院局域网、市政府网站“三网合一”，覆盖至大丰市每个角落，并在实践中不断升级，强化与25家成员单位之间的信息互通共享。由单个案件查询升级为批量查询，只需界定立案时间或者案号区间，将需查询关键词导入系统数据库，即可批量查询相关的案件信息；由单向查询升级为双向查询，不仅法院可以向各成员单位查询被执行人信息，各成员单位也能在系统上向法院查询相关案件或被执行人信息，为社会提供诚信参考依据；在政府门户网站上开设专栏“执行曝光台”和“悬赏执行”专栏，有选择性地曝光拒不履行法律义务的被执行人的基本信息，社会公众发现执行线索的，也可通过该信息系统反馈。

与网上执行联动相得益彰的是，在网下还有一支专兼职协助执行员队伍。专职协助执行员由大丰市委政法委牵头组建，从每个乡镇（街道）平安巡防大队专职人员中择优选聘一名，编制和工资待遇不变，工作职责由平安巡防转变为专职协助法院执行工作，业务上由法院统一培训、统一指挥并统一考核。各镇乡（街道）根据法院的考核结果，对其进行年度考评。

这与各乡镇（街道）综治办专职副主任兼任的执行联络员队伍一起，构成更为严密的基层协助执行网络，使得联动执行覆盖扩大，执行信息来源拓宽。“专职协助执行员、执行联络员在当地具有一定的威望和社会影响，熟悉社情民意，在协助法院查询被执行人下落、收集被执行人财产线索及被执行人其他信息、协助法院采取执行措施、协调处理执行事宜等方面发挥他们人员熟、地方熟、情况熟的优势，使执行法官每到一处都有人协助，每到一村都有人带路，取得了事半功倍的效果，提高了执行效率。”郑刚说，分布在基层的专职协助执行员，不但亲身经历执行个案，还利用其对周边群众的影响力和广泛的民间传播途径，以案说法，让更多的人了解了法院的执行工作，起到宣传法制，教育群众的作用，有助于实现执行工作的司法效果和社会效果的最优化。

专职协助执行员队伍建立一年多以来，共委托协助执行案件1078件，调查被执行人的行踪或财产线索929件（次），反馈有价值的线索458条，使286件案件得以全案或部分执结，并现场协助法院执行49次，使多起执行难案得以顺利执结。

“执行，是人民法院关注民生的大事，仅有良好的愿望是不行的。”郑刚在对全局执行人员提出工作要求和承办案件时经常告诫同志们，并率先用自己的表率作用去影响和教育执行员。

2010年5月，村民蔡某申请执行姜某刑事附带民事赔偿案，标的9万余元。姜某正在服刑，其家中仅有3间砖木结构瓦房祖孙三代居住，申请执行人蔡某儿子被害致死，儿媳改嫁，孙子仅10岁，情况令人悲怜，而被申请执行人又无其他可供执行财产，郑刚主办的这件执行案陷入困境。恰在此时，他又主办农民李某申请执行吴某侵权赔偿案，因双方生活都十分困难，案件执行又一次陷入尴尬。司法救济的这条路走不通，申请执行人还有啥奔头？

严峻的执行现实迫使郑刚带领大丰法院全体执行人员广开司法救济渠道。他们一是设立执行专项救助资金，他多次专题汇报，去年和今年均争取县财政拨付执行专项救助基金，大丰法院又从有限的办案经费中挤出一点，使执行专项救助资金去年达到15万元，今年达到20万元。二是广开救济渠道。通过协调就业、享受低保、“五保”等方法，帮扶弱势群体。上述申请执行人蔡某就是他通过与政府部门协调，为蔡某一家三口人办理了“低保”，使案件执行和解。农民李某在司法救助800元后，解决了燃眉之急。72岁的申请执行人王老太太也是在案件无法执结的情况下，郑刚协调政府为王老太太办理了“五保”，解除了王老太太生活的后顾之忧。

2009年至今，郑刚办理的24件此前一致认为难以执结的执行“死案”在政府支持下得到“和解执行”，有157名申请执行的弱势群体通过他与劳动部门协调实现了再就业，有92名申请执行人得到数额不等的救助资金，为24名当事人解决了生产中的实际困难，有12名当事人拿到执行救助资金后表示不再上访、信访，一心一意在家勤劳奔小康。

3

□ 核心提示

大丰法院迅速启动应急处置机制，执行局提前介入，成功制止了一起强行抢收稻谷的群体性事件，避免了一起恶性案件的发生，及时主动提前化解了矛盾纠纷，避免了承包农民遭受更大的损失，因而得到了地方党委、政府的充分肯定。

□ 执行感悟

提前介入，主动及时地化解社会矛盾，是执行工作的创新，更是能动司法的生动体现。

——郑　刚

独特阅历

新时期，司法为民一切要以保障民生为重，而能动司法的作用也就愈发凸显了出来。这又促使郑刚深思：如何在执行工作中贯彻能动司法的精神？

2009年11月，大丰市个体户陈桂枫承包种植了大丰蚕种场979亩土地。2010年年初，陈桂枫又将此土地承包经营权转让给廖勇、杨定于二人用于种植种稻。

陈桂枫由于经营期间结欠施标等数十人债务近400万元无法偿还，便于6月中旬离家出走。2010年9月，廖勇、杨定于组织收割种稻时，施标等数十名债权人遂出面阻止，并准备强行抢收稻谷。因种稻收割、储存均有严格条件，如有不当，将导致直接经济损失300余万元，现场情势十分紧急。

大丰法院获悉情况后，院领导高度重视，考虑到纠纷的特殊性，立即启动应急处置机制，并提出“必须迅速控制事态发展，确保不发生群体性事件，确保种稻及时入库”的工作要求。执行局派出的应急处置分队成员在第一时间赶到纠纷现场，及时对施标等数十名债权人做思想工作，明之以法，晓之以理，指出其强行抢收稻谷行为的违法性。

在强大的法律、政策攻势下，施标等人对自己的过激行为渐渐有所悔悟，并表示通过合法途径维护自身权利，最终使廖勇、杨定于顺利收获了900余亩种稻。大丰法院迅速启动应急处置机制，执行局提前介入，成功制止了一起强行抢收稻谷的群体性事件，避免了一起恶性案件的发生，及时主动提前化解了矛盾纠纷，避免了承包农民遭受更大的损失，因而得到了地方党委、政府的充分肯定。

2010年2月2日，常州高新区大丰工业园管委会、大丰市劳动和社会保障局、大丰市规划建设局联合致信给大丰市委、市政府有关领导，反映因法院冻结了盐城思隆机电有限公司的工程款，导致南阳建筑公司无法兑付84名农民工的工资等问题。市委常委、常务副市长吴家祥作出批示，要求有关部门协调处理。

大丰法院高度重视，院长宋长琴亲自过问，并组成由分管执行工作的副院长吴汉国、执行局长、执行科长等同志参加的工作小组，突击处置这一问题。

经查，2007年9月，盐城思隆机电有限公司分别与南阳建筑公司、束爱华签定了建筑合同，在常州高新区大丰工业园区内建设两幢厂房、一幢办公楼和部分附属工程。2009年10月，南阳建筑公司法人代表何斌和束爱华因刑事案件分别被司法部门判处有期徒刑。因南阳建筑公司、束爱华与朱某存在买卖合同纠纷，另束爱华与韦某存在民间借贷纠纷，2009年11月2日和11月19日，大丰法院先后做出裁定，冻结束爱华在思隆公司的建设工程款75万元，冻结南阳建筑公司、束爱华银行存款17万元或相同价的财产、债权。此后，农民工在向思隆公司索要工资过程中，思隆公司以工程款被法院冻结为由拒付。

84位农民索要工资无果，先后在思隆公司门前、常州高新区大丰工业园管委会门前、大丰法院门前等地聚集，打出横幅集体上访，并于2010年2月8日向大丰法院提出了执行申请。

2月8日下午，在常州高新区大丰工业园管委会仇兆华主任的亲自主持下，大丰法院、大丰建设局、南阳镇政府等部门组织思隆公司、南阳建筑公司、农民工代表进行了协调，在法院提出依法处置、优先执行农民工工资的总体方案下，当事各方顺利达成协议。2月11日，思隆公司将51万余元农民工的工资汇到大丰法院执行账户，大丰法院立即组织84名农民工进行了兑付。至此，在84名农民工向大丰法院提出执行申请的三天内，就在春节前拿到了自己的血汗钱。

“作为一名执行法官，仅仅学会讲究执行艺术，攻克难案、缠案还不够，还要学会系统总结工作经验和教训，不失时机地为执行工作的下一次突破注入活力。”郑刚同志作为执行局长，在指导、把关执行案件的同时，把加强执行队伍建设，培养学者型执行员作为执行工作的首要任务。

2011年年初以来，他组织全局每月剖析一个典型执行案例，每季度围绕一个执行实务问题，开一个小型全局理论研讨会，先后两次组织全局执行员参加省、市法院举办的执行实务培训班。他根据不同执行案件，寻求最佳执行方案，做到一案一策，一案多策；以柔克刚，能执结的不采取强攻，能“谋取”的不莽撞，全局执行员素质明显提高。

与此同时，郑刚善于发现问题，调查研究，总结经验，办案之余，他系统总结出“执行五步曲”在全局推广，使单一的执行艺术上升到理念高度。三年来，他撰写各类调研材料24篇，执行专业论文12篇，法制宣传文章71篇，编发执行动态信息12期，先后被省、市两级法院转发8篇，被中央、省、市新闻媒体刊发和转载83篇，有力地推动了执行工作。

他撰写的《执行和解的艺术》、《另一只眼看执行难》、《执行听证的再认识》、《执行程序公正与案结事了》、《大丰法院积极探索和谐执行新路子》等文章，先后被最高人民法院工作信息、《人民法院报》、《中国审判》等刊发，不仅为执行工作提供了可借鉴的经验，而且为领导决策提供了第一手材料，领导和同志们赞誉大丰法院执行局是培育“学者型执行员”的阵地。

一年来，郑刚率领他的执行团队，执结的八成以上案件是通过释法疏导，促使被执行人自觉履行或和解执行的，这样的结果没有让一名申请执行的弱势群众失望，较好地发挥了人民法院执行工作是构建和谐社会“推进器”的作用，忠实地践行了司法权为民所用、情为民所系、利为民所谋的庄严承诺，彰显了司法公正。

（本文其他作者：董正远）

第十章　宁夏海原徐占旗

赤贫之地的“儿子娃”

背景·印象
Background & Impression

提起宁夏海原县，人们会想到91年前的那场大地震，会想到“贫瘠甲天下”，会想到这里是“不适合人类居住的地方。”而正是这片饱受灾难的黄土地哺育出了一代又一代坚韧不拔、朴实无华的黄土高原儿女。

徐占旗就是这样一位黄土高原上的汉子，他没有流传千古的英雄事迹和流芳百世的豪言壮语，他只有在这片黄土地上扎根奉献的赤子情怀。他把最美好的青春年华献给了自己喜爱的这片土地，用23年时间不断书写着为人民司法的新篇章。

1

□ 核心提示

担任审判员以后，每当看到有的案件当事人在权益无法得到兑现，尤其是自己审理过的案子，当事人怀着对法律的信仰、对法官的信任将案件交到自己手里，由于种种原因，判决书却沦为“一纸空文”时，他就心急如焚。

□ 执行感悟

执行工作难做，这是法官们都知道的，刚做执行的法官也会事先做好心理准备去攻克这个难题，但执行过程的艰难还是会出乎你的预料：四处奔波找人、翻山越岭送达、常常与被执行人上演“追逐大战”，让你切身感受到这种既“体力”又“脑力”的执行之难。

——徐占旗

23年的时间，能做成什么？用23年的时间，最想去做什么？或许，你将所有时间和精力投入到一个特定目标上，已经取得了令世人瞩目的成就。而他，始终奋战在艰苦的基层一线，23年如一日，无怨无悔。他就是宁夏回族自治区海原县人民法院执行局局长徐占旗。

海原县地处宁夏中部干旱带，境内山大沟深、沟壑纵横，气候干燥，严重缺水，交通不便，是一个被联合国粮农组织定为“不适合人类居住的地方。”恶劣的自然条件制约着经济社会发展，使这片土地成为贫困、落后的代名词。

1965年11月，徐占旗出生在海原县关桥乡冯湾行政村。由于家境贫困，在他的记忆中，童年、少年时代是在饥一顿饱一顿中度过的。正是这段与饥饿斗争的过去，让他知道了在这片土地上生存的艰辛与不易。

1988年9月，23岁的他进入海原县人民法院工作。

干一行，爱一行。为了能够胜任法院工作，没有学过法律的他利用业余时间自学专业知识，三年后取得了法学专科文凭。

1995年他被任命为副科级审判员。担任审判员以后，当看到部分案件当事人的权益无法得到兑现，尤其是自己审理过的案子，当事人怀着对法律的信仰、对法官的信任将案件交到自己手里，由于种种原因，判决书却沦为“一纸空文”时，他心急如焚。原本生活就拮据的当事人，因受损的权益无法得到实现，无疑是雪上加霜，他们陷入了生活的泥潭，这让他寝食不安。

2002年4月，他主动请缨，申请调入执行局工作。2003年4月，他被任命为执行庭庭长。

尽管他知道执行工作难做，并事先做好了心理准备去攻克这个难题，但执行过程的艰难还是出乎他的预料。四处奔波找人、翻山越岭送达、常常与被执行人上演“追逐大战”，让他切身感受到了执行之难。但他很快便适应了这项既“体力”又“脑力”的工作，全身心地投入到执行之中，不遗余力地执行每起案件，在他的带领下执行工作有了明显的成效，执结率年年提升。

随着接触执行工作的时间越久，他面临的难题越来越多。

马某因琐事与李某发生纠纷，被李某打伤左眼，导致左眼失明。由于被执行人李某家徒四壁，无法履行判决义务，生活困难的马某陷入了生存困境。

申请执行人张某因交通事故成为植物人，被执行人吴某经济困难、家境窘迫，无力支付10万余元的医疗费、残疾赔偿金等。而张某的家人对巨额的医疗费也一筹莫展。

穷尽执行措施，两个申请执行人的权益依然无法实现。马某与张某的案子让他产生了一种无力感，成为了他的一块“心病。”

被执行人无履行能力，特困申请执行人的权益该怎样保障？这是必须要攻克的一道难关。

2008年年底，一个成熟的方案逐渐成形。他将自己的想法告诉了院长金勇，由法院出资建立一个执行救助基金，向符合条件的申请执行人发放救助金，待被执行人有履行能力后，再向被执行人追偿。

他的想法得到了金勇院长的肯定和支持。由于金勇院长的多方协调，在法院设立执行救助基金获得了县政府的大力支持。

2009年1月，海原县法院设立了中卫市首个执行救助基金，由县政府每年拨付10万元，法院从诉讼费中提取5万元，建立了总额为15万元的执行救助基金。

2009年3月6日，金勇院长和徐占旗将第一笔救助金交到了马某手中。看着马某接过5000元救助金，徐占旗长出了一口气，对这些特困申请执行人也算是“暂时”有了个交待。当天下午，他们又将3000元的执行救助金交到了张某手中。

至今，已有24名生活有特殊困难的申请执行人领到了数额不等的司法救助金，累计发放了救助金10万余元。

徐占旗知道，在这片贫瘠的土地上生存的艰辛与不易。怀着一颗赤子之心，他选择了法院工作“第一难”的执行之路。

2

□ 核心提示

然而祸不单行，本想获得经济赔偿后独自将孩子拉扯大的黑某被告知，其公公马某携带其丈夫的10.5万元的赔偿款“消失”了。对黑某及三个孩子，无疑是晴天霹雳。没有任何经济收入的黑某，陷入了绝望、恐惧之中。

□ 执行感悟

面对故意规避执行的被执行人，执行法官要敢于碰硬，充分利用强制执行的威慑力，使“老赖”积极主动履行判决义务，维护申请执行人的合法权益。但是，执行过程当中要讲究执行方法，具体情况具体分析，灵活处理，最大限度实现案结、事了、人和，是很重要的。

——徐占旗

独特阅历

2008年1月30日，对申请执行人黑某及三个孩子来说是不幸的一天。当天，黑某的丈夫在回家途中，因交通事故身亡。

然而祸不单行，本想着获得经济赔偿后独自将孩子拉扯大的黑某被告知，其公公马某携带其丈夫的10.5万元的赔偿款“消失”了。对黑某及三个孩子，无疑是晴天霹雳。没有任何经济收入的黑某，陷入了绝望、恐惧之中。

黑某自己多次或托付亲戚寻找马某无果后，其将马某诉至法院，法院依法判决由马某向黑某及三个孩子返还7.8万元赔偿款。判决生效后，黑某申请强制执行。

在了解了案情后，徐占旗为黑某母子的遭遇深感不平。看着孩子那无助的眼神，他的神经被深深地触动了，那眼神之中本应是充满快乐的，现在却有了与其年龄极不相称的内容。他暗自发誓想尽办法一定要找到被执行人马某，还黑某母子一个公正的待遇。

执行该案最大的难题是被执行人马某下落不明。他千方百计打听马某的下落，凡是得到一点马某的消息，他便带领执行干警第一时间赶去，一丝线索都不放过，但每次都是无功而返，马某像在人间蒸发了一样。

2009年12月29日，黑某给徐占旗打来了电话，说她打听到马某躲在新疆的巩留县。徐占旗向黑某详细询问了有关情况后，当天下午，他便带领四名执行干警赶往新疆巩留县。

在路途颠簸了近60个小时后，他们抵达了目的地。顾不得休息，他立即按照黑某提供的线索寻找马某。得知马某正在清真寺做礼拜时，他们便守候在清真寺门口。40多分钟后，马某一露面，他们立即将马某带上了车。

找到马某，徐占旗并没有放松下来，如何让马某履行义务才是最终目的。而此时的马某，仍然拒不履行判决义务，无丝毫悔改之意。

当天下午，经请示主管领导批准后，他决定对马某采取强制措施，拘留马某并冻结马某的账户。同时，继续查找马某在当地的财产，追回了马某已转移的1.7万元。

2010年1月5日，马某的行为因涉嫌构成拒不执行生效判决、裁定罪，被带回海原县，移送公安机关处理。

4月8日，在法律和道德的双重压力下，被执行人马某主动履行了全部义务。

当黑某从徐占旗手上接过7.8万元的执行款时，喜极而泣，向徐占旗深深地鞠了一躬说道："徐局长，你来回跑了几千里路，为我们娘几个要回了赔偿款，你是个真正的'儿子娃'（海原方言里形容一个人敢于担当、乐于助人、不求回报）！"

看着黑某及三个因营养不良而面黄肌瘦的孩子开心的笑容，这个高原汉子扭过头，强忍住了眼角泛起的泪花……。

面对故意规避执行的被执行人，徐占旗敢于碰硬，充分利用强制执行的威慑力，使一大批"老赖"积极主动地履行了判决义务，维护了申请执行人的合法权益。但是，他更注重讲究执行方法，具体情况具体分析，灵活处理，最大限度实现案结、事了、人和，受到当事人的高度褒扬。

海原县是回族聚居县，全县有70.6%的人口是回族，回族群众普遍信仰伊斯兰教，宗教氛围浓厚，民风浓郁。

徐占旗是汉族，他特意并主动向回族同事学习、了解、熟悉回族宗教习惯、民俗风情，其目的是为了能够拉近与信教群众之间的距离，更好地进行沟通。

"法律与宗教的目的都是引人向善，"徐占旗说。

他善于利用宗教界人士群众威信高、社会经验丰富的优势，主动邀请宗教界人士参与案件调解。

王某申请执行田某民间借贷纠纷一案，被执行人田某以身患疾病、只欠王某2700元为由，拒绝履行1.5万元还款义务。

王某与田某系表兄弟，因借贷纠纷，双方曾发生过冲突，矛盾十分尖锐。而且，两人的矛盾使双方家族关系也出现了裂痕。

虽是一起简单的民事纠纷，但牵涉到两个家族，绝不容忽视。见双方当事人是回族，为了能够有效化解双方的矛盾，修复破损的家族关系，使双方和好如初，徐占旗决定邀请村里清真寺阿訇、双方当事人长辈参与执行和解。

在阿訇和双方当事人长辈的帮助下，徐占旗从宗教、道德、伦理、法律等方面着手，展开说服教育工作。尤其是阿訇的一番言辞，让被执行人田某认识到了错误，愿意主动履行判决义务，而申请执行人王某鉴于亲戚关系自愿放弃了部分债权。

值得一提的是，被执行人田某在离开法院前，特邀王某、执行法官们第二天去参加他儿子的婚礼。结案容易，解开心结却非易事。被执行人田某用自己的方式对执行法官们给予了认可。

刚柔并济，相得益彰。这是徐占旗的执行艺术。

他是一个真正的“儿子娃。”这是老百姓对这个黄土高原上的执行法官的最高赞誉。

3

□ 核心提示

2010年，国庆七天执结67案，执结率提升15%；法院公众满意度位列全自治区法院第二：近三年86.6%的执结率功不可没；集中清理执行积案成效明显，被自治区高级人民法院评为无执行积案法院，这些是他和执行法官们的成绩，也是他们的荣誉。

□ 执行感悟

要想干好执行工作，就要做好舍小家的准备；要想干好执行工作，就要忘记休息日。这是我对自己说的，也是对执行法官们说的最多的一句话。

——徐占旗

独特阅历

“徐占旗不是一个好男人，因为他只顾工作不顾家。”其妻子说。

妻子的心里有一本账，记录了他的诸多不是：

家里灯泡坏了，打电话让老徐来换，他不接电话。

家里没有米了，让老徐下班后去买，但他回来的时候已经是晚上11点了。

说好中秋节放假了去看望女儿，老徐却临时改变主意，去下乡了。

春节一家人好不容易聚在一起，老徐屁股还没坐热，接个电话就急忙走了。

老徐感冒了，吃药不管用，让他去打点滴，总是说很忙、走不开。

……

对此，妻子有过不满，有过迷惑，有过委屈。但每当看到他拖着疲惫的身体回到家中，她又怎么忍心去责备他呢？

妻子现在最担心的是他这个“公家人”的身体，劝他注意身体，工作重要，健康更重要。已是不惑之年的他，总是笑着说：“我身板好着呢！没有你想象的那么脆弱！”

要想干好执行工作，就要做好舍小家的准备。说起家庭，他的眼神中透露出一丝愧疚。父母至今仍住在老家，他不能在二老膝下尽孝；妻子一个人苦苦支撑着整个家，他无暇顾及家中大小事情；大女儿在外地读书，他从来没有去看望过她；小女儿在读中学，他从来没有参加过她的家长会……

“要想干好执行工作，就要忘记休息日。”这是徐占旗对执行法官们说的最多的一句话。

八年来，徐占旗度过的节假日屈指可数。

正是在他这种全力以赴、忘我工作的劲头的带动下，执行的效率越来越高，群众对司法的信任度日益增加，执行工作呈现出新局面。

2010年，国庆七天执结67案，执结率提升15%；

法院公众满意度位列全自治区法院第二；

近三年86.6%的执结率功不可没；

集中清理执行积案成效明显，被宁夏回族自治区高级人民法院评为无执行积案法院，等等。这些是他和执行法官们的成绩，也是他们的荣誉。

路途较远的当事人晚上没有回家的车，他会尽量想办法帮助他们。在妻子的印象中，让老徐陪自己逛街是一件很奢侈的事情。

执行员小马身患重感冒，他陪着小马去医院检查。在妻子的印象中，她从未享受过这种待遇。

遭遇被执行人暴力抗拒执行时，他将执行法官们护在身后。在妻子的印象中，老徐从来没有向她提起过。

当人们欢度国庆佳节的时候，他却忙着啃“骨头案。”在妻子的印象中，老徐还没带自己出去旅游过。

或许，在妻子眼中他不是一个典型的“好男人”，但他绝对是一个好局长。

2010年10月11日，海原县法院审判楼旁边的空地上，五个穿着审判服的法官穿梭在一辆拉着煤炭的车辆和磅秤之间，拉炭、过磅、记录，忙得不亦乐乎。

路过的人们以为是法官们在忙于购买过冬的煤炭。其实不然，是执行法官在为十位当事人分碳。法官为什么会为当事人分炭？这还得从一起执行案件说起。

2006年12月，张某承包了蒿川乡种植西砂瓜的部分压砂工程，雇佣李某、郭某等十人为其拉砂。工程结束后，经结算张某欠李某、郭某等人3.42万元拉砂款。李某、郭某等人多次催要，张某以其尚未得到工程款为由拒绝支付。

2010年4月，李某、郭某等人将张某诉至法院，经法院主持调解，双方达成调解协议。调解书生效后，张某怠于履行付款义务。李某、郭某等人申请强制执行。

案件进入执行程序后，被执行人张某去向不明，使案件陷入了僵局。多方打探，得知张某是故意躲避执行，徐占旗便找到村支书杨某，邀请杨某协助法院给张某做思想工作，督促其主动履行义务。

在村支书杨某的配合下，张某同意主动履行义务。同时他提出，因手头没有足够的现金，想用煤炭折抵拉砂款。在征得李某、郭某等人的同意后，双方当事人协商由张某用50吨煤炭折抵拉砂款。但在如何分配50吨煤炭上，双方发生了分歧，互不相让。张某意欲将50吨煤炭全部交给李某、郭某等人，由他们自行分配；李某、郭某等人却要求张某依照所欠拉砂款的数额，逐人分配。

为了避免引发新的矛盾，徐占旗决定亲自为李某、郭某等人分炭，在计算好每名申请执行人应分得的煤炭吨数后，便发生了上述法官们分炭的场景。

看着忙碌中的执行法官们，申请执行人李某感动地说："会判案子的法官很多，会捋起袖子帮当事人分炭的法官太少了！"

2004年，徐占旗被宁夏高级人民法院授予人民满意的好法官称号。

多年来，他始终用自己的一言一行诠释着一个好法官的标准。他说，金杯银杯不如老百姓的口碑，只要群众满意，苦一点、累一点，值得。

徐占旗是一个热心肠的人。帮助当事人解决困难，只要力所能及，他都会尽力而为。从事执行工作以来，他也不知道自己帮助过多少当事人，为生活困难的当事人管顿饭、掏车费，帮助当事人搬运家具，帮助当事人抢收玉米等，只要看到当事人有困难，他都会想方设法帮助当事人解决。

他在用自己的实际行动践行着司法为民的宗旨。

2010年9月20日下午，徐占旗一行前往被执行人马某家中执行杨某申请执行马某民间借贷一案。来到马某家中，向马某说明来意后，已达70高龄的马某面露难色道："子女们外出打工了，我没有任何经济来源，我拿不出1万元偿还借款。"这时，执行法官们发现马某身患严重感冒。马某妻子告诉执行法官，他们已经没有钱去医院看病了。

马某强烈的咳嗽声让徐占旗心里泛起一阵酸楚。案子先放一边，当务之急是送马某去就医。他和执行法官小杨搀扶着马某上了警车，带着马某夫妻二人直奔乡卫生院。

直到晚上10点，马某才输完液。因卫生院没有多余床位，陪着马某打点滴的徐占旗将马某夫妻二人又送回到了家中。

回到家中的马某热泪盈眶，说自己会想尽办法还钱的。

10月25日，马某的儿子怀揣1万元来到海原法院，交清了执行款，代父履行了还款义务。他紧握着徐占旗的手说："我们在外，老父亲没有人照顾。要不是你们，他的病情会越来越重，你们的爱心深深地感动了我们！"

在海原县法院荣誉室里，悬挂着13面当事人送给执行局的锦旗。一面面锦旗，是对执行工作的最大肯定，是对徐占旗最大的鼓舞。

他是人民满意的好法官，因为他的心里时刻装着老百姓。

2011年7月7日，农历六月初七，小暑。徐占旗带领执行法官住进了李旺镇。

三河镇、七营镇、李旺镇等地的被执行人长期外出务工，去向不明，案件执行难度极大。正值农忙时节，他利用这一时机，驻扎在当地开展执行工作，一方面容易打听到有关被执行人的线索，一方面容易跟当地群众打成一片，执行起来事半功倍。

吃不惯、睡不好，思念妻儿，同行的年轻执行法官难免会有情绪波动。他鼓励他们，克服眼前这点困难，我们就能换来申请执行人喜笑颜开。

他们已经十天没有回过家了……。

海原，这座位于黄土高原上的小山城，正发生着翻天覆地的变化。在不久的将来，将会出现一个崭新的海原。经济发展水平、人民生活质量都会发生质的变化，但这片沉默的黄土地不会变，蔚蓝的天空不会变，璀璨的星空不会变，不会变的还有徐占旗这个高原汉子对这片黄土地的眷恋，他的一颗赤子之心不会变。

（本文其他作者：刘学军　贺小平）

听克文讲那些惊心动魄的事

背景·印象
Background & Impression

鞍山市中级人民法院成立于1955年4月20日，前身是成立于1949年的鞍山市人民法院。鞍山市中级人民法院座落于铁东区千山中路，管辖7个基层法院，两级法院共有干警918人。鞍山市中级人民法院的职能部门有刑事审判第一、第二庭；民事审判第一、第二、第三庭；行政审判庭、立案一庭、立案二庭、审判监督庭、执行局、法警支队、研究室、行政处、办公室、政治部、纪检组、督察办、机关党委、司法技术处、法官分院、信访办。依法审理由本院管辖的一、二审刑事、民商事、行政 案件，负

1

□ 核心提示

王克文立即将要去黑龙江执行此案的事向新到任的鞍山中院党组书记、院长宋景春做了汇报。宋院长立即指示，当前执行工作依然面临着很多困难，但我们一定要为捍卫法律尊严作出艰苦不懈的努力！

□ 执行感悟

执行案件的类型很多，其中不乏企业之间的债务追偿。当遇上为国企追偿债务时，咱想想国企里的那些职工，想想企业的生存和国家利益，就要下定决心，为他们的发展提供强有力的司法保障。

——王克文

独特阅历

其实我来鞍山中级法院工作并没有太长

责案件申诉复查、审判监督和本院一审案件的执行工作，办理国家赔偿案件，指导基层法院工作。

近年来，鞍山市两级法院在邓小平理论的指导下，按照构建和谐社会和“三个至上”指导思想的要求，认真贯彻市委和上级法院精神，紧紧围绕“公正和效率”的主题，狠抓审判工作、队伍建设和法院改革，为党和国家的大局服务，为鞍山的改革、发展、稳定提供充分有力的司法保障和服务。

的时间，分管法院的执行工作也不算有多长时间，可说起执行工作，说起我们法院的执行工作，我就不由得有一股激情在心里流淌，我的脑海里会瞬间涌现很多让我感慨的事和让我感动的人，这些人和事都是这些年我耳闻目睹的。我要给大家讲一讲那些令人感动的人，和那些惊心动魄的事。

先从进入2011年5月以来的事说起吧。

5月23日晚，执行局二庭的庭长张晓伟向我报告说，鞍山市目前仅存的一家全民所有制单位——中国冶金进出口辽镁矿公司申请执行被告黑龙江省鸡西市某石墨资源矿业公司巨额欠款案，申请执行人再次因缺少流动资金经营困难请求尽快执行！我对这位敢吃苦、有智慧的执行庭长说，老张啊，跨省执行难度很大，地方保护、规避执行都很严重，你们要有充分思想准备！

我立即将要去黑龙江执行此案的事向新到任的鞍山中院党组书记、院长宋景春做了汇报。宋院长指示，当前执行工作依然面临着很多困难，但我们一定要为捍卫法律尊严作出艰苦不懈的努力！我随即把院长的嘱咐转达给了即将出发的执行小组。

就这样，一声令下，庭长张晓伟带领孙健、田守保、张新宇这三位执行干将就立即出发投入了执行战斗。执行工作就是这样，往往执行情况就是命令，一行四人立刻放下了手头的工作、家中的牵挂等所有的事情，踏上了开往黑龙江鸡西的火车。此时，他们的心里只有一个念头，那就是：一定要千方百计地去努力完成好这次任务！

而被执行人鸡西某石墨资源有限公司，是离鸡西市区还有几十里的矿区，人地生疏，生产经营状况不明。此去会是什么结果？轰鸣的汽笛声加上滚滚的车轮声都难以掩住执行法官们复杂的心绪。孙健默默忍受了膝盖病痛的折磨，田守保撇下了重病初愈的妻子，张新宇安抚了即将高考的女儿，他们舍小家为大家，想的是国企的生存和发展。

次日天明时，执行组到达牡丹江，几经辗转才到达了鸡西市。他们顾不上吃饭、背着简易的行装，赶在银行上班的第一时间，查询了被执行人在建设银行、农村信用合作社、中国银行开户的三个银行账户，可是，这些账户里都没有钱。

他们的心里不免有些失落，料想此行的结果更加难以预测。不知不觉中，中午到了，每人匆匆吃了一碗牛肉面后，又马不停蹄赶往鸡西市工商局，查询了被执行人的工商登记变动情况。

夜晚，当四个人拖着疲惫的身体回到蚊虫肆虐的简易旅社时，一躺下就不愿意起来了。回想一下经过一天的奔波劳顿，仅仅调查到了被执行人因股权变动，财物情况混乱，被当地税务机关、海关冻结，以及被执行人的股东、股权结构、法定代表人已发生了重大变动，股权被营口市中级人民法院查封等情况，却没有任何有价值的收获。庭长张晓伟鼓励同志们不能泄气，经过商量，他们决定第二天直接到被执行人的企业实施执行。

五月末的鸡西，昼夜温差很大，四名执行干警在凉风与蚊虫的双重侵扰下，怀揣着对第二天工作惴惴不安的焦灼，度过了一个不眠之夜。第二天天刚亮，他们就先打车后步行，只用了不到两个小时就准确地找到了位于市郊山沟里的被执行人矿场。

粉尘飞扬、噪音隆隆，即使面对面地坐在办公室内也得用高分贝的声音说话，这就是这个企业的矿场。在工人的指点下，他们找到了正在指挥生产的一位陈副总经理。肖传国负责跟他进行了初步谈判，没成想这位有一定法律意识的副总竟然答应，如果新任总经理同意，他们愿意一次性还本免息执行判决结果！这个意想不到的战果顿时让执行组的同志们兴奋起来。

为了趁热打铁，他们和这位陈副总经理坐车一起赶往市里的一处宾馆，来见他们的总经理请示此事的处理。在酒店的大堂，陈副总经理请执行组的法官们稍候，他上楼去找他们的老总。望着这位副总上楼的背影，大家已经不由地涌上了一股即将胜利的喜悦。

然而，他们的高兴有点早了！十多分钟之后，陈副总匆匆回到楼下，吞吞吐吐地对他们说，没想到，对此事，我们新任总经理需要做详细的了解，了解之后再说。这不是等于全盘否定了刚才和陈副总达成的初步执行调解意向了吗？

四个人面面相觑，接着有点愤懑。张晓伟略作思考后向这位陈副总提出：请带我们现在去见总经理，由执行组和他直接面谈。陈副总电话请示后，就直接带他们上楼。

刚上了一半，陈副总突然接到电话，神色躲闪地跟他们说，还是请大家到酒店大堂里等一下吧，总经理吩咐他们不要上来了，他一会儿会下来面谈。

果然，仪表堂堂的总经理没几分钟就急匆匆地来到了大堂，他显得很不耐烦地的听完了张晓伟庭长和孙健法官耐心细致的案情释明和此行目的。没成想这位总经理听后，却态度蛮横起来，他说自己是新接任的领导，对这笔欠款毫不知晓，更没有义务替前任领导的错误经营买单；他甚至说，你们要是不理解他的意思的话，就去找前任总经理要钱去！末了，他有点要无赖地说：“你们看矿里什么东西好，随便拉，但要想动我的产品成品，门儿都没有！”

工作陷入了被动和僵局。三位执行法官都将眼睛盯向自己的庭长。在这个关键时刻，张晓伟的脸像包公一样黑了起来，他挺直了方正的腰身，义正言辞地告诫眼前这位企业的法定代表人：“我们知道你是省人大代表，你对法院工作本来应该既监督又支持，我们代表国家法律依法强制执行，你作为企业法人应该履行法律义务！任何想无视法律、违背法律、钻法律的空子逃避债务的行为，都将会承担相应的法律责任。”

几句话说的这位总经理目瞪口呆，半晌纹丝未动，一下子陷入沉思。稍后，他才慢慢转身，态度也一下子缓和下来，他礼貌地对执行法官们说，请你们等一等，我找我们的律师商量后咱们再具体商谈。

当张庭长和孙健正跟那位老总唇枪舌战之时，我们的另一位执行法官田守保突然有了新想法，他悄然退后，眼睛迅速扫过大堂的角落，他平静地踱到总台，若无其事地问服务员：“他们在楼上业务还谈的可以吧？”漂亮的女服务员随口道：“对。要上市了，北京来的监管单位来考察。”

机智灵活的田守保一听，马上就明白了过来，当他们来找这位老总时，这位老总正在这家宾馆楼上的豪华会议室里跟主管企业上市的监管部门进行关键步骤的谈判，因为有这伙重要客人正在楼上的会议室，所以他不便此刻让法院的执行人员上楼来，以防引起误会和难堪，于是他不得不下楼来敷衍一下这些执行法官。

这位精明的老总何尝不晓得，如果这些法院的不速之客不合时宜地查封了他们公司的财会室、总经理室，将会给公司的上市谈判带来多么重大的影响？所以他下来，就是想稳住这些法院的人，让他们先回去，缓开了时间，企业上市后，他们再来了再说！但他大大地低估了这些执行法官们的坚决与智慧。

田守保折回身来，拉过张晓伟，将这一重大消息报告给他。张庭长一听，啥都明白了。他虽表面上不动声色，但却马上抓住了这一最有利的战机。他不紧不慢地喊住就要离去的那位老总，对他说："企业要发展是好事，但企业也要守法、诚实！想上市的企业更要有良好的社会形象。"望着脸突然惶惑的老总，他接着向他宣布了下一步将向他的企业领导人采取反规避执行的一系列措施：限制法定代表人高消费、限制出入境、利用新闻媒体曝光等一系列强制措施！

在强大的法律威慑之下，这位老总的脸颊渗出了细细的汗珠。他立即招呼他的陈副总等人过来，跟他的同事们做了十多分钟的交代。这起执行难，就这样在执行法官的勇敢、坚定、睿智之下，起死回生了。当天下午，该公司的财务人员在陈副总的带领下，来到执行组住的旅馆，双方正式签下了他们给付欠款本金、免除利息的调解协议。

其实，就是为了这个案子的执行，多年来，执行二庭的很多同志都曾奔赴鸡西，冻结、续封被执行人的银行账户，扣划银行存款等，但被执行人总是以各种理由搪塞不还或规避法院执行，然而最终抗拒不了法律的强大威力。这一次，他们为申请人执行回款142.25万元，终于圆满执结了此案！

执行案件的类型很多，其中不乏企业之间的债务追偿，当遇上为国企追偿债务时，咱想想国企里的那些职工，想想企业的生存，就要下定决心，为他们的发展提供强有力的司法保障。

整整五天五夜的这次异地执行，在紧张与劳顿中过去了，执行二庭的四名干警风尘仆仆地回到鞍山，他们用实际行动彰显了法律的尊严。当申请执行人将一面鲜红的锦旗交到张晓伟庭长手里时，大家看着锦旗上"严肃执法的楷模，国企发展的卫士"几个烫金的大字，脸上都露出了坦然而欣慰的微笑。

2

□ 核心提示

“玉带燕莎特”房屋腾迁一案，事关鞍山市南建国路整体拆迁改造事宜，所以备受市政府领导关注，市委书记谷春立多次听取此案执行进展情况汇报。

□ 执行感悟

就拿执行局来说，多有几位经验丰富的老法官就是财富。每到了有疑难杂症时，老同志总会及时发光发热，冲在前面，创下成功。所以说，执行法官的老中青三结合是队伍建设的一个关键啊。

——王克文

独特阅历

这也是2011年的事，是6月底吧。我们执行局执行二庭的法官们，以和解方式成功执行了一处名为玉带燕莎特的房屋腾迁案。这个案子事关鞍山市南建国路整体拆迁改造，所以备受市政府领导关注，市委书记谷春立多次听取此案执行进展情况汇报。

该房座落于南建国路西侧，属我市正在进行的重点市政项目的核心地段，其相邻房屋都已拆迁完毕，由于该房承租人张兴华下落不明，使该房产的拆迁一直无法进行，已成为整个项目的重大障碍；同时，由于被执行人张兴华逃避履行义务，长期下落不明，被执行房屋大门紧锁，内部存放的私人财产情况无从知晓，给执行工作更是增加了难度。

那些天，我这个分管执行的副院长，自然也是为此案坐卧不安，我随时把相关情况向宋景春院长作汇报并听取他的指示。此后有几天，我同意执行局的意见，确定此案由执行二庭负责，张晓伟庭长全权负责，副庭长朱安具体组织指挥，全庭并法警队参加该案的执行工作。

为顺利执结，张晓伟、朱安他们制定了详细的执行方案。他们派出一路人马，督促申请执行人——鞍山铁东粮食储备库准备好存放被执行人财物的场所；为保护被执行人张兴华的相关财产权益，尽最大可能和解执行，派出另一路人马随时待命。之前，执行二庭的法官们在查找被执行人下落方面继续做足了工作，他们先后多次到现场勘察房屋外部情况，向周围群众了解该房在被执行人张兴华作为“玉带燕莎特”洗浴中心经营时的相关情况，内部结构及装修装饰情况等，还绘制了简易平面图。

为解决查找被执行人这个挠头问题，朱副庭长特意选择了执行工作经验最丰富的老执行法官刘安灵和两位心思缜密的女法官一同到被执行人张兴华户籍所在地的派出所，调查其住址、同住人口、联系方式等情况，随后又按迹索踪，找到他住所地的居委会，请求他们配合到张兴华家中找人。

很不巧，居委会的同志告诉他们，据他们掌握的情况，张本人已很久不在家，张的妻子可能在家但从不给外人开门。就在执行工作又将陷入僵局的时刻，刘安灵又开动了他的智慧之脑，充分发挥自己在执行战线上多年以来积累的人脉优势，找到了在居委会担任片儿警的老同学，请求他帮助寻找张的家属。功夫不负有心人，在这位警官的帮助下，几经周折，终于找到了张的女儿。

案件出现了曙光，因为总算找到了张的家人。起初，他的女儿还有些抵触情绪，但在王鑫、陈姣两位女法官耐心、细致的解释和劝说下，她最终答应配合执行工作，设法尽快和自己父亲取得联系。

在女儿的努力下，张家承诺5日之内会请亲戚帮忙，把租赁房屋内属自己父亲张兴华的所有的物品拆除并搬出，在腾空后将该房屋交付给申请执行人鞍山铁东国家粮食储备库。

稍后，为了防范再发生反复，朱安副庭长亲临现场监督进展情况。为了争取时间，他督促施工工人务必在3日内完成全部拆除及搬出工作。就这样，在我们执行局的主持下，双方当事人和平而顺利地的完成了房屋的交接工作，为此后的整体拆迁创造了必要条件，受到了市里领导的肯定。

至此，这起重大而疑难的案件，在执行局为党和国家工作大局服务、为城市经济发展能动司法理念的引领下，在最短的时间内，以最和谐的方式取得突破性进展，不仅获得双方当事人的认可，也为市政府南建国路整体拆迁改造工作扫清了障碍，更为鞍山城市建设发展做出了应有的贡献。

3

□ 核心提示

他没有被对方的人多势众所吓住。这时，只见他一纵身，毅然地跳到了两米远的一张桌子上，朝这些人大喊："放肆！你们要干什么？你们知道不知道，在你们眼前的是国家法院的法官，是法官在执行法院的公务！你们的任何违法举动，都可能让你们被法律制裁！请你们慎重考虑，考虑好了就请退后，不然，就是妨碍执法、妨碍公务！"

□ 执行感悟

无论在什么行当，作为一个管理者，你都不能忽视了榜样的作用。既然是榜样，他们拥有更专业的、过硬的、令人感佩的本领。让榜样的作用充分发挥好了，整个团队就是响当当的了，能征善战，战无不胜。章岳忠就是这样一位榜样。

——王克文

独特阅历

说起鞍山法院的执行工作，有一个人是个标志性的人物，不能不说，他在执行战线上的英雄事迹至今令人们难忘。这个人曾经是我们中级法院的党组副书记、副院长，2011年的春夏之交由于工作需要已经调任市政府高就，此前就曾担任过中级法院的执行局长和基层法院院长，是个工作能力特强的人。

这个人曾毕业于中国人民大学，他在贴近法院执行工作的研究生毕业论文中写道：执行人员要有正确的执行态度，执行工作的核心价值观就是承诺，承诺完成法律赋予的职责任务和维护申请执行人的利益。他就是章岳忠，我下面所述故事的主人公。

他经常说，要记住法律保护的是谁，只有心中有杆公平称，保护申请执行人的合法权益，才能对得起自己作为执行法官的承诺。

多年以前，他带领一个助手，远赴深圳执行一起案件。在执行现场，被执行人的几十个保安人员等他们一进来，就迅速堵住了门口，好像是不想让他俩再出来了。也可能是要故意造成一种声势，企图对抗依法执行。

他没有被对方的人多势众所吓住。这时，只见他一纵身，使出过去当体育健将炼就的功夫身手，毅然地跳到了两米远的一张桌子上，朝这些人大喊：“放肆！你们要干什么？你们知道不知道，在你们眼前的是国家法院的法官，是法官在执行法院的公务！你们的任何违法举动，都可能让你们被法律制裁！请你们慎重考虑，考虑好了就请退后，不然，就是妨碍执法、妨碍公务！”

嘀，真是艺高人大胆，这一喝，申明了法律，晓以了利害，把这些人吓得都缩了回去。站在后头的被执行人一看吓不住这个瘦不拉几的法官，只得偃旗息鼓，让事态暂时平息了下来。但在后续的案件办理过程中，对方又多次威胁、跟踪甚至追打他和办案人员，都被他的机智勇敢化解。为此，他反复跟一起去的同志交代："如果出了什么意外，一定要坚决执行到底，将犯罪分子绳子以法。"

他这样交代同事，是因为他坚信，只要真正利用好各种法律手段，任何抗拒执行工作的违法者都会畏惧的。最终，这一次，他们成功查封了对方的大楼和十几台车辆，依法保护了申请执行人的合法利益。

执行工作是十分复杂的，任何情况都会出现。一次，他带领同志们去外市执行任务。当他们来到被执行人经营的歌厅，一进入厅里，突然两个女子淫笑着直向他们黏上来，见状的他们急速躲开。

原来，是被执行人故意找来其所经营歌厅的失足妇女，衣着暴露，横黏了过来，以图故意干扰执行。一看执行法官警惕性如此高，一招不成又使一招，接着叫来厨师磨刀霍霍，公然对抗执法。

面对这种群体性事件，他迅速作出了精确判断。他没有激化矛盾，而是采取了擒贼先擒王的方法。他使眼色让随同的法官做好机动准备，便立即主动靠近对方的头儿，并告诉带头闹事的人："这是抗拒法院依法执行的行为，在限定时间内如果不停止阻挠，法院将依法对你实施拘留！"

被执行人一琢磨这义正辞严的话，看到他无比坚决的态度和决心，终于低下了头，使这起案件得以顺利执结。

他在执行工作中的突出执行能力和过人胆识很快传开。此后，许多申请执行的当事人点名要求他来参与案件执行。

又一回，他领衔去执行在一起涉及金额1700万元的案件。岂料，被执行人提前将银行资金转移，只留下露天货物可供执行。他没有泄气，而是带领执行人员连夜赶到在野外的货场守候货物，以防止对方趁天黑偷运。

入夜，狡猾凶狠的被执行人突然放出多只狂吠的狼狗，疯狂地追咬起执行人员来。面对这种从未见过的突发情况，他首先镇定自若地矗立在原地，稳住了同志们的心。大家没有后退一步，凌然正气，竟使得那几条恶狗不敢近身，干嚎了许久后只得泱泱离去。就这样，他们一直坚持守候到天亮，等候后援队伍将全部货物查封运走，使一起多年执行未果的积案圆满执结。

2001年，中共鞍山市委作出决定，给市中级人民法院执行局隆重地记了集体一等功，以表彰其克服重重困难，圆满执结了一起5220余万元的证券回购金拖欠案，为维护社会稳定作出了突出贡献。

这件事情是这样的：1995年6月，鞍山财政证券公司与外省某财政证券公司在证券回购业务中发生了两笔总额高达5000余万元的证券回购交易。成交后，该财政证券公司长期拖欠巨款不还，后鞍山一方诉至法院。

1999年末，法院判决该外省财政证券公司立即归还拖欠鞍山财政证券公司的全部债款。但该公司仍然不予理睬，导致20多名人大代表上书鞍山市委、人大和政府，呼吁尽快妥善处理这起可能引起局部金融风波的重大案件。

不出所料，这起重任又落在了他的身上。2000年6月，已担任执行局副局长的他带领三人小组奔赴哈尔滨，硬是找到了被执行方的法人代表黄某。黄某显得十分客气，又是端茶又是递烟，满脸堆笑，但只要一提到还款，就避重就轻，连连谎称目前确实没有还款能力，实际上是软着法儿地拒绝执行。

为了打开缺口，他们先不露神色地退出。接着，执行人员在当地司法部门的配合下，查封了该公司的账目，结果发现，黄某有向法院提供虚假财务报表、故意隐瞒公司巨额财产的嫌疑。为了核实这一情况，他带领执行人员南下上海证交所进行调查，终于掌握了黄某隐瞒巨额配股资产的证据。

之后，胸有成竹的他带领执行人员再赴哈尔滨。可是，一行人刚到哈尔滨，就获悉黄某刚乘飞机去了上海。执行人员没有作停留，马上搭乘当日的飞机追到上海。一下飞机，他们便和上海虹桥机场取得联系，查明黄某当日下午准备乘飞机去昆明。他们只得等在机场，一分钟一刻钟地盯着时钟缓慢地旋转。终于，黄某的身影由远渐近。当他接近安检门时，执行人员突然从天而降，将其堵住。在铁的证据面前，黄某再也无法规避，只得掏出手机和公司紧急联系，几个小时后，他们公司的财务人员就一次性还付了本金及利息5220万元。此次执行终以胜利完全告捷！

我掌握的有关他的这些事，有的是我直接知道的，有的是从同事那儿听来的。他常说："法院执行当中，没有执行不了的案件，就看你是否用心去执行，把执行工作做得方法得当，柔韧有余也是一种艺术。"

能佐证这一观点的例子，是我们原来的研究室主任、现在的审判委员会专职委员杜尔俐说给我的。说又一次，他到安徽查找一个被执行人，一下火车他就到工商局查档案，可是获得的信息只有一张身份证复印件，辗转几天之后，终于查询出被执行人的电话号码，他请当地人与其通话，偶然得知其即将飞回当地。

于是他立刻赶往当地机场，当到达机场时，飞机再有20分钟就要落地了，他们紧急找到机场派出所进行协调，通过快捷通道赶在飞机降落前，守在了安检出口。可是，他突然发现一个棘手的问题顷刻就摆在了眼前，那就是自己并没有见过这位被执行人，仅凭手中的一页模糊不清的身份证复印件，根本无法准确地认出此人！咋办？难道就让这个难得的机会瞬间消失吗？不能，绝对不能！

他急得猴抓一般。此时，机上的乘客已蜂拥而出。面对此情此景，他突然急中生智，大喊了一声被执行人的姓名。啊，只见其中一人先是一愣，接着转身就跑。没错，这个慌张的人就是！他和同事立刻撒开脚丫子就追。在机场人员的配合下，当事人最终没有逃脱法律的制裁。

多年的各地奔波和长期紧张而又高强度的执行工作，是对执行人员身体和意志的考验。一天早上，在外连续工作三天三夜未睡的他，回到家中刚刚躺下，就发现自己的下半身突然间好像不能动弹了，手臂也有点不听使唤。咋啦？难道自己瘫痪了？难道这下半辈子都要躺在床上了！一阵紧张之后，他渐渐平静下来。当然这只是一场虚惊，后经医生检查，结论是因过度劳累造成暂时性肢体支配困难。有惊无险呐！有人问他干公事哪有这么拼命的？他笑笑说：“谁都会遇到困境，谁都知道危险，可是法院的执行工作就是这样，你不全身心地投入，没有几件案子会轻而易举地执行的了，要不然还会有啥执行难？说简单点，你种瓜才能得瓜，种豆才能得豆，没有敷衍的可能！”

现在我们中级法院研究室的掌庆林，负责两级法院的外宣工作，他曾经专门花时间采访过他。掌庆林说起过，从事执行工作10余年，他总结出了自己的一套办法，并且不断创新。他主持基层法院工作期间，在执行案件中创新注重无形资产的执行工作，例如海城滑石矿股份转让纠纷一案中，相对于传统的企业资产评估，法院将无形的采矿权纳入到评估当中，避免了国有资产的流失，为职工和国家挽回3700多万元的损失，也化解了当地一起影响面积巨大的上访事件。

掌庆林跟我讲了海城市西柳市场238名业主与永升房地产开发公司摊床使用权纠纷这个执行案子的执行过程。他说，这就是一起典型的被执行人难找，查扣财产难辨，法律缺陷难办的执行案件。200余名摊床业主长期上访，最高人民法院经调查核实，确认该案为执行不能案件。从法律意义上讲，法院已经尽到了职责，但是当事人的权益未实现，社会不安定因素仍然存在。有的业主倾家荡产，生活没有着落，有的急坏了身体无钱医治。

见此情形，章岳忠他们经过仔细调查，发现被执行人曾于2000年以12000平方米土地作为抵押，向西柳镇政府借款300万元，经过执行局工作人员的初步估算，该土地已经大幅升值，如果转换成资金，除够清偿政府借款外，仍有余额可供执行。

于是，他带领执行局人员抓住契机，指导西柳镇政府启动诉讼程序，在诉讼中，依法查封抵押的土地，并迅速下判，采取并案执行的方式，支付了700万元的执行款。在执行标的与执行款额还存在差距的情况下，他多次组织召开申请执行人会议，商讨执行款项的分配问题，终于赢得了摊床业主的认同和理解，同意以60%的执行额度执行案件，使得该案圆满解决，238户摊床业主彻底息访。

这起案件的突破，为鞍山两级法院的执行工作建树了新的标杆，时任鞍山中级法院党组书记、院长任俐春亲自赶到海城，紧紧握住章岳忠的手，对他只说了这一句："不一样，就是不一样啊！。"稍后，省、市各级领导对此都给予了高度赞扬，一位省委副书记亲自批示给予了肯定。

除了在一线参加执行工作，他还经常研究如何破解执行难等深层次的法律问题。国家新修改刑诉法之后，他执行了鞍山地区第一起刑事诈骗追赃案件。此案涉及外地法院因另一起经济犯罪案件查封了已被法院定为应返还的诈骗财产的问题。他通过仔细研究法条和法理，梳理了两个案子所涉及的财产所有权关系，提出了自己的看法，他的建议得到了最高法院的书面认可，案件就此得到了顺利解决。

东四型钢股份有限公司是当地一家高科技含量企业，极具发展潜力。由于其土地使用权纠纷一案涉及承包土地的30余名当地农民，承包土地及补偿问题妨碍了该企业新厂房建设，对其造成了重大损失。法院受理后，为了服务经济发展，他经实地调研，认为必须要对企业发展提供及时快捷的法律服务与保障，鉴于施工时间紧迫，不能按部就班地审理和执行。他就与案件承办人共同探讨解决办法，决定采取快审快执的法律手段，经过15个昼夜的耐心劝导，化解了双方的矛盾和纠纷，使型钢厂的新厂房建设得以顺利实施，受到了企业的高度赞扬。现在企业已经成为当地的纳税大户。

他还研究探索化解涉农执行案件的新办法，提出了四条基本原则：一是多做调解，缓和矛盾；二是协调双方，不误农时；三是快速及时，准确执行；四是多方工作，终化干戈。例如吴连忠上访案，吴因与其他人存在房屋产权纠纷，不服一、二审生效判决，抗拒执行并宣称要与对方同归于尽，屡次到省城及北京上访，要求进行重审。他了解情况之后，多次与上访人谈心，聊农村风土人情和邻里关系，聊家常里短和风俗习惯，增强彼此的信任，使吴的情绪慢慢缓和，又创造机会让双方当事人面对面调解，耐心细致地解释法律法规，改变了吴连忠对法院和法官的偏见。吴表示理解和配合法院执行工作，同意按法律程序处理他的案件，并亲自送给他一面绣有“率先垂范排忧难，公正执法民称赞”字样的锦旗，同时表示彻底息访。

他是个重人情的人，又是个“不”重人情的人。2007年的一天，他接到一位已经当了领导的老同学的电话，盛情邀请他到酒店叙旧，他愉快地答应了。当他跨入酒店包间，见到一个案件的当事人也在场，马上感到气氛不对。一了解，果然不出所料，是当事人托他同学出面当说客，于是他火了：“这个忙我不能帮！要叙同学情，等案子结了，我请你！”说完，他愤然离去。

在十多年的执行工作中，他所负责的每一起执行案件，无论是执行款项还是财物，他从没有空手而归的时候。他平均每年执行案件一百多件，还执结了一大批骨头案、疑难案，多次立功获奖，他所收到的锦旗、奖牌、表扬信堆满了柜子。要说到这些，他总是谦虚地说，这就是一名执行法官对法律的忠诚、对人民的承诺。

（本文其他作者：王祥江　掌庆林）

第十二章　江苏高邮陈连峰

高邮，执行局长在行动

背景·印象
Background & Impression

历史文化名城江苏省高邮市，乃秦朝古驿站，人文荟萃，生机勃勃。当司法成为调节经济社会关系的最终力量，高邮法院在古城全面小康的发展进程中担当起了重要的角色。在“执行难”成为全社会议论和关注的焦点时，座落在古城中的高邮法院执行局却在他们局长陈连峰的带领下凭着不怕艰难、不畏险阻的韧劲，凭着与时俱进、开拓进取的意志，化解了一个个执行坚冰，有力地维护了当事人的合法权益。

1988年从部队转业到法院工作的陈连峰，今年已经50岁了，在他23年的法院工作

1

□ 核心提示

刚到高邮法院任党组书记、代院长的韩雪峰曾任扬州中院执行局局长，他曾在一次会上讲过：陈连峰同志主持执行局工作以来，高邮法院的执行工作始终名列扬州法院系统前茅，这一方面是他工作踏实、辛勤付出的结果，另一方面也得益于他勇于创新、不断开拓进取的精神。

□ 执行感悟

执行工作有时候会险象环生，也可能随时陷入僵局，但这绝对不能让我们动摇，如果你当时动摇了，你就会失败。

——陈连峰

独特阅历

2011年5月刚到高邮法院任党组书记、代院

经历中，有近一半的时间是在执行岗位上度过的。高邮法院的执行工作始终在全市法院名列前茅。执行局先后多次荣获全市、全省法院先进集体，2006年荣立集体三等功。陈连峰本人三次荣立个人三等功、多次被表彰为江苏省、扬州市法院执行工作先进个人、高邮市优秀共产党员荣誉称号。

长的韩雪峰曾任扬州中院执行局局长，他在不久前到该院执行局召开座谈会时说了这样一番话：陈连峰同志主持执行局工作以来，高邮法院的执行工作始终在扬州法院系统名列前茅，这一方面是他工作踏实，辛勤付出的结果，另一方面也得益于他勇于创新，不断开拓进取的精神。执行工作交给这样的同志，我们院党组放心。

为了有效改善执行环境，攻克执行难，陈连峰到任之初就抓住了改革这根弦不放松。十多年来，他多次带领执行人员到先进法院学习，借鉴他们在执行管理和工作中的经验和长处，结合本院执行人员较少、执行权力过分集中的现实，提出了“执行两权分离”，即将执行权分为“执行裁决权”与“执行实施权”，彻底改变了过去那种一人包案的做法，杜绝了人情案、关系案和“抽屉案”产生的根源，使执行工作在“一条龙”式的作业下全面完成。

针对执行案款过付的问题，陈连峰提请法院党组制定了《三个分离制度》，即执行案款的确定与收取相分离，执行案款的收取与过付相分离，物品的查封、扣押与评估、拍卖相分离，实现了执行工作的高度透明，避免了在案款收取和过付环节中可能出现的问题，保证了执行干警的廉政行为。

陈连峰的创新不仅体现在对执行工作的

管理上，他还不断探索执行艺术，改进执行方法，形成了一套自己独特的办法技巧。2007年底，为了畅通执行信息渠道、建立执行联络网络，陈连峰创造性地提出了建立《人民协执员制度》的构想。经过党组会讨论通过后，该院从辖区各乡镇分管政法的副书记和司法所主任中，通过“院聘民选”的办法产生了21名人民协执员，并在执行工作实践中充分发挥他们作为信息员和调解员的作用，为人民法院的执行工作注入了新的活力。

2008年初，该院受理了黄某申请执行陶某交通事故赔偿一案，执行干警想尽了办法，终因被执行人外出打工躲债致该案一直难以执行到位。当年6月的一天，执行局收到该院聘请的人民协执员信息，被执行人陶某回乡参加农忙，执行干警立即行动，将被执行人陶某堵个正着，该案得以顺利执结。

三年多来，该院执结案件2928件，通过协执员执结案件1095件，超过该院执结案件的三成。

在执行工作中，陈连峰既是指挥者，又是勤务兵，处处以身作则，遇到难案、疑案，总是带头去办，工作敢碰硬，遇到险情总是冲在最前面，时刻以自己的行为，带动和影响身边的同志。

被执行人马某一直未按生效判决书让出其所租住的房屋，执行人员多次敦促其主动让出房屋，但其坚持不让房。在多次劝说未果的情况下，高邮法院在租赁房屋处张贴了让房公告，但马某仍然不予配合，并以影响经营为由擅自撕毁公告。

此后，执行人员又几次发传票要求其到法院处理该案，但其一直置之不理、不予配合。执行人员向陈连峰汇报后，陈连峰在向分管院长汇报后对其采取了司法拘留的强制措施。马某被拘留后，其亲属因对相关法律不了解，对抗情绪激烈，到法院吵闹纠缠并撕扯执行人员衣物。

陈连峰果断予以制止，并逐个对他们进行相关法律知识的宣传，逐渐稳定了当事人亲属的情绪。经过他一个下午的努力，被执行人亲属认识到了错误，并于当天配合做通马某的工作让出了租赁的房屋。

2010年元月，陈连峰率领三名执行人员赴贵州执行申请人陆某、陈某等四人与贵州某建筑工程公司买卖合同纠纷四个案件，执行总标的165万元。

到达贵阳后，陈连峰一行首先来到贵州省人民银行查询被执行人银行账户情况，经查询后发现，被执行人共在全国开有118个账户，其中在贵阳市区就有60多个账户。执行人员利用一下午时间跑了6个网点后发现无一收获，账面上基本均无存款，承办人员有些气馁，心想这样查下去在贵州就需要一个星期，如果查到还好，功夫没有白费，如果查不到岂不是要浪费一个星期时间？陈连峰见状说道：没关系，大不了做好打持久战的准备，既然这次出来了，就要把案件办好。

第二天，陈连峰一行在贵阳某商业银行总行账户上查到被执行人在该行开有20多个账户，存款总额达到2000多万元，当他们准备立即赶往一开户网点扣划时，此时被执行人单位一副总打来了电话问他们是不是来贵州了，怎么不提前通知一声。接此电话后，他们没有理睬继续打车前往这一开户网点，当他们到达后才发现，该网点上原先存有的300多万元就在刚才被被执行人转走了，他们又立刻赶往下一开户网点，同样该网点上的一百多万也被被执行人转走了。

回到住处，陈连峰在与执行人员分析后确定虽然今天没有执行到位，但是可以肯定的是被执行人是有履行能力的，另一方面指出今天的执行行动肯定是哪里泄密了，要想本次执行取得实效，必须梳理、排除泄密的地方。第二天，当他们再次去银行查询到被执行人在一账户上仍有300多万元后，他们没有立即赶往开户网点，而是首先找到该行领导向其讲明昨天执行遭遇情况，指出如果今天再发生类似情况，将依法对银行进行处罚。

当他们在银行保安人员的陪同下来到这一开户网点时发现，已有30多人自称是被执行人单位职工的人员早已在那等候了，并且在他们执行公务时，从银行操作人员手中抢走了法律文书，还围住了他们。见此情景，陈连峰立即安排随行人员报警，在110赶来处警无果后，他果断作出首先离开现场的决定，赶回总行要求协助执行。

在向贵阳市商业银行总行领导说明刚才所发生的情况时，贵州商行总行领导指示银行人员立即协助办理冻结手续，半小时后，当他们拿到冻结手续回执时本以为事情暂时可以告一段落，不料当他们回到宾馆时，来了一百多个人将他们围在房间里，要求他们交出冻结手续。

此时，陈连峰一方面组织随行人员与围困人员讲明法院执行职责和妨碍公务的法律后果，另一方面悄悄让另一名执行人员立即报警。在当地公安民警的协助下，他们被围困5个多小时后才得以离开。

当天陈连峰一夜没睡，第二天作出了三项安排：一是暂时不与被执行人接触或联系，让其搞不清行踪；二是将来贵阳执行的情况分别汇报当地党委政府；三是向贵州某商业银行送达罚款30万元的罚款决定书。在采取了一系列措施后，银行、被执行人都发来了电话，要求协调解决。最终四个案件全部执行到位。

申请人陆某在得知他们在贵州执行的经历后，感动得热泪盈眶，连声说道，太险了！太险了！

2

□ **核心提示**

执行法官了解到，房老太年逾七旬，丈夫早逝，多病缠身。早年一人将两个儿子抚养成人，前几年先是大儿子出了车祸死亡，大儿媳带着孩子离家出走，次子因受不了家庭的变故精神失常，40多岁的人生活不能自理。全家就靠房老太每月微薄的几百元退休金来维持生计。

□ 执行感悟

执行涉及人员多、金额大、处理不当极易引起申请人不理解的案件时，要注意绝不能引发新的矛盾、纠纷。这类案件的执行，最好要想到积极与当地政府联系，取得他们的支持和帮助，靠共同努力有条不紊地执行。

——陈连峰

独特阅历

2008年初，受金融危机影响，高邮市横泾镇某服装厂老板弃厂躲债，拖欠职工工资及其他债务达150多万元。该厂土地属集体性质且为租用，土地及厂房无法拍卖，相关生产设备拍卖后只能变现20万元。债权人和工厂职工多次围堵镇政府，并且宣称：我们拿不到钱，就不让政府开门办公。后来，经过协商达成了通过诉讼途径解决的方案。

在先予执行过程中，陈连峰提出了针对被执行财产难以拍卖或拍卖价格大幅缩水损害申请人权益的现状，应该积极探索“强制管理”的执行思路。在得到院党组的肯定和支持后，法院对该厂的所有资产进行强制管理，同时积极通过招租形式，吸引新投资人进场经营，持续创造效益，逐步清偿并最终执结案件。

在当地党委政府的大力支持下，通过周密筹划，多方协调，最终该厂资产招标出租成功，并很快进入正常经营状态。当年年底，被拖欠工资已经全部执行到位，其他申请人权益也制定了分期足额兑现计划，新厂为地方创造税收达70多万元。

2010年底，高邮法院在执行高邮周山镇压车某系列案件中发现，被执行人车某所涉及的执行案件大多为民间借贷案件，且涉及的金额较大，均没有抵押或者担保，与金融机构借款纠纷相比申请人所承担的风险较大。

执行法官在案件的执行过程中发现，被执行人车某有一座位于周山镇的烂尾楼，被执行人建房期间，在未依法履行相关手续的情况下，对部分房屋进行了违法处理，后因资金链断裂导致讼争，这些情况给案件执行中对该建筑的依法评估、拍卖造成了极大困难。

陈连峰在听取承办人的汇报后，觉得该系列案件所涉及的人员较广、金额较大，如果处理不当极易引起申请人的不理解，以致引起新的矛盾、纠纷。鉴于上述情况，陈连峰率案件承办人积极与周山镇政府联系，取得他们的支持和帮助，在双方的共同努力下，目前此案正在有条不紊的执行之中，各申请人的情绪稳定，当事人的合法权益正在逐步实现。

7月5日上午，高邮法院监察室接待了一位特殊的访客，高邮城区房老太冒着大雨送来一面锦旗。她一进法院逢人就说："高邮法院法官是为老百姓办实事的好法官。"7月1日，高邮法院成功执结了影响房老太家庭长达十年的陈案，为房老太的困难家庭挽回经济损失3万余元。

2000年上半年，被执行人赵某因经营需要向申请人房老太借钱，房老太考虑到与赵某不仅是熟人而且又是相隔不远的邻居，就将其大儿子的死亡赔偿金中分配给她的3万元养老金借给了赵某。后赵某因经营不善负债外逃。借款到期后，房老太追款无着，诉至法院。法律文书生效后，房老太申请法院强制执行。

执行过程中，承办人了解到房老太年逾七旬，丈夫早逝，一人将两个儿子抚养成人，前几年先是大儿子出了车祸死亡，大儿媳带着孩子离家出走，次子因受不了家庭的变故，精神失常，40多岁的人生活不能自理，其本人也是多病缠身，全家经济来源就靠房老太微薄的几百元退休金来维持生计。该案由于赵某与其单位买断工龄，长年下落不明且无财产可供执行，被迫于2005年中止执行。

在今年的清理积案活动中，陈连峰听取了案件承办人的汇报后，指出不能放弃执结该案的努力，要千方百计地搜索被执行人的相关信息，后来经过多方打听，陈连峰从其一个战友的口中得知其有一个妹妹住在上海某区。他立即安排承办人与其联系做工作，经过不懈的努力，终于以真情打动了其妹妹，表示愿意配合法院做其哥哥工作，帮助其还清房老太的欠款。7月1日上午，赵某主动履行了所有案款和利息。

高邮界首镇丁某等六人为追索朱某拖欠的2.8万余元劳动报酬向法院申请执行。朱某已数年不回家，且从不过问妻女生活，其妻在村里开杂货店维持生计，对案件执行非常抵触，性格敏感，情绪激动。丁某等人非常不满，认为法院执行不力。为此，陈连峰决定让丁某的代理人随队参加执行活动。

当执行干警来到朱某家中，朱妻当即手持菜刀扬言自杀，陈连峰强行夺下菜刀，采取稳控措施，确保现场安全，同时开展说服解释，帮助朱妻恢复冷静，并要求其配合法院执行。丁某的代理人要求查封小店，朱妻见状再次情绪失控，企图服剧毒农药，陈连峰打飞药瓶，再次制止，但农药四溅，药味浓烈，多位执行干警皮肤被灼伤，现场引来众多围观群众。

陈连峰与承办人一方面努力安抚朱妻情绪，另一方面重点开展群众工作，说明事发缘由，宣传法律规定，动员被执行人亲友帮助解决问题。丁某的代理人见状也极为震撼，认为该院执行措施已到位，表示愿意做出让步，通过三个小时耐心细致的协调工作，被执行人亲友现场筹集2万余元，丁某等六人放弃其他款项，该案顺利执结。

3

□ 核心提示

2011年1月25日，高邮法院以拒不执行裁定罪依法判处被告人徐某有期徒刑一年六个月，缓刑两年六个月。这是近年来高邮市首例因拒不履行法院生效裁决受到刑事责任追究的案件。

□ 执行感悟

我很内疚，女儿从小学到中学毕业，我没有接送过一次，没有参加过一次家长会，甚至女儿大学毕业找工作打电话征求我意见时，因为我正在执行现场，只能告诉她你已经成年了，自己的事情自己拿主意吧。女儿说我是最没责任心的家长，我没意见。但为了执行工作，值得。

——陈连峰

独特阅历

2008年，在高邮打工的四川广元男青年李华，遭遇交通事故受伤，因赔偿纠纷于2011年2月诉至法院，胜诉后赔偿义务人未能及时履行2万余元的赔偿责任。“5·12”特大地震灾害发生后，位于重灾区的李华家人虽幸免于难，但房屋等财产损失严重。这笔赔偿款已经成为她们全家重建家园的巨大希望。李华急于返乡救灾却又苦于迟迟拿不到赔偿款。

陈连峰了解这件执行案件的特殊背景后，当即指派精干力量，要求急事急办、特事特办，务必在短时间内执行完毕。执行干警第一天完成了审查和送达，第二天责令被执行人立即履行义务，第三天全面查找被执行人财产线索，第四天查封了被执行人银行账户并于当日强制扣划相应款项交付给申请人，四天内将2万余元执行标的全部执行到位。

李华返乡前专程赶到高邮法院执行局找到陈连峰后紧紧握着他的手说；“谢谢你们！谢谢你们如此为我们灾区当事人着想，让我这么快就拿到了赔偿款，今天我就要返回家乡了。临行前，我最大的愿望就是对你和全体执行人员再说声谢谢！”

2011年1月28日，原高邮市委常委、政法委书记沈兴华在高邮法院信息上作出重要批示，充分肯定该院审判执行工作：好！就是要调解优先和依法解决相结合。对拒不执行裁定的违法犯罪分子就是要依法打击，追求法治效果，教育更多人懂法、守法。

2002年初，被告人徐某拖欠某公司货款被诉至法院并调解结案，后徐某未按调解书归还欠款，2002年4月，依据当事人申请，高邮法院作出民事裁定书，裁定查封、扣押徐某所有的价值7.58万元的财产；2006年5月，徐某及其妻子与对方当事人达成执行和解协议，徐某夫妇将其所有的房屋作为履行协议的担保，该房屋亦被依法查封。2007年1月，徐某将已被查封的房屋以5.8万元的价格出售给案外人，后携款外逃。

执行法官获悉后立即向陈连峰汇报，陈连峰得知后认为，徐某有能力执行而拒不执行法院的裁定，情节严重。在征得院审委会同意后，立即向当地公安机关报案。2010年11月，徐某被上海铁路公安局杭州铁路公安处抓获并于次日移送至高邮市公安局。归案后，徐某亲属为其退出执行款7万元。

2011年1月25日，高邮法院以拒不执行裁定罪依法判处被告人徐某有期徒刑一年六个月，缓刑两年六个月。这是近年来高邮市首例因拒不履行法院生效裁决受到刑事责任追究的案件。

2010年5月6日上午，高邮法院依法裁定对被执行人孙某采取司法拘留措施，执行局法官钱宗模一行七人乘坐两辆警车执行拘留公务，在押解被执行人返回过程中，被拘留人所在高邮某服饰有限公司厂长张某率十人分乘两辆汽车追赶警车，并于上午10时许，在高邮卸甲镇二沟大桥南侧强行拦截警车，迫使警车停下。

张某等人围住警车，准备强行打开车门，意欲放出被拘留人，并围攻殴打执行干警，同时还有人手持砖块试图砸车。张某等人的行为持续近半个小时，并引来周边群众围观，造成了非常恶劣的社会影响。

事件发生后，陈连峰当即赶赴现场，组织执行干警一方面立即采取严密看护措施，防止被拘留人趁乱脱逃，保护干警及车辆安全；另一方面严厉斥责张某等人暴力抗法行为，做好对不明真相群众的宣传疏导工作，防止事态升级扩大。后在当地派出所的协助下，成功将被拘留人孙某押赴看守所。

现场处置完毕后，陈连峰迅速组织执行人员到公安机关调取了现场监控录像，调查暴力抗法人员基本情况，整理固定相关证据。5月10日，法院依法对张某实行了司法拘留。

后来张某在悔过书中写到："我错了，因为我的一时冲动，造成了非常恶劣的社会影响，我向法院执行干警道歉，我愿意接受处罚。"

由于长期从事执行工作，陈连峰几乎没有了休息时间，对家庭的照顾也就无从谈起。女儿陈芳从小学到中学毕业，他几乎没有接送过一次，没有参加过一次家长会，没有找过一次孩子的任课老师。甚止在女儿大学毕业找工作打电话征求他意见时，他都匆匆忙忙地说到：我正在执行现场，你自己已经是成年人了，自己的事情自己拿主意吧。难怪女儿参加工作后有一次埋怨他：你是我见过的最没责任心的家长。

2006年9月10日下午，被南京某大学录取的陈芳正兴高采烈等着请好假的父亲送她去学校报到，谁知却等来了他的信息：我在执行现场，不能送你了。委屈的陈芳含着泪自己坐车去了学校。为此，她一连三个星期都没给父亲打电话。一直到放寒假的时候，她才从母亲的口中知道了当时的情景，也理解了父亲的举动。

原来，那天下午，在办公室收拾行礼准备送女儿的陈连峰，从执行人员的口中得知高邮司徒镇的一名被执行人正在念大二的女儿面临无钱上学的窘境。

2006年7月，李某等几人一纸申请将张某之父推到了被执行人席。张某以前家境在当地还是不错的，父亲以家为店经营着一家酒店，平日里母亲在店里帮忙，一家也过得其乐融融，幸福美满。但好景不长，张某之父又赌又嫖，很快将多年积蓄花光，并欠下了十多万元的债务。最终，张某之父弃妻子与正读大二的女儿于不顾，离家出走。

为了保障被执行人家属的正常生活，帮助正在读大学的张某摆脱无钱上学的窘境，陈连峰立即与执行人员赶赴被执行人住所，巧施放水养鱼之计：房子照样查封，打消承租人顾虑，积极促成房屋出租成功。经过一下午的协商，最终刘某以每年2.5万元的价格，租赁四年。

当女大学生张某从陈连峰手中接过8000元现金时，激动得热泪盈眶："感谢法官叔叔，我下一年学杂费又有保障了，我可以安心读书了。"

陈连峰是一个平凡的人，在平凡的工作岗位上做着平凡的事。但透过平凡，我们看到了他对工作兢兢业业，对百姓真情实意，对党无限忠诚的崇高品质。

（本文其他作者：何寿青）

第十三章　重庆长寿刘运川

巾帼执行法官刘运川

背景·印象
Background & Impression

她曾是一名教师，1994年考入长寿法院，成为了一名人民法官。经过17年的磨砺，如今的她已经成长为重庆市长寿区人民法院执行局的副局长。就是这位女执行法官，先后在长寿法院的朱家法庭、双龙法庭、长寿湖法庭、民二庭、执行局等部门从事审判、执行工作。无论在哪里，她都做到了忠实履行法官职责，以真情诠释法律，以正义铸就公平。

1

□ **核心提示**

接手这个棘手的执行案件后，曾某常常背着孙女背着铺盖走进法院，找到刘运川大闹要钱。目睹这一老一幼的孤苦无助，刘运川心有触动，将案卷一遍一遍地看，每个细节都熟记于心，然后带上两名工作人员踏上了这次艰辛的执行之路。

□ **执行感悟**

刚开始认为司法工作只要以法为据，什么都可以迎刃而解，进入基层法庭实践后才发现司法工作是一门深奥的学问。做好法律工作仅仅以法为据是不够的，还要有一颗坚定不动摇、公正不偏颇的心。

——刘运川

2009年1月，长寿区葛兰镇村民曾某背着4岁的孙女，开始了漫漫上访路。曾某原本有两儿，一子智障，一子在2008年的一场事故中死亡，法院判决后，被告刘某外逃，又无财产可供执行，法院判决迟迟得不到兑现。这时，曾某老伴因病死亡，儿媳妇又下落不明，家中剩下曾某和智障儿子、孙女，这一老一残一幼完全断了经济来源，生活极为困难。

刘运川接手这个棘手的执行案件后，曾某常常背着孙女背着铺盖走进法院，找到刘运川大闹要钱。目睹这一老一幼的孤苦无助，刘运川心有触动，将案件卷宗看了数遍，每个细节都熟记于心，然后带上两名工作人员踏上了这次艰辛的执行之路。

执行过程中，经查被执行人刘某系四川省邻水县人，在重庆市长寿区经营货车。事故发生后，刘某支付了22530元后未再支付款项，刘某的货车也在事故中报废。因本案中的损害事故不属于通常发生的道路交通事故，曾某一家人仅得到保险公司赔偿的乘坐险1万元。法院作出民事判决后，刘某离开长寿区下落不明。申请人曾某提供的财产线索经查皆不属实，被执行人刘某在长寿辖区内无可供执行的财产。根据《最高人民法院关于加强和改进委托执行工作的若干规定》，被执行人刘某的住所地及财产所在地在四川省邻水县法院管辖范围，故依委托执行案件的程序将该案委托四川省邻水县法院执行。邻水县法院接受委托后，查明被执行人刘某无固定收入，其父母在该案的诉讼前后相继病故，刘某为给父母治病欠账不少，妻子无工作，儿子仅两岁。案件失去了继续执行的条件。

执行困境中，刘运川没有放弃，而是把目光投向了被执行人挂靠经营的公司——巴南区某汽车运输公司。

“法院判决中，其挂靠公司并没有责任，属案外人。”刘运川说。她找到该公司负责人，讲述了案件始末及当事人曾某的艰难处境，希望公司协助执行。但公司负责人态度强硬，将刘云川拒之门外。

刘运川没有退却，而是一次又一次去巴南，理直气壮找到该公司负责人，诉之以理，动之以情，公司负责人最终被打动了，从抵触到配合，答应将以该公司名义投保的保险理赔款8万元交付法院，予以执行。与此同时，刘运川又多次赶到邻水，借助邻水法院的支持三番五次前去劝说刘某。

“抗拒执行的后果要严重得多，你想想，现在公司已经同意交付保险理赔款……”在刘运川屡次劝说、以理服人以情感人的双重攻势下，刘某终于从逃避到配合，陆续交出了3万元赔偿款。2010年5月，经过长时间的努力，四下邻水四到巴南，最终为曾某讨回了赔偿款。

一次，刘运川带人前去四川省邻水县执行一起买卖合同纠纷案件，遭遇了惊心动魄的群体围攻。被执行人笼络了上百群众前来闹事，扛着扁担锄头，搬来石头，甚至有人横躺在路上，有人攀上法院警车，叫嚣着要执行法官出来，彻底截断了警车的去路。

危急时刻，刘运川不退不惧，将头伸出车窗，声色俱厉道：“法院依法强制执行案件，与案件不相关的人一律退出执行现场，否则依法拘留，后果自负！”刘运川一声令下后，车上法警行动起来，也许是看着动真格的了，部分围攻人在犹豫间便退开了，挡在车前的人也让开了，唯有一个妇女不依不挠，认为法警不敢动真格，最后被依法拘留，彻底震慑住了围攻的人群。

17年来，办案执行中遇到的恐吓、威胁、大小危险不计其数，但也许是已经习惯了执行工作带来的这种压力，又也许是自有法律的公正威严打足底气，面对危险，刘运川已有足够胆色沉着应付。

2

□ 核心提示

通过专项行动，目前区内违规生育家庭已主动缴纳社会抚养费两千余万元，大大减少了区计生委向法院申请强制执行计划生育违法人员的执行案件，节约了有限的司法资源，起到了良好的社会效果。

□ 执行感悟

公正自在法律，正义自在人心。

——刘运川

独特阅历

由于渝涪高速公路古佛（重钢）立交建设需要，需对重庆市长寿区凤城街道办事处农业服务中心（以下简称凤城农业服务中心）、胡某某、胡某的房屋予以征收，长寿区土地储备整治管理中心与之签订征收协议，并已支付赔偿款。但由于凤城农业服务中心、胡某某、胡某系房屋出租人，承租人游某等13人拒不腾退房屋，致使土地整治无法进行。

长寿法院从2011年4月28日起陆续受理了凤城农业服务中心与游某物权保护纠纷等13件具有搬迁内容的执行案件。案件进入执行程序后，长寿法院依法向游某等人送达了执行通知书，责令其限期履行，同时多次到现场与被执行人进行思想沟通、劝解，宣讲法律规定，要求被执行人自动履行，但被执行人抵触情绪很大，拒不搬迁。

最后长寿法院决定依法对游某等人实施强制搬迁，因该批案件社会影响较大，被执行人有对抗执行的可能，长寿法院执行局按照相关规定制定了严密的强制搬迁实施方案，大约需要实施人员两百余人，方案制定后准备报重庆市第一中级人民法院和区委政法委时，刘运川主动请缨，去做最后一次当事人的思想工作。当天经过一下午的促膝长谈，其中一位被执行人终于同意主动搬迁，随后，经过执行干警们的耐心劝说，13位被执行人陆续与凤城农业服务中心、胡某某、胡某达成和解协议，并主动搬迁。

2011年8月3日下午，最后一个被执行人游某终于与申请人凤城农业服务中心达成和解协议，并自动履行完毕。

今年以来，长寿法院开展了清理征收社会抚养费执行积案的专项行动。“这些被执行人大多生活比较贫困，且长期在外打工，家里财产寥寥无几，如果强制执行，效果肯定不好。”刘运川说。

为了让专项行动取得良好的效果，刘运川积极联系区计生委、各街镇党委、政府，争取他们的支持，在各街镇巡回进行计生法制宣传，对群众进行计划生育知识、国家计划生育政策及违反计划生育政策的后果等方面内容的宣传教育，让群众了解了更多的计生知识，明白了国家计划生育政策，自觉遵守法律法规、贯彻计划生育政策的重要意义。同时也督促计划生育违法人员自觉缴纳社会抚养费，对规避执行，态度恶劣的被执行人穷尽执行措施坚决予以执行。

通过专项行动，目前区内违规生育家庭已主动缴纳社会抚养费两千余万元，大大减少了区计生委向法院申请强制执行计划生育违法人员的执行案件，节约了有限的司法资源，起到了良好的社会效果。

“要胆识，更要讲方法。”刘运川在17年的办案过程中，积累了大量实践经验，得出了以法为据、以理服人、以德感人的执行要领。她常常在执行案件过程中，仔细揣摩当事人的心理，根据不同的对象总结出不同的执行方法。譬如执行赡养纠纷类案件，她便使用“攻心法”，重在以情感人、以德感人，将心比心；执行严重抗拒的老赖、群体性案件时，她则使用“借力法”、“疏导法”，一面借助法律威慑力、地方政府配合、当事人工作单位或亲朋好友配合施压，多管齐下，一面又以理服人，采取多种方式进行疏导……多年来，刘运川工作业绩突出，2007年来承办执行案件近400件，其中不乏棘手的群体性案件、涉执信访案件，之所以能严格依法完成执行，刘运川认为，最重要的是她始终坚信一句话：公正自在法律，正义自在人心。

刘运川对工作很热情、有耐心，同时她多才多艺，擅长写作、能歌善舞，在担任执行局副局长的同时还担任执行局的支部书记、法院工会委员、妇委会委员。她还是重庆市法官作协会员，利用业余时间写出了数十篇文章，如2007年写的《执行中的冷暴力及对策研究》、《心结不解上访，和解化结息访》、《代价》、《执行情结》、《守住寂寞》、《体会不同的滋味》、《那一场百年不遇的洪水》等文章，都抒发了满腔的工作热情。

2008年写出了二十余万字的反映法院和法官生活的小说《天平》，以及《中年法官与老叟的七天》、《天水湖风云》、《魅香》、《活着，就是快乐》、《泉水恩仇记》等小说、散文。2009年写的《执行中的酸甜苦辣》、《清积活动中依法惩处执行老赖》、《执行庭探索征收社会抚养费新思路》、《信守内心的法则》、《尊重之重》、《母亲的画》、《三峡风物》等文章，深受同志们喜爱。2010年写了《下岗工人锦旗送执行庭表谢意》、《启动执行快速反应机制成功查控异地财产》、《执行局顺利执行拆除金山华府违法建筑》等稿件，在院内外产生了很好的反响。

2011年写的《风云拆迁执行路》、《法官的情怀》等多篇小说，也引起了大家的关注。同时她还积极组织支部活动、工会活动，带领妇委会女干警外出参观学习。2006年春节，她参加长寿区文艺演出获得独舞二等奖，编导组织的音乐表演剧《法官的情怀》获得了特等奖，参加区第七届机关职工运动会上获得女子万米赛跑第四名。

（作者：杨宜中）

第十四章　河北赤城徐凤龙

临危受命的执行庭长

背景·印象
Background & Impression

1

□ 核心提示

有一位申请执行人，干脆背着行李赖在法院走廊住下了不走了，他对法官们讲，法院什么时间给我执行了，我什么时间回家。执行工作一时陷入被动。

□ 执行感悟

我上任之初曾跟申请执行人说，如果你们相信我和我的同事们，就给我们三个月时间，我一定给大家一个说法，我们是不放弃每一个案件的执行机会的。说这话是宣誓，也是给自己压担子的。

——徐凤龙

独特阅历

从临危受命担任执行庭长到任执行局长至今，许凤龙已经在法院的执行战线上摸爬滚打整整十个年头了。

1999年全国法院开展“执行年”活动，经过梳理法院累计未执行的案件，发现其中40件都未执结，有好几件还是执行上访案件。有一位申请执行人，干脆背着行李赖在法院走廊住下了不走了，他对法官们讲，法院什么时间给我执行了，我什么时间回家。执行工作一时陷入被动。

为扭转执行工作的被动局面，院党组研究决定任命许凤龙担任执行庭长。就这样，性格执拗的他走马上任当上了执行庭长。上任的第一天，摆在他面前的是一大摞未执行案件的案卷，和来法院要求执行的骂骂咧咧、吵吵闹闹的当事人。为尽快进入角色，他把自己关在屋里，一整天认真地审查翻阅每一个案件的卷宗。

审查中发现，这些案件都是法院多次执行过的，原因是被执行人无财产可供执行或是找不到被执行人。第二天，他召集执行庭全体干警开会，对每一个案件进行研究，同时给40件申请执行的案件当事人发通知，请他们到法院来开会。

面对40位申请执行人，他说，大家如果相信我们，就给我们三个月的时间，我一定给大家一个说法，我们是不会放弃每一个案件的执行机会的。令这些申请执行人没有想到的是，三个月后，这些执行难案中的一半有了突破性进展，另一半也有了新的发现。于是，随着案件的一个个执结，人们对执行庭的工作有了由衷的佩服。

就这样，为了给当事人一个说法，他一干就是十年，在他的带领下，当年的执行工作真就扭转了被动局面，不仅40件上访案件早已全部执结，执行工作也进入全市法院的先进行列。

十年里，由他主办和参与的执行案件3000余件，他书架里的荣誉证书厚厚的两摞，荣立三等功就六次，几乎每年都被评为先进个人。在他和他的同事们的努力下，全院至2010年没有一件执行积案，执行工作进入了良性循环。徐凤龙也由执行庭长变成了今天的执行局长。

走进赤城县法院执行局长许风龙的办公室，他正和同事们研究一件执行案件的执行方案。他的办公桌上，厚厚的两个日记本引起了我的兴趣，经同意我翻开一看，里边密密麻麻记满了电话号码和通信地址，他的同事告诉我说，那都是几年来他们执行的案件当事人的联系电话和通信地址。听说我们要写他，他不好意思地说："你们写写我的同事们吧，他们可比我辛苦的多。"许局长告诉我们，他们马上要去执行刚研究完的一个案件，我们要求一起去，他爽快地答应了。

执行地点在赤城县东万口乡的一个偏远山村，上车前许局长到一个中药店买了几包中药。汽车从县法院出发大约走了有两个多小时后，拐进一条山石铺的土路，路被几天前的山洪冲毁了，大块大块的河卵石横七竖八地卧在路中间。

车开不进去了，还有三四里的山坡路，才能到被执行人的村里，司机把车停放在安全地带，沿着崎岖不平的山路，我们一起向村里走去。

许局长边走边介绍说，这是一起刑事附带民事案件，执行标的1万元，被告人的父母东抓西借给付了5000元，还差5000元。被告人犯故意伤害罪已在监狱服刑，被告人的父母都已60多岁，家中靠种田和养猪勉强维持生活。受害人和被告人是一个村的，几天前，被执行人的父母带信给许局长，说家里的几口猪将要出栏，请求法院来给原告执行。

经过两个小时的跋涉，我们终于到了被执行人的家中，正赶上是中午，被执行人的父母正在吃午饭。老俩口看见许局长他们来了，热情地迎上前去，问长问短，就像是亲人来了一样。许局长把中药递给老汉时，老人很激动，嘴里不停地说："吃了你给买的药好多了，老是让你操心真过意不去，今天你又给我买药了，你的工资也不高，老让你破费，这个恩情怎么报答啊！"边说边拉着许局长进家，我们不解地拉过这家的男主人问起了缘由。

原来，被执行人的父亲很早就患上腰痛病，儿子出事入狱以后，病情加重，根本不能下地劳动，第一次到被执行人家中，看到被执行人家中的情况，同时也想到申请执行人家急等着钱用，要想办法尽快使他们摆脱困境。许局长回过头做了申请执行人的工作，申请执行人同意延缓被执行人一年的时间再执行。

为使老人家尽快摆脱困境，他说服老人在家养猪。许局长回到县里后，自己掏钱到种猪场给老人家买了六头猪仔，专程给老人送来。还找朋友帮忙给申请执行人在县城找了份零工打，担保人提前预付了他一个月的工钱，缓解了申请执行人的困难。六个月后，被执行人家捎话说猪仔已经长大，他们老俩口不能动弹，看能不能由法院作价，把生猪直接给付对方。许局长经与申请执行人协商，征得申请执行人同意后，才来到该村执行。

许局长对我们说，在执行案件中，最让执行人员头痛和伤脑筋的是申请执行人和被执行人都很困难，这类案件大部分是交通事故或伤害案件，申请执行人受伤急需治疗，而被执行人家中基本是一贫如洗，自己生活都成问题，更谈不上履行执行义务了。执行人员根据市场价格，给其中的三口猪估价5000元，申请执行人和被执行人的父母都认为比较合理，于是，申请执行人找来一辆三轮车，执行人员和他一起把猪装在车上，拉回家中。

老俩口都非常感谢法院的执行人员，老人激动地说，剩下的三口猪一口留作产仔母猪，那两口卖了，还能还完以前借的钱，等卖了猪一定要还上许局长的猪仔钱和给他买药的钱。另外也到县城检查检查病，买点药。看我们要走，老俩口硬拉住大家要给做饭吃，但许局长婉言谢绝了。

2

□ 核心提示

赤城县法院院长王绍华说："执行工作很难干，不但要求法官业务素质高，还得懂执行艺术。许局长工作能力很强，工作有股钻劲，那怕是再小、再难的案件他都不轻言放弃，就是靠这股钻劲，我们的执行工作才进入了良性循环。"

□ 执行感悟

案子执行不了，我心不安啊。我们不能轻言放弃，放弃了就是对法律的亵渎，就是我们失职。

——徐凤龙

独特阅历

在采访中我们了解到，十多年来，为了执行，执行法官们不分白天黑夜，没有节假日，没有星期天。许局长和他的同事们为了执行放弃了很多休息时间，牺牲了很多与与家人团聚的时间。

有的案件法院多次执行，被执行人就像是知道法院要去执行一样，总是扑空。就连申请执行人都失去信心要放弃的的案件，他总是安慰他们不要轻言放弃，再想想办法，他不会人间蒸发的。

他和我们说的最多的一句话就是："案子执行不了，我心不安啊。我们不能轻言放弃，放弃了就是对法律的亵渎，就是失职。"同志们告诉我，执行中他总是身先士卒，十几年来，他几乎没睡过一个安稳觉。2011年4月22日凌晨4时，法院值班人员接到申请执行人张某打探到的情况：家住赤城县东卯镇的被执行人覃某从外地回到家中了！

许局长听了值班人员的电话汇报，不顾正发着高烧，立即召集全体执行干警，研究执行方案，20分钟后，他和执行庭长郭金元、法警队政委靳臻一起带领干警们，赶往距县城50公里的覃某家中执行。

2010年3月份，张某与覃某因5万元的债务纠纷，张某多次催要，覃某就是赖着不还。张某无奈诉至法院，法院做出覃某给付张某的借款判决，判决生效后，覃某没有自动履行判决义务。张某申请执行，进入执行程序后，覃某得到消息，为逃避执行，一直躲在外地，和法院执行干警玩起了“藏猫猫”游戏。

由于从县城到被执行人家路途遥远，执行人员三次到他家中都扑了空。总结前三次经验教训，执行干警今天快速紧急出动，但在干警们赶到覃某家中时，覃某妻子说，他丈夫又在半小时前出去，一直没有回来。

经执行人员与该村村民了解，覃某这次回来要办几件事还没有办完，大家分析他不会走远，可能晚上还会回来，许局长和几位领导商定，把执行人员撤到离该村5公里远的地方待命守候，晚上再到覃某家执行。折腾了大半夜，本来打点滴的他病情更加重了，看到他病成这个样子，同志都劝他休息，他说，等执行任务完成再说吧，

晚上九点多钟接到申请执行人打探到的消息，说覃某又回到家里了，执行人员决定10点开始行动。他们以最快的速度赶到距覃某家一公里的地方，汽车熄火停放在路边，干警步行前往覃某家中。

在接近覃某家的路上，有一条三十几米宽的河，春寒料峭，河的中间冰已融化，河的两边上还结着冰茬。为不惊动覃某，执行人员决定淌水过河，许局长、郭庭长、靳政委带头，其他人员紧随其后。河两边是冰茬子，河中间水淹没膝盖，冰凉透骨，大家深一脚浅一脚地过河，不顾一切奔向覃某家中。

刚刚和衣躺下的覃某，被执行人员叫醒，覃某低着头不说话，执行人员给覃某讲法律、讲政策，做工作。覃某称自己也在想办法，眼

前已凑了1万元钱，针对现实情况，执行人员让他先履行1万元，剩下的做出履行计划。等执行工作结束时，已是凌晨3点了，他和干警们拖着疲惫的身子返回法院，看到领导带病坚持执行，同志们都十分感动，虽然又困又累，但没一人有怨言。

农村信用社信贷科杨科长对我们说："几年来，法院执行局为我们收回不良借贷款3000多万元，有些款我们都快没有信心收了，许局长总是对我说，别放弃，再想想办法，总能找到执行途径的，一个案件，一次不行两次，被执行人不管躲到哪里，他都能打听到，他对被执行人说的最多的一句话就是：'国家贷款帮了你们，信用社的同志也承担了风险，你们渡过了困难，可不能昧着良心做事啊'。"

"他就是有那么一股执著的劲啊！"同事们说。对执行标的比较大、执行难度高、当事人难缠、易引发上访的执行案件，他总是留给自己主办执行。去年执行的赤城县农村信用合作联社诉崔亚广、寇德爱、岑晓明、任秀丽等405万元借贷纠纷案，经他和同事们多次协调调解，双方都做出了让步，最终使案件以执行和解方式执结。这是法院近年来执行标的最大的一件执行案件。

2010年6月8日，赤城县农村信用合作联社将多次催要都未果的借款人崔亚广、寇德爱、岑晓明、任秀丽等诉至法院，经法院审查后立案，并直接进入执行程序。

法院执行人员经向申请执行方的委托人了解，被执行人崔亚广在张家口市怀来县开有容器厂，还经营房地产开发，其他被执行人系容器厂职工。在确切了解被执行人的基本情况后，他们制定了详细的执行方案。

6月9日早上5点多，许局长亲自带领执行局全体人员，驱车一百多公里山路去怀来县查找被执行人下落，通过走访群众、社区、公安派出所，下午4点多才找到被执行人崔亚广开办的容器厂，经向办公室主任了解，知道被执行人都在外地出差。电话联系了崔亚广，他称在外地当天赶不回来，针对当事人的实际情况，他们暂时给被执行人下达了执行通知书，告知其应履行的义务，并限定时间通知其到赤城法院解决此事。

一周时间过去了，被执行人崔亚广迟迟不来法院履行义务，而是采取了躲避的办法。这种情况下，被执行人的财产又在外县，信用社的同志用疑惑的眼神看着许局长。许局长满怀信心地说："只要有财产，我们就会为你们想尽一切办法执行，我们不会轻而易举地放弃每一个执行机会的。"

为尽快执行此案，许局长亲自给被执行人打电话，在电话里，许局长对崔亚广进行了严肃的批评后，又给他讲了不履行法律义务的后果，如果不自动履行法院将采取强制措施，经对其耐心说服教育，被执行人才答应来法院处理。

崔某到法院后，称自己所有资金都投到房地产和容器厂了，现在容器厂效益不好，开发的楼房在今年楼市下跌的形势下卖不出去，资金周转不开，没钱还贷。执行工作一度陷入僵局，类似这样的有财产可供执行的当事人，经做工作无效的，法院一般都是采取强制措施执行的。许局长认真分析此案后，认为若采取强制措施不但不利于矛盾解决，而且还会激化。

为此他耐心地给崔亚广做工作，反复讲法律、讲道理、讲诚信，他还和崔亚广共同寻找新的解决办法，最后崔亚广承诺他和其他被执行人的贷款本金及利息全部由他一人用楼房折价抵顶，通过评估，不足部分用现金来弥补，多退少补偿还借款。许局长及时向院领导汇报情况，受到了院领导的肯定，申请执行方也同意此方案。经双方当事人自行协商，达成了被执行人用四套门面楼房及17万元现金偿还了405万元贷款本金及利息，案件顺利执行。

赤城县人民法院院长王绍华说："执行工作很难干，不但要求法官业务素质高，还得懂执行艺术。许局长工作能力很强，工作有股钻劲，那怕是再小、再难的案件他都不轻言放弃执行，就是靠他这股钻劲，我院的执行工作才进入了良性循环，全院没有一件因执行不了上访的，这都是他和同志们的功劳，执行工作离不开他！”

（本文其他作者：王景云）

第十五章　河南延津马金录

他就是执行院长马金录

背景·印象
Background & Impression

人们印象中的法官都是威严和神圣的，更不用说法院的院长了。然而却有这样一个分管执行案件的副院长，曾经把自己的工资垫给急需钱的申请执行人，曾经为不能自理的当事人倒尿盆……

执结的千余件案件是他最引以自豪的骄傲，他四次荣立个人三等功，先后被新乡市委政法委评为人民满意政法干警，被市中级法院评为新乡首届十大优秀法官；执行局荣获三次集体三等功，被市中级法院评为执行工作先进单位……

他就是延津县人民法院主管执行工作的副院长马金录。2010

1

□ 核心提示

姚某固执地认为："法院都判我赢了，为什么我还拿不到应得的欠款？"于是，拿不到欠款的姚某三番五次到马金录办公室大吵大闹，又是挂讨债横幅又是要在法院跳楼自杀，最后均被马金录好言劝回。阴历腊月22日，姚某又一次闯进马金录办公室大声吆喝道："我辛辛苦苦干了一年一分钱工钱都没拿到，这临近年关了你让我咋回家过年啊？"

□ 执行感悟

作为执行法官，遇到不明真相的群众谩骂、围攻，是执行生涯中常有的事。我们必须忍耐，以大局为重。试想一下，如果把申请人的难题都当成我们自家人的难题，那么就没有执行不了的案子。

——马金录

年，在他的带领下，该院执行局共执结案件196件，执结标的1356万元。涉及民生执行案件执结率92%，执行和解率达50%。

独特阅历

2010年大年初九，周口的姚某双手捧着一面写有“心怀百姓，大公无私”的锦旗送到马金录办公室。马金录热情地拍了拍老姚的肩膀，把执行款交到他手上，并邀请他坐下，真诚地问道：“年过的好不好？”老姚红着脸说道：“马院长您真是有肚量。年前我一时冲动那样骂你，你还能欢迎我，我真是感到惭愧！您真是心怀百姓，大公无私！”

姚某申请执行交通肇事赔偿款一案，法院多次派出执行人员前往，但收获甚微。姚某固执地认为：“法院都判我赢了，为什么我还拿不到应得的欠款？”于是姚某三番五次到马金录办公室大吵大闹，又是挂讨债横幅又是要在法院跳楼自杀，最后均被马金录好言劝回。阴历腊月22日，姚某又一次闯进马金录办公室大声吆喝道：“我辛辛苦苦干了一年一分钱工钱都没拿到，这临近年关了你让我咋回家过年啊？”姚某越说越气，还没等马金录解释，便指着他的鼻子红着眼大骂道：“姓马的，都这么长时间了你为啥还没给我执行欠款？你肯定是收了他们的好处！我要去上访！要去告你贪赃枉法！”说着就要上去殴打马金录。

在人格受到侮辱、人身权利受到践踏时，

马金录冷静面对，没有与他发生激烈冲突，而是向他认真解释说："你冷静些听我说。你说我贪赃枉法有证据吗？没有证据信口开河诽谤我，我可以追究你的法律责任！"姚某自觉理亏一时语塞。马金录缓了缓语气又说道："老姚你的案子执行起来确实有困难，我们干警三番五次地去执行，被执行人很狡猾，长期在外地打工，下落不明。不过我们得到线索，他过年要回家，我们准备提前埋伏，到时候一定能堵住他，把他欠你的款项执结完毕。"随后，马金录从抽屉里里拿出工资存折对姚某说："老姚，你看这样中不中，这是我的工资折，上面一共2500元，我取出2000元你拿回去过年，我只留500元过年。你的案子就和我们执行人员绑到一起了，我们一定会全力执行，你先回家过年。"姚某激动地说不出话来，直说："中，中。"大年三十，等候已久的执行局一班干警在马金录的带领下前往被执行人村里，一举将欠款全部执结。

事后有人问他怎么骂不还口、打不还手时，他说："作为执行法官，遇到不明真相的群众谩骂、围攻，是执行生涯中常有的事。我们必须忍耐，以大局为重。试想一下，如果把申请人的难题都当成我们自家人的难题，那么就没有执行不了的案子。"短短的几句话，道出了马金录对人民群众的真情实意。

执行苦、执行累、执行难，这是基层人民法院执行工作的普遍情况。作为一名资深执行法官，在工作中，一些年轻的同事常向他讨教如何才能像他那样"多办案、快办案、办好案"，问他有什么"秘诀"，他总是笑着说："只要你心中装着人民群众，信仰法律，就能干好执行工作。"

"马院长，来尝尝俺自己种的花生！"老王拎着一包花生一瘸一拐走进办公室热情地说到。马金录院长起身为老王倒了杯热茶，亲切地问了问老王最近的生活状况，俩人像多年的老朋友一样聊起了天。

王某某申请执行陈某赔偿款一案，申请人王某某系残疾人，生活艰苦。被执行人家里确实困难，拿不出赔偿款支付给王某某。马金录多次召集执行干警召开专题会议讨论此事，一直苦于没有合适的解决办法，案子一度陷入僵持阶段。老王等不及了，便像影子一样无时不刻地跟着马金录。马院长在办公室工作，老王就坐在一边等着。马院长去上厕所，老王也跟着去。让人哭笑不得的是，一天晚上，马金录加班到11点半，老王竟然坐在地上搂着腿不让他回家。马金录的爱人打电话问："怎么这么晚了还不回家？"马院长自嘲地说道："回不去了，有人搂着腿不让回。"听完马院长的解释后，她气愤地说道："咱卖给他了？家都不让回？让我过去瞅瞅到底咋回事！"连着两个星期都是如此。有其他当事人看不过去了，建议说："把他扔到街里去。"马金录只是苦笑着摇了摇头。后来事态发展到更加严重的地步，老王竟然在马院长办公室里往痰盂里小便！执行干警小李看不过去了，气得想把老王推出去。马金录制止他说："这不能怪他，要怪只能怪我们的工作没有做好。"听了这话老王还在沾沾自喜，认为自己不断给马院长施加压力，等到马院长烦了就一定为自己解决问题了。

但是让老王震惊一幕出现了：马院长端起痰盂径直去厕所倒了。这一举动让老王幡然醒悟，顿时对自己前些日子的所作所为后悔不已，等到马院长回来后，老王真诚地对他说："马院长这一段日子尽是找你麻烦了，钱要不回来我这日子没法过，我心里急啊！"马金录愧疚地说道："老王啊，你的心情我非常理解，这都是我们工作没有做好。这些日子我们一直在研究你的案子，初步有个思路你听听中不中。被执行人家里情况你也清楚，确实还不起钱，你这边也是急需用钱，我们研究决定试着向政府申请救助金。如果这个办法行不通我们再想其他办法。"听到马院长设身处地为自己着想，老王感动地说道："中，马院长。我现在就回家，不再给你添麻烦，我在家等着你的好消息。”说完老王拄着拐棍步履蹒跚地走了。马院长随即向院党组汇报此事，得到院党组的支持后，马院长立即向县政法委打报告，并亲自去做汇报。县政法委听完汇报后拟同意向政府申请发放救助金，并很快落到了实处，这起案子到此画上圆满的句号。

2

□ 核心提示

因被执行人被判长期监禁，眼看生效判决书执行遥遥无期，老刘只好在儿子的搀扶下一瘸一拐地走到马院长办公室求助。一坐到沙发上，老刘痛苦地将裤子往上拉到膝盖，马院长一下惊呆了，看到老刘整个右小腿全部溃烂，有些地方竟然生蛆了！

□ 执行感悟

“吏不畏吾严而畏吾廉。”执行工作最重要的一条就是始终保持廉洁自律，两袖清风。有时候，宁可饿三天，也不能要一分钱。

——马金录

独特阅历

1997年4月份，老刘一大早上街捡破烂。突然听到身后沉重的马达声，老刘回到一看，一辆奔马三轮车飞速向自己驶来。老刘躲避不及“咣”地一声被撞飞到地上。缓了缓劲儿老刘想要站起来找司机理论，却发现右腿生疼，使不上劲儿。定睛一看，自己的右脚脚后跟竟然朝前。老刘还在纳闷咋回事，拉起裤子一看，从小腿以下血肉模糊，竟然被撞得整个转了180度！肇事司机米某被抓后，经侦查又发现其犯有抢劫罪、盗窃罪，被判处有期徒刑12年。案子进入到执行阶段，经调查，执行干警发现肇事司机米某案发后家徒四壁，毫无任何财产可执行，但是老刘此时还躺在家里等着钱治腿。家境贫寒的老刘由于拿不出医疗费，只好从医院回到家里。

因被执行人被判长期监禁刑，眼看生效判决书执行遥遥无期，老刘只好在儿子的搀扶下一瘸一拐地走到马院长办公室求助。一坐到沙发上，老刘痛苦地将裤子往上拉到膝盖，马院长一下惊呆了，看到老刘整个右小腿全部溃烂，有些地方竟然生蛆了！没等老刘开口，马院长赶忙取出本来准备给孩子交学费的6000元钱交给老刘说："啥都别说了老刘，你赶紧拿着钱先去治腿，不够了再来找我，我帮你想办法再凑。"说着马院长赶忙安排司机将老刘送到县医院。由于在监狱中表现良好，肇事司机米某提前出狱后自力更生，靠打工慢慢攒下一部分钱，分期支付给老刘。老刘每攒到1000元，便亲自跑来法院还给马金录。

"怎么才能让当事人如期拿到执行款？"在经历过老刘的案子以后，马金录一直苦苦思索着。个人的能力毕竟有限，每次都为当事人垫付也不是长久之策，如果遇到大额执行款自己也无能为力。"故不积硅步，无以至千里；不积小流，无以成江海。"当马金录读到荀子《劝学》一文中这段话时，突发灵感大胆想到："当前法院倡导能动司法，可以尝试在法院内部设立小额救助资金，积少成多，对于执行标的小、当事人经济特别困难的案件采取法院垫资、干警捐款的形式，预先支付特困救助基金，从另一个侧面增强执行干警执结案件的积极性，为当事人解决燃眉之急。"想到这些马院长随即起草、制定了《执行救助基金办法》（草稿），然后向院长汇报。院长听完汇报后随即召开党组会研究讨论，集思广益，最终研究决定制定《涉诉涉执信访救助金办法》（试行）。同时将该《办法》及时向县委汇报，得到县委县政府的大力支持。《办法》的实行使得法院执行工作有章可循，有据可依。

为使执行工作持续、有序、健康发展，马金录重视对执行队伍的规范化管理。他狠抓制度建设，做到依制度管人、管案、管事。制定了一系列行之有效的规章制度，为执行工作扎实有序地步入制度化、规范化管理轨道奠定了基础。他制定的《执行案件分案办法》（试行），一改以往随即分案的做法，根据申请人的地域、执行标的额和案件难易程度，综合考虑，分片负责。随后，马金录又根据该院《岗位目标量化考核办法》，分解执行局职责，将办案标准具体量化到每个执行人员，形成《执行工作量化考核办法》，对执行工作流程、任务指标、办案时限、职责权限、责任追究等方面做出具体规定，形成文件，加强了对执行工作各个方面的制约和监督。他又提出“执行案件合议制度”的建议，疑难案件交由合议庭讨论决定，意见不一致时提请审委会决定，运用集体智慧，破解执行难题。这一套科学健全、行之有效的执行工作机制，不断推动执行工作进一步向高效、规范、科学的轨道迈进。

自进入法院工作以来，马金录坚信“吏不畏吾严而畏吾廉”，始终保持廉洁自律，两袖清风。“宁可饿三天，也不能要一分钱”是他常对年轻执行干警交待的一句话。

“老马可真不够意思，都执行到老朋友头上来了。不过有你在，在延津投资我放心！来我敬你！”同学聚会上，儿时同桌申某心悦诚服地举杯对马金录说道。

2009年一天下午，马金录正在办公室批阅文件，多年不见的老朋友老申登门前来拜访。一阵寒暄后，马院长问道：“无事不登三宝殿。你来找我有什么事儿说吧，只要不违反原则我尽力帮忙。”老申嘿嘿地笑了笑，说道：“还真是有点事要麻烦你老朋友。我在延津包了个工程，施工过程中出了点事儿，一个小工被砸伤了，咱法院判我赔5万。那个案子你也清楚，我听说你在这儿管执行的，老朋友想请你高抬贵手，放我一马。这是一点小意思，不诚敬意。”说着老申就将一个信封放到马院长面前。马院长盯着老申看了一会儿，将信封拿到手里把钱抽出来数了数，5000元整。看到马金录的举动，老申心里暗喜：“看来这事儿是办成了。”便大胆发出邀请：“老朋友晚上我安排酒席好好宴请你。”但马院长说了一句让老申跌破眼镜的话：“老朋友我替申请人谢谢你，这钱就算你预支的执行款。”老申赶忙解释道：“不是不是！不是这个意思！这和执行款是两码事，这是老朋友的一点心意，请你笑纳！”“你没钱还钱，有钱送礼？”马金录正色道。老申还想再解释什么，马院长真诚地说：“老申，这受伤的小工年龄跟你我儿子大小差不多吧？你设身处地地想想，要是咱们儿子在工地上受伤你心里着急不着急？全家都等着医疗费却迟迟拿不到执行款的会是什么心情？老朋友你换个角度想想，这次痛痛快快把医疗费拿出来，从侧面能反映出来你申老板爱惜员工的美名，无形之中提升了你的知名度，为你今后的投资会起到巨大推动作用，你说是不是这个理儿？”马金录一番推心置腹的话让老申感动不已，他惭愧地说：“老马啊咱们那帮同学都说你不近人情，但今天你一番充满人情味的好言相劝让我感到惭愧啊！这样吧，你给我一个礼拜时间，我把钱凑够一起给你送过来！”三天后，老申拿着5万元执行款跟着马金录前往被申请人家中，亲手将钱交到申请人手中，并承诺等到病好出院后，欢迎回到工程队继续上班。说完后老申朝马院长望去，马金录充满默契地回望，微微点了点头。这样的例子不胜枚举。马金录拒礼拒贿的事迹，秉公办案的作风在当事人中有口皆碑。他正是坚持着“不近人情”的原则办结了一件又一件“充满人情味”的案件。

悠悠执行路，拳拳为民心。马金录凭着司法为民的执着追求，为了执行事业呕心沥血：一笔笔执行款项及时送到申请人手中，一件件执行难案得以圆满执结，一个个怒气冲天的申请人最终满意而归。几分耕耘，几分收获，一面面锦旗，一面面奖牌是组织和人民群众对执行工作的肯定，是他带领执行局一班人求真务实、团结拼搏、公正执法的彰显。马金录将继续坚定司法为民的信念，在平凡的执行道路上披荆斩棘。

（本文其他作者：景永利　李　嘉）

第十六章　安徽池州钱勇

钱勇的执行之勇与谋

背景·印象
Background & Impression

他在法院工作25年，执行工作先后干了15年。没做出什么惊天动地的伟业，只是忠实地履行着一名法官的神圣职责。面对种种诱惑，他始终能做到身居闹市，甘于寂寞；面对荣华，甘于清贫，充分体现了他刚正、廉洁的人格魅力，展现了一名法官的良好法律素养。

为了执行事业，凭着司法为民的执着追求，他采取灵活多样的执行方法，与被执行人斗智斗勇，一件件执行难案得以圆满执结，一笔笔执行款项送到申请人手中。他，就是这篇文章的主人公池州中院执行局长钱勇。

1

□ 核心提示

由于该案复杂，涉及人多、标的大，法院受理后，院党组决定，将案件交执行局执行。为了使案件稳妥顺利执行，院长语重心长地告诫钱勇：此案是我院建院以来标的最大、人数最多的一起案件，你亲自办理，不能出任何差错。

□ 执行感悟

面对越来越复杂、多样化的执行难现象，只有讲求执行艺术，用足用活法律措施，才能最大限度地追求法律效果与社会效果的有机统一。

——钱　勇

独特阅历

2004年初，上海某公司收购重组了池州有色金属公司及安徽科威金属材料股份有限公司。2007年，该公司总部发生严重的财务危机，连带池州有色及科威公司全面崩盘。

两公司在市某银行的3.2亿元贷款，面临巨大风险，并造成了该行不良贷款额和不良资产率急剧上升，引起总行、省行的高度关注，银行信贷业务处于随时被责令停牌处罚的境地。这一信贷风险如不能在短期内有效化解，池州的金融环境必将受到重创，各家金融机构对池州境内企业的信贷支持将受到严重影响。

在市委的直接领导下，池州中院迅速受理了市某银行诉上海某公司借款纠纷系列案。经初步查明，该系列案件共计112件，标的额达5.85亿元。根据案件的特殊性和重要性，中院确立了快速立案、及时保全、尽力调解，强力执行、维护稳定、保障发展的工作思路，在案件大部分得到调解的情况下，迅速成立了由分管副院长任组长的25人专案执行组，由于该案复杂，涉及人多、标的大，法院受理后，院党组决定，将案件执行交与执行局主办。为了使案件稳妥顺利执行，院长语重心长地告诫钱勇局长：此案是我院建院以来标的最大、人数最多的一起案件，你亲自办理，不能出任何差错。

这是信任也是重托。钱勇接过案件，心知双肩担子的力量，暗下决心，决不辜负重托和信任！

为圆满完成任务，钱勇废寝忘食地查阅案件材料，详细认真地记录案情，风雨无阻地带领专案组东赴上海，西到重庆，北上天津，南下宁波，准确把握时机，穷尽各种手段，全力以赴，强力执行。

在开展此次集中执行活动前，他们研究制定了具体的实施方案，每天，专案组同志以两人为一组，分成若干小组，分片对该公司在各地银行的资金进行查封、冻结，早晨七八点出发，晚上七八点才回到住所。办案期间，他们不仅走访了相关单位，还发动所有知情人提供信息证据。经过几个月艰苦的查账、走访、广泛收集证据，掌握了第一手材料。

为了尽可能查清被执行人的资产和债权信息，专案组决定对上海某公司进行全面搜查，查封了被执行人的全部已知资产。

当执行法官、法警在上海法院的配合下来到被执行人上海某公司时，法务主管杨某和几名工作人员出面接待。当执行法官出示证件和说明情况后，杨某表示愿意配合法院工作。但当法官询问她老总和财务人员在不在时，杨某说都不在（其实当时，该公司的总裁助理和财务人员就在办公室里）。

执行过程中，该公司故意隐瞒实情，还恶意拨打110报警电话，以此妨碍、抗拒法院执行。专案组据此认定：该行为严重妨碍了人民法院的公务活动，于当天依法对杨某处以司法拘留15天。

同时，对搜查到的财务部、法务部、经营部资料集中清理分析，查获了大量上海某公司自身也不清楚的对外债权信息。

据统计，截至我们的文稿形成，中院已执行到位资金3.97亿元，有效维护了债权人利益、妥善安置了职工，为池州金融安全、经济可持续发展做出了重大贡献。在池州市二届人大第三次会议上，市人大主任、市委书记童怀伟在审议法院工作报告时说："池州经济发展，法院功不可没。"

执行难，清理积案更难。2008年，全国集中清理执行积案活动开始后，钱勇率领全局同志积极响应，迅速行动，在切实抓好新收案件及时执结的基础上，自2008年6月起即开始对本院执行积案进行清理登记，于第一时间对2007年12月31日以前的所有执行积案进行了集中清理，共清理出此类积案2646件。

作为执行局局长，钱勇在协调案件执行时坚持勇挑重担，吃苦在前，对案情复杂，影响大、压力大的重点案件亲自协调执行。

为确保高质高效地完成清积任务，对"钉子案"敢于硬碰，对没有执行偿还能力的案件当事人实施救助，创新内外联动机制……这些措施的推行，成为破解“执行难”的催化剂。

一起积案可能会导致司法公信力的丧失，也可能会压垮一个人，毁了一个家，所以作为执行法官必须要敢于向“老赖”亮剑，维护法律尊严，保护当事人权益。

邹老汉年已81岁，老伴也已76岁，且瘫痪在床，两人育有七子一女。去年1月，邹老汉以其中6个儿子不赡养为由将他们告上法庭。判决生效后，六个儿子未履行义务，申请执行。因儿子们常年在外务工，案经执行法官多次上门做调解工作，仍收效甚微。期间邹老汉不停上访。

春节将至，在得知邹老汉的儿子都已回家过年后，钱勇抓住这一有利时机，精心谋划，周密部署，执行干警们在农历腊月二十九这天来到了邹老汉家。通过对其儿子、儿媳的说服教育，他们认识到了自己的错误，邹老汉夫妇也谅解了儿子和儿媳的一些行为，儿媳们当场给付了两位老人的生活费，一家人又和好如初。临行前，邹老汉拉着钱勇的手，动情地说：“这样好了，我们一家可以过个顺心年。”

为了逃避法院执行，现在的“老赖”躲债手段花样百出。不过，不管“老赖”再怎么狡猾，最终还是逃不过执行干警的“火眼金睛。”

针对一些有经验的“老赖”在正常作息时间躲避执行的情况，法院执行干警采取超常规措施，创新执行方法，在凌晨、中午、夜间、假期等非办公时间进行突击查找。

2006年5月，黄某在镇农村信用社贷款3万元，到期未能偿还借款，为此信用社诉至法院，请求法院判令黄某偿还逾期本息。法院判决生效后，黄某并未按生效法律文书确定的义务履行。该案进入执行程序，执行干警多次前往黄某处执行，均因找不到被执行人、也找不到可供执行的财产而未果。

2010年的12月25日，根据掌握的情况判断，黄某并没有外出，为此，法院及时办理了拘留黄某的手续，清晨5时30分就驱车赶到被执行人黄某家，执行法官敲响黄某家门，但其家门迟迟未开。等待几分钟后，黄妻打开门，声称黄某不在家，执行法官进门一看，屋内空荡荡的，并未发现黄某本人。

执行干警通过仔细观察，发现其妻说话慌张，黄某的衣物还在椅子上，现场的种种迹象表明，黄某就在屋中藏匿。细心的执行人员并没有因此而放弃，而是仔细查看屋内各个角落，发现屋内大衣柜好像有动静。

打开衣柜，只见衣着不整的黄某蜷缩在衣柜里满脸尴尬。见躲进衣柜也躲不过法院执行人员，黄某颤巍巍地走了出来。执行人员当即依法将其拘留。经过执行人员的说服教育，他最终承认了自己的错误，并通过其亲属积极筹划现金，当日全部履行了偿还义务。

在集中清理执行积案活动中，钱勇要求执行干警对所有案件都做到穷尽一切法律手段，在加大常规执行力度的同时，积极拓宽执行思路，探索采取灵活多样的执行方式，加快清理执行积案的进度。

建立系列案件统一执行制度，完善执行信息共享制度。对分属不同法院、不同案件的同一被执行人有关信息进行共享。如被执行人某保险公司执行案，涉及16个执行案件，分属三家基层法院办理，被执行人一直未主动履行生效裁判。石台县法院在得知该保险公司位于宁波总部有可供执行的财产后，及时报告中院，钱勇迅速成立联合执行小组开展工作，200余万元执行款全部执行到位，使该批案件得到解决。

执行苦、执行累、执行难是法院执行工作的普遍情况。清理执行积案以来，池州法院充分抓住这一契机，积极争取党委的领导和支持，从维护当事人合法权益、维护社会和谐稳定大局出发，在市委领导和上级法院指导下，在市政府、市人大、市政协以及社会各界大力支持下，发挥执行威慑机制、执行联动机制的积极作用，采取统一指挥、统一协调、集中执行方式，先后抽调警力3000多人次，采用查封、罚款、拘留等强制措施510次，以拒不执行人民法院判决、裁定罪移送公安机关侦办4人，通过法律、行政、经济、社会等多种手段，清理执行积案2646件，执结标的额4010万元，清积率达100%，并成为安徽全省唯一一家实现涉执行信访案件“零记录”的单位，受到省委政法委、省高级人民法院充分肯定。2010年8月，该院荣获全国清理执行积案先进集体称号。

2

□ 核心提示

三年过去了，基本解决执行难的情况进行得怎么样呢？在执行局全体同志的共同努力下，2008年执结率达到84%，2009年达到87%，2010年达到91%，执结标的率均超过制定的目标，圆满完成承诺的各项工作任务，向全市人民交了一份满意的答卷。

□ 执行感悟

执行工作不仅是一份责任，也是一门艺术，执行工作不仅需要执行人员公正理性的品格，需要辛勤和汗水，更需要技巧的训练、智慧的参与、经验的积累……

——钱 勇

独特阅历

为保障司法公正，维护司法权威，改善司法形象，提高群众对法院执行工作的满意度，在钱勇的带领下，经过深入调查，根据全市法院实际情况，经院党组研究决定，制定了“一年打基础，二年上台阶，三年步入良性循环”的目标。

为此，中院院长在市人大会议上向全市人民作出庄严承诺，具体分解为：2008年执结率达到80%，执结标的率达到60%；2009年执结率达到85%，执结标的率达到65%；2010年执结率达到90%，执结标的率达到70%。

为此，他们出台了《关于加强执行工作三年基本解决执行难的工作意见》，将执行工作纳入规范、有序发展轨道，着重从执行人员管理、执行案件管理、执行标的款物管理三个方面制定和完善了一系列制度，严格执行纪律，规范执行行为，进一步完善中院对所辖地区执行工作实行统一管理、统一协调的执行工作管理机制。同时，建立了执行案件联系回访制度，广泛征求社会各界对法院执行工作的意见和建议，彻底改变办事拖拉、管理松懈等现象，避免执行工作简单粗暴，态度冷横生硬等衙门作风，做到科学执行、文明执行、理性执行，有效提高了办案质量和效率。

三年过去了，基本解决执行难的情况进行得怎么样呢？在执行局全体同志的共同努力下，2008年执结率达到84%，2009年执结率达到87%，2010年执结率达到91%，执结标的率均超过制定的目标，圆满完成承诺的各项工作任务，向全市人民交了一份满意的答卷。

在破解执行难中，钱勇始终坚持刚柔并济的执行方法。一方面，对具有偿还能力却拒不执行的被执行人，敢于“碰硬”；另一方面，对经济上确实有困难的，争取各方支持，最终促成案件的解决。

2000年5月，被执行人吴某的女儿不慎将别人身体多处烧伤，治疗费用共计55393元，法院判决生效后，吴某除了前期主动支付赔偿款2500元以外，对于剩余赔偿部分，均以无力赔偿为由拒不履行。为了逃避还款，从2001年开始常年在浙江、上海等地务工，以各种理由拖延时间拒不执行，其间，却资助其子数万元用于购房。

今年5月9日，法院以拒不执行判决、裁定罪，判处被告人吴某有期徒刑一年，缓刑二年。考虑其在案件审理期间，主动履行了法院生效裁判确定的全部义务，酌情从轻处罚，遂作出前述判决。

执行的过程，就是化解矛盾、促进和谐的过程。这是钱勇执行工作的指导方针之一。目前，全院执行信访投诉率为零，居全省第一。

贵池区某茶叶精制厂，由于企业体制落后，债务缠身，经营一度陷于困境，去年底，中国长城资产管理公司合肥办事处又对该厂160万元债务依法起诉。

案件进入执行程序后，钱勇详细地了解了该厂的财产状况，并主动与该厂当地镇政府进行沟通，认真听取了镇政府对茶厂的情况介绍及茶厂与一万余户茶农之间的依存关系，在执行过程中，采纳了镇政府关于保留茶厂完整性的请求，通过资产评估，以公开拍卖的方式将茶厂的厂房及设备整体拍卖给茶厂的承租人安池茶叶有限责任公司。拍卖完成后，执行法官又多次到合肥做债权人的工作，从有限的拍卖款中拿出10多万元返还给茶厂，让镇政府对茶厂职工予以妥善安置。并赶时间，争速度，在茶叶上市前完成了拍卖资产的移交及案件执行的所有程序。

执行法官的工作作风，受到了当地茶农的高度赞誉，镇政府将一面绣有“秉公执法，保驾护航”的锦旗送到中院，以感谢该院执行局执行这起案件，盘活一个企业，惠及万户茶农。

为破解执行难问题，改变长期以来法院执行工作“单兵作战”的状况，池州中院与检察、公安、司法、土地、工商、税务等25个相关单位构建民事执行协查网络，使法院执行工作变“独奏”为“合唱”，打开了执行工作新局面。

申请人倪某与被执行人楼某人身损害赔偿一案，判决生效后，楼某未按生效判决履行自己的义务，长年在浙江义乌经商，完全有偿还能力，但对于拖欠的4万元人身损害赔偿款就是赖着不还。

法院为维护债权人的合法权益和生效裁判的严肃性，充分发挥“池州市民事协查网络”的作用，根据案件实际情况，依照有关法律规定，将案件移送公安机关以拒执罪立案侦查。公安局采取网上追逃的侦查手段，在浙江义乌将楼某抓获归案。楼某父亲获悉其子被抓归案的消息后，慑于法律的威严，主动到法院一次支付给申请人4万元人民币。

随着刑事附带民事诉讼、交通肇事、人身损害赔偿案件逐年上升，常常出现受伤害一方无法得到及时赔偿，生活陷入困境，另一方又无力赔偿的现象，由此引发了较多的涉诉上访，出现了一些不稳定因素。

信访老户苏某在帮村民建房时不慎从高处跌落，导致其完全丧失劳动能力。法院判决雇主赔偿医疗费等共计32万余元，但雇主在判决生效后只赔偿了5000元后就举家外迁，难寻踪迹，导致判决未执行到位。苏某身心俱疲，曾多处上访。上有80岁的母亲，下有正在上初中的孩子，全家就靠妻子打零工过日子。因为治疗摔伤已欠下9万元的外债，身上植入的钢板本应该在2010年就要动手术取出来，苦于家境至2011年仍迟迟未到医院去看。为此，法院以拒执罪将此案移送公安机关立案侦查，在地方政府的大力支持下中院一次给予13万元执行救助，解决了当事人燃眉之急。

执行工作不仅是一份责任，也是一门艺术，执行工作不仅需要执行人员公正理性的品格，需要辛勤和汗水，更需要技巧的训练、智慧的参与、经验的积累……

谈到执行，钱勇如数家珍，针对执行案件中被执行人不同的特点，要打破常规、避免单纯的就案办案的做法：对于不同类型的案件予以不同的对待，突出重点，集中精力，打好攻坚战。当事人有履行能力的，加大法制宣传力度，敦促其自动履行，或者当事人确有困难，暂无履行能力的，多做调解工作，促使当事人双方执行和解；当事人有履行能力，拒不履行的，态度蛮横，无理取闹的，坚决予以强制执行。

针对被执行人难找、执行财产难查等特点，牺牲个人休息时间，利用节假日以及早、中、晚，寻找被执行人下落。在财产调查中，统一到银行、房地产、证券、车辆等部门调查被执行人财产状况。这样，简化了手续，有效缩短了办案周期，节省了人力、物力。

由于被执行人在异地的案件多，委托执行效果不理想，而这些案件大都涉及地方企业，为了切实维护地方经济利益，积极争取异地执行，并按路线划分片区，运用“打游击战”、“打歼灭战”、“打心理战”、“打硬仗”的方法，以点带线，以线带面，执行一件，影响一片，不仅节省了办案经费，而且取得了良好的效果。

讲到这儿，钱勇向我们提到两年前异地执行一案的情形。

池州黄山岭铅锌矿是家国营企业，曾委托辽宁省某市一家企业加工矿产品，没想到这家企业因环保等问题被中央电视台曝了光。看完新闻后，该矿领导敏锐地意识到该企业可能面临着潜在的风险，于是立即派人前往厂方调查了解情况，以便采取措施保护自身的合法权益。

当年的4月30日，调查人员从该市传回信息，这家企业可能面临破产。而该矿当时有近140万元的货物在委托对方加工。

第二天就是“五一”长假，该矿领导首先想到的就是通过法院对其货物进行诉讼保全。法院开通“绿色通道”当天就给立案了，且在5月2日就派法官前往该市厂家查封货物，8日即调解结案。

5月24日，这家企业破产报告正式出台，十多亿元的债务引来了上百家债主，外地某市有家企业因处理不够及时，5000多万元的债务竟打了水漂儿。

当时前往那家企业要债的人中，有的哭泣，有的威胁……那场面真可谓惊心动魄。

考虑到他们已采取措施，有法律的保障，一直等到当年7月，结果发现对方竟撕掉封条，将货物转移了。这一行为不仅侵害了企业的合法权益，而且是在挑战法律的权威性。执行局再次立即派人赶到该市，要用自己的智慧和能力维护法律的尊严。

然而，为了见到破产清算组组长，法官们硬是等了两天，结果见到人后要求协商处理问题时，却被粗暴地拒之门外。

尽管执行人员做了大量的工作，但事情仍然朝着执行人员最不愿意的方向发展。为了避免事态扩大、激化矛盾，池州中院将执行情况上报安徽省高院，并上报到了最高法院。经过最高法院的调查核实，要求两家高院协调解决。

最终与该市中级法院进行沟通后达成了“货物取回权”共识，冒险作出破天荒的举措：冻结破产清算组账户。

在清算组的地盘上采取这一大胆举动，无疑引起了清算组的震怒。第二天，清算组居然要求公安民警到现场抓法官，幸亏该市中级法院及时予以劝阻。

在整个执行过程中，执行人员始终遵循着依法规范执行的原则，秉着有理、有利、有节的原则给予了被执行人以充分的信任和合法的权利。正是这种贯穿执行始终的工作作风，使执行人员的执行工作赢得了当地媒体的理解和支持，赢得了当地法院的大力配合。

就这样，执行人员仍冒着酷暑四处奔波查账，并最终发现货物已被转移而无法找回。这年底，执行人员再次前往辽宁省某市，最终将款划拨了回来。

该案的成功执结也充分显示了最高法院制定的执行工作统一管理和协调新体制带来的巨大威力。辽宁高院尤其是该市中院在人力和物力方面均给予了有力的支持，也是该案得以顺利执结的重要因素。

（本文其他作者：唐金法）

第十七章　广东兴宁张思东

全天候执行局长

背景·印象
Background & Impression

他，一个基层法院朴实的执行局长，广东省法院执行专家库成员之一，带领他的执行团队获得了一个又一个荣誉：全国法院执行工作先进集体、全省法院解决执行难先进集体、全省无执行积案先进单位……他，就是广东省兴宁市人民法院执行局长张思东。走近他，走近他的执行干警，感同身受执行局里一个个鲜为人知的执行故事。

1

□ 核心提示

申请人陈红梅多次表示此案如果不能快速执结，将“血债血还”，她在甘肃酒泉某部队服役的儿子也多次来信表示，要采取由所在部队向地方党委政府投诉的方式反映。

□ 执行感悟

执行法官在工作中经常受委屈，甚至被当事人责骂并威胁，这都不重要，只要能使当事人实现胜诉权益，只要能化解群众之间的矛盾，再辛苦也是值得的。

——张思东

独特阅历

让我们先从这么一个执行案件开始讲述吧。说的是申请人刘代龙与被执行人兴宁市亚峰球阀有限公司一案。

刘代龙是江西省萍乡县的一位农民工，从2001年起在被申请人公司打工，因申请人家乡盛产煤，兴宁市亚峰球阀有限公司就请刘代龙代购煤用于公司生产，后由于被执行人经济紧张，无法支付现金便写下欠条给刘代龙，刘代龙经多次折腾向公司讨债未果，被迫躲债三年不敢回家与家人团聚。

转眼间，刘代龙的女儿考上了大学却因经济困难而将失去读大学的机会，刘代龙在万般无奈之下，将被执行人兴宁市亚峰球阀有限公司诉至法院，判决生效后被执行人未自觉履行义务，案件进入执行阶段后，被执行人不但不自觉履行，还动用种种社会关系干预执行。

作为执行局长，张思东不为权和情所动，面对因躲债三年不敢回家与家人团聚和因经济困难而将使女儿失去读大学机会的申请人刘代龙，义正辞严告诫被执行人："执行没有保护伞。"在被执行人仍不履行还款的情况下，张思东带领执行干警果断采取强制措施查封了被执行人的铲车，在强大的执行措施下，被执行人自觉履行了债务。当申请人接过10多万执行款时，激动得流下了眼泪，深情地对张局长说："是您的公正执法和一颗为民的心，改变了我的人生，谢谢您，为民的执行局长。"

申请人陈红梅的丈夫被罗宏杰驾驶的摩托车撞死，罗宏杰须赔偿7万多元。该案在2002年进入执行程序，由于被执行人罗宏杰外出逃避执行，其无财产可供执行，申请人陈红梅怨气很大，经常到执行局里吵闹。

张思东带领执行法官十多次前往被执行人家中，耐心做其家属的说服教育工作，争取到罗宏杰母亲在几年中以自己辛苦农作中的微薄收入代其儿子交付了1万多元赔偿款。

但申请人陈红梅不理解，曾多次表示此案如果不能快速执结，将"血债血还"，其在甘肃酒泉某部队服役的儿子，也多次来信表示要采取由所在部队向地方党委政府投诉的方式反映。

针对申请人情绪较为激烈的这一情况，张思东带领申请人到执行现场实地查看罗宏杰的家庭财产情况，到镇村向干部群众了解罗宏杰的去向。申请人陈红梅见证法院执行过程后，态度有所缓和。

2009年正月初五，张思东和执行干警将潜回家中过春节的被执行人罗宏杰带回法院。罗宏杰表示，几年来在外一直没有稳定工作、没有积蓄，无法缴交赔偿款。张思东一方面果断对其实施司法拘留，另一方面找来陈红梅及其亲属，同时通知罗宏杰亲属到场，让他们双方面对面进行沟通交流。他还找来双方所在镇村的干部当场进行联动和解，促成双方互相谅解达成和解协议。最终罗宏杰在约定的时间内缴交了全部执行款，一宗执行难案终于得到圆满解决。

申请人陈红梅拿到执行款时红着脸对张局长说："是我不好，错怪了你们了。"执行难，有时就难在当事人不理解，不配合法院的工作。张思东说，我们执行干警在工作中经常受委屈，被当事人骂甚至人身受到威胁，但这都不重要，只要当事人能实现胜诉权益，只要能化解群众之间的矛盾，我们再辛苦也值得。

2009年3月11日中午，春雨绵绵，张思东刚回到家里端起饭碗，手机铃声就响了，电话那边传来申请人焦急的声音：被执行人郑坚正在家里！

张思东二话没说，放下饭碗，立即带领干警火速赶赴邻县。这是一宗建筑合同纠纷执行案，被执行人郑坚应付申请人李国胡工程款21万多元，此案多年未予执结。2008年7月，梅州中院指定兴宁法院执行此案，张思东带领执行人员多次到五华县传唤、找寻郑坚，但其均躲避不见，也拒不到庭，在"四查"中只查到其一套现住的、房款因未付清而没有过户的房屋。

当张思东带领执行干警饿着肚子赶路时，被执行人郑坚已吃过午饭，正悠然喝着茶，好久没有这样舒服了。因为欠款，郑坚已经东躲西藏好几年了，趁着这连绵的阴雨，郑坚潜回家中想过几天安稳的日子。面对从天而降的法院执行干警，郑坚傻了眼，心想这回算栽了。

张思东严厉指出郑坚的错误行为和要承担的法律后果，在威严的法律面前，郑坚积极筹款交付，该案顺利执结。像这样不分时间的执行，对张思东局长来说已经习以为常了。他说，执行工作是全天候的，没有上下班之分。

2

□ 核心提示

在执行局，曾浩彬紧紧握着张思东的手说："我接到电话时简直不敢相信自己的耳朵，因为我知杨汉鹏最近一直在外地，我以为我的钱执行要一年半载的，没想到这么快就能执行到了！"

□ 执行感悟

执行法官在工作中经常受委屈，甚至被当事人责骂并威胁，这都不重要，只要能使当事人实现胜诉权益，只要能化解群众之间的矛盾，再辛苦也是值得的。

——张思东

独特阅历

四年前，兴宁市合水镇一汽车维修店发生油箱爆炸事故，年仅20出头的四川省富顺县宋溪镇小伙子周奎全身68%的面积烧伤，其他部位骨折损伤、软组织裂开，治疗后维修店老板欠其医疗费等5.2万元。

该案进入执行程序后，由于被执行人的店产地处乡镇、又无产权证明、被执行人及其家人无其他住所、其家属多次以死威胁法院执行工作等原因，该房产几次流拍。

看到申请人周奎的惨状和困窘的状况，张思东带头捐款300元并发动全体执行局干警捐款1000多元给申请人。2009年3月，张思东带领执行干警连续奋战9天，牺牲双休日，对被执行人夫妻及其亲属进行耐心说服教育，让他们深入了解申请人面目全非的惨状和困窘生活状况，终于做通以死威胁法院执行工作的被执行人家属的工作，顺利将店产协议拍卖，周奎领到了全部执行款。

在执行中，张思东与他的伙伴们经常从自己微薄的工资收入中挤出钱来捐助有困难的当事人。

4月芳菲，但初春的寒意仍然让曾浩彬感到有点冷，他坐在凳子上生闷气，自己是好心借钱帮朋友，没想到朋友却赖账不还，现在官司虽然赢了，可当初念在是朋友份上没有查封其财产，这钱不知何时才能拿到手。曾浩彬正在唉声叹气，手机突然响起，他顺手接听："你好，我是兴宁法院执行局的，你是曾浩彬先生吗？杨汉鹏欠你钱已执行到了，请你在三个工作日内带身份证明到执行局办理领取手续。"

什么？曾浩彬从凳子上几乎要跳起来了，这是怎么一回事？

原来，曾浩彬与杨汉鹏借款合同纠纷一案，审判法官在2011年4月将案件移送执行立案时，告知执行法官，当初曾浩彬考虑到双方是朋友关系而未申请财产保全的情况。立案后，张思东立即带领执行法官主动执行，开展"四查"工作，将杨汉鹏在工商银行的存款冻结，并在到期后依法进行扣划，两天后，电话通知曾浩彬领取执行款。

在执行局，曾浩彬紧紧握着张思东的手说："我接到电话时简直不敢相信自己的耳朵，因为我知道杨汉鹏最近一直在外地，我以为我的钱执行要一年半载的，没想到这么快就能得到执行！"这只是张思东他们开展主动执行的一个缩影。

2009年8月1日，上级法院将主动执行试点工作交给兴宁法院，在没有任何主动执行模式可参照的情况下，张思东带领他的执行团队，创造性地采取“诉讼立案与执行同步化”、“审判与执行同步化”、“执行立案与执行同步化”、“主动查控财产与恢复执行同步化”等“四个同步化”开展主动执行工作，将执行工作化被动为主动，让老百姓打完官司后安心坐在家中即可及时知道执行的进程和结果，既免除了了胜诉人申请执行的奔波之苦，又有效避免了胜诉人因对法律知识了解不多，超过申请执行期限导致胜诉权益无法得到法律强制保障的情况。

实行主动执行后，法院立、审、执各阶段环节都能围绕兑现判决目的的目标共同及时掌控执行义务人的财产，协力互动抓执行，有效防止了债务人转移财产，让更多的案件有物有钱可执不再进入“执行难。”主动执行取得了明显实效，党委、人大、政府、政协和社会群众纷纷称赞主动执行是破解山区法院执行难、方便百姓的实实在在的有效举措。

在张思东的办公室对面，有一面高大的法官誓词墙：我是中华人民共和国法官，坚决拥护宪法，永远忠于法律，恪尽职守，秉公办案，清正廉洁，公正司法，为维护社会正义，捍卫法律尊严而努力奋斗！正是这铮铮誓言，鞭策着张思东和他的执行干警们始终捍卫着法律的神圣尊严，坚守着公平正义的崇高信仰，用理想、信念、智慧、责任书写着“法”的含义，用公正、为民、廉洁的火热情怀，忠实履行着共和国法官的神圣职责。

（本文其他作者：刘映波）

第十八章　河北霸州张庆明、杨晓峰

两个执行法官的故事

背景·印象
Background & Impression

这两位法官，一位叫张庆明，外表儒雅，精明强干；另一位叫杨晓峰，其貌不扬，却总是精力充沛。张庆明是杨晓峰的上级，是这个法院的党组成员、执行局长；杨晓峰是张庆明的直接属下，主力执行法官，执行局的一位副科长。

2006年初，张庆明就任霸州市法院执行局局长以来，团结带领杨晓峰这样的执行法官队伍，遇难而上，步步攀登，连创佳绩。不但没出现一起违法违纪案件，而且2008年执行局还被最高人民法院授予了全国法院执行工作先进单位荣誉称号。该局先后有四个庭室荣立

1

□ 核心提示

2007年5月，执行局报经法院党组同意，积极提请霸州市委制定了《关于将法院执行工作纳入社会治安综合治理目标考核范围的意见》，正式将法院执行工作纳入社会治安综合治理目标考核范围，并对具体标准进行了量化和细化，以评分的办法进行评定。

□ 执行感悟

要做好法院执行工作，离不开党委的领导、人大的监督和政府的大力支持。因此，确立执行工作“主动汇报工作，自觉接受监督，全力争取支持”的指导思想是必要的。

——张庆明

独特阅历

2006年3月，春意盎然的日子，张庆明走马

集体三等功，七人荣立个人三等功，七人受到廊坊市级表彰。

上任了。

在几天的调研中，他发现，执行工作虽然是法院落实判决结果、最终实现当事人公平正义诉求的终极方式，但现实社会环境中，单靠法院一家依法实施的话，好多疑难案件无法执结。而解决执行难，离不开社会各部门、单位各种形式的支持。

这次调研即将结束之时，一个人忽然走入他的视线。这人不是别人，正是杨晓峰。其时的杨晓峰，正是霸州法院执行局综合科的法官。杨晓峰满脸真诚，向新局长递上了一份工作思考与建议。一口气读完，他当即认定此人是个工作努力而且善于思考的人！此后，张庆明开始重视杨晓峰的意见和建议，而杨晓峰呢，也特别尊重并听从这位局长的工作安排，两人在各自的岗位上从不同的角度，充分发挥自己的工作能动性，为法院的执行工作尽职尽责，发光发热。

在杨晓峰这样关心工作、富有创建的属下们的大力支持下，作为党组成员、执行局局长的张庆明，在院党组的正确带领下，通过加大执行工作力度，适时运用强制措施，规范和完善执行工作联动机制，建立健全了执行工作救助制度，积极探索和创新执行和解的方式方法，积极争创执行无积案法院。

2006年以来，他们所在的执行局，共受理各类执行案件3021件，执结2903件，执结率达96.1%，执结标的额1.85亿元，无执行积案，无超执限案件。

在2010年开展的创建“无执行积案先进法院”活动、委托执行案件专项清理活动和农村信用联社申请执行案件专项清理活动等三项活动中，他们严格按照上级要求，积极采取有效措施，扎实开展，措施得力，成效显著：52件信用社申请执行案件全部办结；2010年5月31日前受托案件全部办结；2009年12月31日前案件全部办结；2010年新收案件执结率达96.1%。良好成绩得到了霸州市委、市人大和上级法院的充分肯定，赢得了社会各界的广泛赞誉。

张庆明在极具挑战的执行工作中，深深地感到，就法院执行工作而言，始终离不开党委的领导、人大的监督和政府的大力支持。因此，确立“主动汇报工作，自觉接受监督，全力争取支持”的指导思想至关重要。

为此，张庆明专门向院长及党组汇报自己的想法并获得了院长及党组的认可与大力支持。他的这些想法包括：在执行工作中，坚持定期汇报制度，对法院执行工作和重大、敏感的执行案件主动向市委和人大汇报，认真听取市委和人大的意见和建议，把法院执行工作自觉置于市委领导和市人大的监督之下，最大限度地赢得市委与人大的支持和帮助。

在具体实践中，对需要与政府协调的执行案件，张庆明做到了及时与政府沟通反映，争取政府的理解和支持。通过汇报和沟通，利用协调机制，由市委、市政府出面协调或帮助解决执行案件，为法院执行工作创造了良好的外部环境。

霸州法院党组对执行工作的不断探索是分满意，提出了几大举措：第一举措是提请市委制定专项规范意见，将执行工作纳入社会治安综合治理目标考核范围。

2007年5月，经法院党组同意，积极提请霸州市委制定了《关于将法院执行工作纳入社会治安综合治理目标考核范围的意见》，正式将法院执行工作纳入社会治安综合治理目标考核范围，并对具体标准进行了量化和细化，以评分的办法进行评定。

其中首先规定了各乡镇党委、政府、公安、检察机关等相关机关，要在各自的职责范围内对法院执行工作必须给予支持、配合和协助，年终考核时实行一票否决。所以霸州法院是河北法院系统较早将执行工作纳入社会治安综合治理考核内容的法院之一，最高人民法院机关报《人民法院报》对此专门进行了宣传报道，上级法院就此给予了高度赞扬。

第二举措是建立解决人民法院“执行难”联席会议制度。2006年，在法院执行局的推动下，霸州市委政法委下发了《关于建立解决人民法院“执行难”联席会议制度的通知》，成立了由市委政法委书记为召集人，市国土资源局，市建设局、市工商局、人民银行霸州支行等相关单位负责人为成员的组织机构。

2006年以来，经法院提请，由市委、市人大、市政府组织召集有关行政部门参加的协调会举行了41次，妥善解决了71件有重大影响和敏感的案件，占该类案件的31%。这对于改善执行工作环境，提高执行成效起到了很大的促进作用。

张庆明给我们讲了一件事，说的是王某与马某道路交通事故损害赔偿纠纷一案。肇事方马某隐匿财产后外出躲避，一时间玩起了失踪。申请人王某情绪激动，找到法院，表示若一直这样的话，他要进京或赴省上访。案件进入执行程序后，执行局高度重视，张庆明亲自办理此案，提请市委政法委召集交警大队、房管局、电视台及马某所在的镇政府召开联席会议，经过沟通，取得上述各部门的密切配合，将马某的房产和隐匿的车辆予以查封并拍卖，对马某在电视台予以曝光。经过采取多种措施，在五个部门的大力协助下，王某终于获得了20余万元的赔偿款，案件圆满执结。

第三举措可更是一项极富创新的高招，那就是建立执行宣教机制。张庆明高度重视执行宣传工作，积极争取市委宣传部、广播电视局、司法局等部门的大力支持，通过对法院执行行动进行跟踪报导，选择典型案件予以曝光等多种形式，加大舆论宣传力度，为法院执行工作营造了良好的社会氛围。清积活动中，当地媒介先后对法院执行活动进行了20多次报道，公开曝光拒执案件15人次，极大地支持了法院的执行工作，办结了大量的执行积案，案件执结率大幅度提高。

2

□ 核心提示

霸州市煎茶铺镇村民刘某在一次交通事故中被山东籍村民于某驾驶的农用三轮车撞伤致残，花去巨额医疗费。案件判决后，于某对12万元的赔偿款仅在执行阶段赔偿了5000元，后再也没有能力赔付。申请人刘某瘫痪在床，一家人的生活陷入极度困难之中。

□ 执行感悟

有些被执行人存在侥幸心理，企图逃避应当履行的义务。对于这类恶意赖账的要坚决打击，绝不手软。符合拘留条件的坚决依法拘留；构成犯罪的，坚决依法移送相关部门追究刑事责任。

——张庆明

张庆明又讲起一个执行案子来。

董某与李某交通事故损害赔偿一案，李某以无钱为由对抗执行。执行人员根据李某的家庭状况，确定其属于故意逃避行为。随后在银行查到了李某妻子支取存款的记录，记录显示在案件审理期间，李某妻子有一笔8万元的支出款项。

当执行人员追问到这8万元钱的去向时，李某不能自圆其说，张庆明果断命令案件承办人杨晓峰，对其采取了司法拘留措施。最终李某履行了全部5万元的赔偿义务。

“在执行中，一定要用足用好法律。搜查、查封、冻结、扣押、划拨、拍卖这些执行措施，是顺利执结案件的有效手段。”张庆明说，“我要求执行干警针对不同的案件，在选用上述措施时，既要依法执行相关规定，又要做到灵活运用，敢于创新，务求实效。”

郭某是一起交通事故损害赔偿案件的被执行人，在执行中以种种借口进行逃避。清积活动中，张庆明带领执行法官，中秋夜突然对其住处进行搜查，搜出现金3600余元和部分白金、黄金首饰。在事实面前，郭某以没钱为由企图赖账的行为被戳穿，当即履行了全部赔偿款。

2006年以来，霸州法院执行局干警先后开展了近二十次专项执行活动，取得了良好的效果。在2011年开展的创建“无执行积案先进法院”活动、委托执行案件专项清理活动和农村信用联社申请执行案件专项清理活动等三项活动中，张庆明带领执行干警顽强进取、敢打敢拼、勇于奉献，对一些“钉子案”、“骨头案”集中执行，打出了声威和气势，震慑了被执行人，扩大了执行效果。在2010年“十一”假日期间，他亲自带队组织全体执行干警开展了一次集中执行，执结积案34

个，执结标的额273万余元。杨晓峰呢，当然是这些活动的骨干，做出了应有的贡献。

张庆明对执行深有感慨，认为："讲究执行技巧，注重执行和解，寻求执行工作最佳效果；努力借鉴民事调解的成功经验，积极探索执行和解的途径，突出强调案件执行的社会效果，不断提高执行案件的和解率。"

对于确实没有履行能力的被执行人，在促使被执行人最大限度地履行义务的基础上，协调申请人适当做出让步，促使双方达成和解协议。

对于复杂、疑难或社会影响大的案件，作为执行局长，亲自出面进行协调，必要时邀请当事人所在单位或乡镇辖区的领导一起进行协调，尽最大努力促成执行和解。

申请人李某因工伤造成六级伤残，雇主又没有赔偿的履行能力。张庆明带领杨晓峰等执行法官多次找到当地村委会领导，积极进行协商，最后在雇主所在的村委会以及其亲属等外围力量的协助下，使此案得以圆满执结。当时的市委书记辛绍杰专门做出批示予以了肯定。

张庆明聊起，有些案件在执行中，单独处理可能会难度很大，但是与有关联的案件并案执行时，就会收到事半功倍的效果。他举了个例子，在一起借款案件中，王某分别向杜某、李某借款5.3万元和7000元，杜某、李某二人长期索要未果。在执行中，了解到王某还有一笔7万元的到期债权，他指令执行法官向王某的债务人张某送达了履行到期债务通知书。这样，由于巧妙地找到案件的突破口，很快促使涉及三起案件的四方当事人达成和解协议，杜某和李某如数拿回自己的钱。

就这样，2006年以来，霸州法院执行局以执行和解方式结案2375件，执行标的额近1.16亿元，占全部结案数的78.6%和执行标的额的62.7%，取得了良好的法律效果和社会效果。

霸州市煎茶铺镇村民刘某在一次交通事故中被山东籍村民于某驾

驶的农用三轮车撞伤致残，花去巨额医疗费。案件判决后，于某对12万元的赔偿款仅在执行阶段赔偿了5000元，后再也没有能力赔付。

申请人刘某瘫痪在床，一家人的生活陷入极度困难之中。面对这种情况，执行局没有简单地裁定案件中止执行，张庆明派杨晓峰负责，一方面积极与当地党委、政府进行联系，取得他们的支持与帮助，很快为刘某办理了低保待遇；另一方面迅速启动执行救助机制，为刘某提供救助款10万元。

2006年以来，他们在相关部门的支持下，已先后帮助23名特困申请人办理了低保待遇，并为14名特困申请人提供执行救助款43万余元，充分体现了司法为民的宗旨意识。

2006年春节前，他们终于为146名农民工执结回169万余元的工资款，紧接着，张庆明亲自带队远赴内蒙、河南等地把工资逐一送到农民兄弟的手里，受到当事人和当地有关部门的好评。时任廊坊市委副书记杨新建得知后，特别作出批示给予高度赞扬。

3

□ 核心提示

杨晓峰接案后认真审阅了卷宗，本案执行标的48万元，眼看就要过年，压力很大，这么多的申请人意见多不统一，欠薪数额也不同，标的又这么大，户籍遍及全国十几个省市，被执行人经常住北京，案件难度可想而知。

□ 执行感悟

认认真真、踏踏实实、漂漂亮亮地办好每一起执行案件，让当事人的合法权益得到彻底实现。

——杨晓峰

独特阅历

久经磨砺之后，杨晓峰凭着他那敏锐的眼光、严谨的作风、审慎的态度、创新的思维，不断探索和创新执行方法，取得了显著成绩，因而被提拔为执行局综合科副科长。

“认认真真、踏踏实实、漂漂亮亮地办好每一起执行案件，让当事人的合法权益得到彻底实现”是他的座右铭。说起他来，张庆明烂熟于胸，他告诉我们，杨晓峰2005年、2009年两次荣立个人三等功，2009年还被廊坊市中级人民法院评为廉洁法官，多次被本院评为执行能手。2010年，杨晓峰共执结案件127件，无一超执限，平均执行期限33天，最短的仅2天，无一引发上访告状。

张庆明说，杨晓峰在工作中，处处透着一股沉稳、干练，对每一起案件、每一个环节都反复揣摩，认真推敲，真是心细如发，从而把每件案件都办成了铁案，办成了精品。

杨晓峰深知，每件案件都下“细活”，无疑会影响单位时间的结案量。于是，他把大量的休息时间都用来办案，就连吃饭时都在琢磨案情。正因如此，在十几年的执行生涯中，他的办案数量和质量在霸州法院执行部门始终名列前茅。

2011年2月，杨晓峰接手申请执行人外省某公司与被执行人霸州市张某借款纠纷一案，由于案件经历了一审、二审，审理时间较长且当事人精通法律，从诉前到审理结束将自己名下的全部财产已转移，这给执行工作增加了很大的难度，但一个“细”字解决了问题。杨晓峰在调查被执行人家庭主要成员详细信息后，结合前期调查发现，被执行人之子小张名下有一套在天津的价值300余万的住房，且租赁给了第三人。

被执行人之子小张现年23岁，现就读于某大学，一个在校大学生没有收入能买得起这么贵的住房吗？经与被执行人之子小张、该房所属物业公司及该房屋的租赁用户调查后真相大白了。查封该住房后，被执行人张某偿还了全部借款，案件得以顺利执结。

2010年底，霸州法院执行局综合科接受江苏省苏州市工业园区法院委托执行一起股东出资纠纷案，双方当事人均为江苏省苏州市人，江苏省苏州市工业园区法院从审理到执行一直未能找到被执行人。后经申请人多方寻找、打探，向法院提供被执行人在河北省霸州市煎茶铺镇赵各庄村做生意的线索。于是，江苏省苏州市工业园区法院迅速与霸州法院取得联系，说明案情的紧迫性，请求霸州法院一定要尽快找到被执行人并保全被执行人的财产。

受案后，杨晓峰迅速制定了周密的执行方案，冒着大雪赶赴被执行人所在地。因被执行人是外地人，来该村的时间不长，所以很多村民都不认识他，经与该村村委会联系，在该村村委会的帮助下，对该村所有企业一一排查，最后在一处旧厂房里找到了被执行人的妻子陈某，但此人拒绝向本院执行人员提供被执行人的线索。

针对此情况，杨晓峰果断调整了执行方案，经向主管领导请示对该厂进行了搜查，并依法对搜查中发现的该厂无主财产四台机械设备及一辆苏州牌照的轿车进行了查封。

送达法律文书后，杨晓峰又耐心地对陈某进行了解释，并说明了拒绝履行人民法院生效法律文书的严重后果，陈某听后眼圈红了，她流着眼泪说："我明白了，你们说的都是为我们好，我一定劝说他，让他按时到霸州法院把事情解决掉。"经过细致的工作，该案终于以双方当事人自愿和解为结局顺利执结。

每年一进腊月是农民工讨薪案件集中突发的时期。早上一上班，张庆明局长就把杨晓峰找去，分给他一个农民工讨薪案件，认真叮嘱他，这40多名农民工现在情绪很激动，一定要安抚好他们，以免他们再去市政府上访，并很严肃地提出要求，春节前必须结案。

杨晓峰接案后认真审阅了卷宗，本案执行标的48万元，眼看就要过年，觉得压力很大，这么多的申请人意见多不统一，欠薪数额也不同，标的又这么大，户籍遍及全国十几个省市，被执行人经常住北京，案件难度可想而知。

杨晓峰正在思考执行方案，办公室房门突然被人推开，一群农民工闯了进来，一个带头的对他说："你是杨晓峰吗？我们的工钱你什么时间给要回来？"面对这突如其来的质问，杨晓峰差点愣住，心想我刚接案这么快就找上门来，这案子可真是够急了。他定了定神起身笑着与每一位农民工握了握手，不紧不慢地说："你们选出两到三名代表把大家的想法和要求告诉我，我先了解一下情况，以便尽快制定执行方案，帮你们以最快的速度把钱要回来，一定让你们安心回家过年。"

大家听完杨晓峰的话很快选出了三名代表，其他人迅速撤出了他的办公室。这时杨晓峰把三杯热水送到了三位农民工代表的手中，让他们慢慢说，这时农民工们的语气温和多了。案情了解后，杨晓峰开始了对案件的执行。但几次传唤被执行人都未到庭，经多方调查，一天深夜，在北京某小区终于找到了被执行人，将被执行人拘传到霸州法院，经连夜询问，被执行人一直强调没要上账来，无法履行判决，询问进入僵局。

杨晓峰起身倒了一杯热水送到被执行人手中，随后又把利害关系及农民工外出一年打工的艰辛，老人妻儿日夜盼他们把一年打工的辛苦钱带回家的渴望讲述了一遍。只见被执行人眼圈红了，他说："我也很难，不过今天法院也是为我好，我听你们的，我厂有一批木材价值60多万，你们给我三天时间，我把它处理了，把欠农民工的钱还给他们。木材就在我朋友厂子里，变卖木材可以在法院监督下进行。"通过三天努力，木材变现后，40多名农民工工资一次性全部发放到位，他们在上火车前还专门委托三名农民工代表给霸州法院送来锦旗。

一滴水能折射出太阳的光辉，一件事虽然小，但是也能够反映出一个人的品格。为了执行工作，杨晓峰不知将多少节假日、双休日都搭上了，每到年关人们都提前忙于置办年货，而他与同事却在外面执行，有好几个除夕都在外执行。他不是不顾家，不想家，他说，这就是执行工作的特点，不这样案件怎么结？百姓怎么相信法院？这么做太苦、太累，他也想换一个舒适的岗位，但是作为一名共产党员、一名人民法官，他依旧默默地奉献在人民需要的岗位上，用实际行动完美地诠释着一个执行法官的价值。

（本文其他作者：白建刚）

第十九章　福建仙游林启芳

仙游有个法官叫启芳

背景·印象
Background & Impression

我们的主人公所在的工作单位，可是个令同行竖大拇指的单位。仙游人民法院，至今已连续五届蝉联福建省的十佳法院，特别是2011年4月被评为了全国优秀法院”，7月，该院党总支被福建省委评为全省先进基层党组织。

主人公林启芳是个顶呱呱的汉子。出生于1967年11月的他，科班毕业于华东政法学院法律系法学专业，1991年9月参加工作，历任书记员、助审员、审判员、执行局局长、审判委员会委员、党组成员，一步一个脚印踏踏实实走过了二十多年的法官之路。其不凡的

1

□ 核心提示

在执行申请执行人张文枝等五人与被执行人吴玉英借贷合同案件中，执行标的达134.88万元，被执行人吴玉英已是八十多岁的老太太，生活失去了保障，唯一的财产只有两套被法院查封的小套房，已是十分破旧，经评估价值只有45万元。

□ 执行感悟

做好新时期的执行工作，执行法官一定要坚持人性化执行，把执行和解工作贯穿执行全过程，灵活运用执行担保，以劝促和，以情促和，以巧促和等方式，耐心细致地做好双方当事人的思想工作，促使双方达成执行和解，促进执行和谐，达到案结事了。

——林启芳

工作成绩奠定了他在这个全国优秀法院里的地位，从而一直深受领导和同事们的喜爱。

独特阅历

2011年元旦刚过，仙游法院党组书记、院长关玉辉就把林启芳叫来："林局长，新一轮的清理执行积案已经在全国法院展开了，咱们法院作为全国的优秀法院，要在这次会战中创造新的成绩啊！"

林启芳明白，院长这是给自己、给执行局压担子了，他马上回答："请院长和党组放心，我们执行局一定要在这次行动中，严格执法，文明执行，讲究执行策略，注意执行方法，在依法加大执行力度的同时，处理好清理执行积案与维护社会稳定的关系，从而创造新的成绩！"这话掷地有声，院长关玉辉不由得向他投去信任和赞赏的目光。

会战一打响，林启芳就带领全局执行人员投入一线，按照拟定的执行计划，一件一件地开始了攻坚。在动员大会上，他对执行局的同事们说："办案子，必须坚持人性化执行，把执行和解工作贯穿执行全过程，灵活运用执行担保，以劝促和，以情促和，以巧促和等方式，耐心细致做好双方当事人思想工作，促使双方执行和解，促进执行和谐，达到案结事了。"

这时，一件难案摆在了他们面前。在申请执行人张文枝等五人与被执行人吴玉英借贷合同一案中，执行标的达134.88万元，而被执行人吴玉英已是位年近八旬的老太太，生活失去了保障，唯一的财产只有两套被法院查封的小套房，破烂不堪，经评估价值也只有45万元。

面对这样一位特殊的被执行人，如果一味强调强制措施，极有可能酿出意想不到的结果来，可是，申请执行人的合法权利法院的执行工作是要必须保障的。林启芳和几名骨干几次在一起研究，力求找到一个妥善的执行方案。最后确定了先人性化化解后依靠拍卖的方案。第二天，他带领执行人员到吴老太家，像一个儿子那样，和老太太促膝谈心，拉起家常来。

在谈心中，林启芳意外了解到，吴老太的这一大笔债务，是十几年前老太太与丈夫因经营生意亏本所致。老伴因病去世已经多年，自己儿子也因不堪债权人天天登门索债而离家出走。

就在林启芳他们迈出吴老太家门之时，老太太用布满皱纹的双手拉着林启芳问："如果必须要卖掉房子，我女儿可以买吗？"我当即给了她肯定的答复。这个线索给了林启芳极大的启发，如果她的女儿能买，就不用拍卖了呀。可是，这极有可能只是老太太自己的想法，她的女儿愿不愿买还是个未知数呢！

但林启芳觉得太应该试一试了。一回到办公室，他就让执行法官找到了吴老太女儿的电话，并马上通知她和申请执行人到自己办公室来。在等待双方到来的过程中，他和执行法官拟定了比较细致的思想工作方案。等双方一来，他们充分运用通俗的法理和情理，对持有异议的双方进行了一番苦口婆心的说服调解工作。看到一位执行局长和执行法官像对待自家事那样不厌其烦地细致耐心，连过了饭点肚子饿着也不顾，双方的心都软了。看到事情出现了转机，他们趁热打铁，继续晓以利害，动以法理，最终促使双方当事人当场达成了执行和解，使这起执行积案得到圆满执结。

望着双方当事人远去的背影，林启芳不由地想起了2008年3月执行过的一起案子。这是一起因被执行人郑某烟、郑某珠所导致的致使申请执行人郑先绸等五人人身受到损害的赔偿纠纷案。被执行人因家中不慎用电起火，致郑先绸的儿子、儿媳妇、孙女葬身火海，被执行人应赔偿给申请执行人各项经济损失29.8万元。

案件进入执行程序后，七旬老翁、申请执行人郑先绸拖着病残的双脚，几乎天天骑着自行车从几十里外的乡下赶到法院，来催促自己的案子能执结。每每望着老人企盼的双眼，林启芳和同事们的内心都会受到震憾，他们何尝不想尽早替老人解决这个特大难题呢？

林启芳横下一条心，与执行人员到被执行人所在地调查。经过历时多日的走访，他们终于探得了被执行人的踪迹。这天上午，他们突然出现在被执行人经营的杂货店，对两名被执行人好一番说服，但似乎毫无效果。林启芳当即决定对两名被执行人司法拘留15天。谁料，被拘的被执行人仍是无动于衷。

这种情形之下，根据申请人的申请，执行局很快做出新的执行决定：依法将两被执行人所有的房屋一幢交付评估拍卖，以价值人民币18.4万元作价抵债给申请执行人。

然而，两位被执行人选择了继续与法律对抗，仍未按规定期限自动搬迁，继续在该房屋内经营生意，赖着不出。林启芳及时将执行情况向院长、政法委领导汇报，将此案移送公安机关立案侦查。经检察机关批准，逮捕了被执行人郑某烟、郑某珠，并提起了公诉。2008年12月2日，二人被依法分别判处有期徒刑二年，缓期三年。这下子，两名被执行人彻底傻了眼，慑于法律威力，他们很快委托家属交纳了执行款项。

林启芳对此深有所感。他说，其实全国人大常委会对刑法第313条的立法解释给执行工作提供了惩治“拒执”罪的锐利法律武器。对执行案件中暴力抗拒执行和拒不执行法院生效判决裁定等犯罪，作为执行法官，还要注重加强与公安、检察机关兄弟单位沟通、配合，运用法律手段严厉打击。

这位执行局长告诉我们，在当前的执行工作中，积极改善协助执行环境，也是促使执行效果显现的手段之一。他说，根据新修改的《民事诉讼法》规定，对国家机关、国有企业事业单位、村（居）委会为被执行人或协助执行人，拒不履行生效法律文书确定的义务或者消极履行协助义务的，坚决追究其法律责任。而法院在执行工作中，就经常遇到协助单位难求，消极协助执行现象仍然存在的情况。

林启芳回忆起，詹某与被执行人陈某道路交通事故损害赔偿纠纷一案中，查明被执行人陈某在中国建设银行股份有限公司仙游县郊尾分理处有存款账户，执行人员于2008年12月22日来到中国建设银行股份有限公司仙游支行专柜，要求协助查询被执行人陈某在全国范围内建设银行系统的存款情况。

但仙游支行在具备查询全国范围内被执行人存款的条件下，以内部规定拒绝协助查询。执行法官把这一情况立即向林启芳作了汇报。林启芳吩咐手下，可先返回，动用有效关系，尽快收集该银行拒不协助执行的证据。没几天，负责此案的执行法官汇报说证据已搜集到了，林启芳做出了依法对该银行做出罚款15万元的决定，有力地改善了执行工作环境。

2

□ **核心提示**

2009年7月，《仙游县人民法院执行案件实施流程管理规定(试行)》出炉，该新流程打破了以往一个法官独自办理一件执行案件的惯例，将一起执行案件按执行工作需要，被划分为案件启动、财产查控，财产变现、综合结案四个阶段，即执行案件“分段执行。”

□ 执行感悟

执行案件，必须要在整个过程中体现出人文关怀，用人文关怀办结的执行案件，也一定会深得民心。

——林启芳

独特阅历

2002年，申请执行人颜平双与被执行人林寿龙、仙游县鲤南镇西埔村委会等民间借贷一案，仙游法院判决林寿龙等人应偿还给颜平双借款人民币20万元及利息。

判决生效后，林寿龙等人未自动履行义务，经申请人申请执行，仙游法院立案执行，并向被执行人发出执行通知书并报告财产，要求被执行人限期履行义务，但被执行人既不履行义务，也不报告财产。

双方当事人因支付利息问题未能达成协议，积怨深，几年来一直执行未果，2010年该案被中央政法委列为第四批督办案件。

被执行人林寿龙在仙游县赖店镇政府上班，与执行人员玩起了猫抓老鼠的游戏，天天躲着执行人员，不肯与执行人员接触。

情况一报给林启芳，他和执行法官研究后及时作出了裁定：提取被执行人林寿龙每月工资收入800元，并对被执行人林寿龙司法拘留。在拘留期间，林启芳不失时机地对被执行人说明了拒不执行人民法院判决的严重后果，使被执行人心灵受到震颤。稍后，被执行人提供了自己在仙游县西埔养鳗场有一条管道，被镇政府征用，补偿款未到位的情况。林启芳认为这一线索十分有效。于是，他及时与执行人员一道裁定扣留被执行人的补偿款，以作为其对法律义务的履行。2010年9月间，在县委、县政府的领导和支持及有关部门的密切配合下，申请执行人顺利拿到了被执行人的赔偿款，该案得到了圆满执结。

一个时期以来，被执行人逃债、赖债、躲债现象突出，自动履行率低，“执行难”问题未能从根本上得到解决。为了更加有效地打击“老赖”，2009年8月，全国法院的又一次清理执行积案活动展开了。

林启芳与执行人员一道，冒着烈日酷暑，一户一户地找到被执行人的家，在他们的门口张贴督促令，对一批长期赖债不还案件的被执行人的姓名、欠款数额予以曝光，告知他们拒不履行赔偿的严重后果，敦促被执行人自动履行义务。功夫不负有心人，督促令发出1个月后，它的法律效果显现无疑：竟有156个被执行人因此而主动全部履行了债务，取得了良好的社会效果。

林启芳不愧是一个有创新意识的执行局长，当他们的执行工作取得了一个又一个阶段性成果之时，他把精力又放在了探索和规范执行分权机制建设上，从2008年开始着手开始研究执行分权制度建设。

2009年7月，《仙游县人民法院执行案件实施流程管理规定(试行)》出炉了，该新流程打破以往一个法官独自办理一件执行案件的惯例，将一起执行案件按执行工作需要，被划分为案件启动、财产查控、财产变现、综合结案四个阶段，即执行案件“分段执行。”管理规定确定配备专门人员分别负责各个阶段的执行工作，执行局下设综合组、财产查控组、财产变现组、裁决组四个小组，分别行使各阶段的执行权力，即执行案件的“分权行使。”

“分权集约”模式实行后，他们对上世纪80年代以来执行标的在5000元以下的1526件执行案件进行了集中查询清理，在短短的三个月时间里，实际执行结案827件，取得了明显成效。

现在，一起案件由多个小组协作分工办理，当事人的反映形式也发生了变化，主要集中对于案件某一环节的不满，有效避免了当事人与执行人员的直接冲突，提高了执行工作效率和质量，提高了人民群众的满意度，实现了执行工作的“双赢。”

2011年1至7月份，仙游县人民法院共受理各类执行案件2162件，实际执行结案1571件，执结率70.10%，比2010年同期上升了36个百分点。

执行案件，必须要在整个过程中体现出人文关怀，用人文关怀办结的执行案件，也一定会深得民心。这是林启芳常对执行局的同事们说的一句话，因为这就是他的深刻体会。

申请执行人朱梓等人与被执行人朱春洪、林文烟、朱俊峰伤害赔偿执行一案，法院于2009年8月28日立案受理，三名被执行人应赔偿给申请执行人各项经济损失1215175.10元。

2009年8月28日，法院向被执行人发出执行通知书及财产申报通知书，限其在2009年8月30日前履行，但被执行人无动于衷，被执行人被司法拘留后仍分文未交，对被执行人朱春洪、林文烟在金融系统存款进行查询，只有存款1339元，被执行人只有一幢在农村唯一居住的房屋。

而申请执行人朱梓是一位残疾人，怀着失去儿子的悲痛心情，他天天哭泣着到法院找领导找执行法官，要求执行法官给他执行案件。

林启芳颇有耐心，他多次接访申请执行人朱梓。这天，一坐到林启芳面前的朱梓就向他哭泣开了：“局长啊，我的孩子没有了，我又是残废人，我没法子生活了，活着还有什么意思呢？——”林启芳对他的不幸遭遇表示同情，接着推心置腹地跟他讲法院经常面对的执行难，直到对方也表示深有体会。考虑到申请执行人家庭经济十分困难的情况，林启芳专门找院长作了汇报，并提出了执行局的意见。

2009年9月24日，法院对申请执行人朱梓予以司法救助1万元，11月，林启芳与县委政法委有关领导多次到仙游县龙华镇红旗村与朱梓夫妇谈心。仙游县委主要领导对此案的执行也十分关注，2010年3月28日，莆田市中级人民法院、仙游县委政法委和县法院多方筹资，对申请执行人予以司法救助125175.10元，申请执行人最终露出了久违的笑脸。

这一案件的最终执结，引发了林启芳对类似执行案件的思考。此类客观上无法执行，而申请执行人生活十分贫困，有的连日常生活也难以维持的执行案件，如果不及时、妥善解决，往往会引发新的矛盾，而化解矛盾确实需要推行执行救助，这样的救助体现出了司法为民。那么，建立执行救助制度势在必行。

此后，经多方调研，林启芳和执行局的弟兄们终于拿出了《执行案件社会化救助基金管理办法》，经院领导审定并上报县里批准，很快就开始实施了。目前已共筹集资金达100多万元，已对83位生活特别困难而被执行人又无财产可供执行的申请执行人发放执行救助金共计71.56万元，解决了67件执行积案，为化解社会矛盾，促进社会稳定，构建和谐社会起到了积极作用，执行救助也渐渐地深入民心，老百姓拍手称快。

（作者：杨宜中）

第二十章　海南洋浦田立新

田局长的立新之道

背景·印象
Background & Impression

2010年，他和他的执行团队创造了执结率提高20多个百分点、执行案件零上访的骄人业绩。总结自己的工作经验，他说，任何一项工作，只要用心去做，就一定会有好的成绩。他，就是海南省洋浦经济开发区人民法院执行局主持全面工作的副局长田立新。

田立新，1975年出生，汉族，陕西白水人。1996年毕业于西北政法学院，2010年获西北政法大学法律硕士学位。曾任陕西省白水县人民法院助理审判员、审判员，现为海南省洋浦经济开发区人民法院执行局副局长、审判员。曾被授予人民群

1

□ 核心提示

鉴于执行工作的特殊性，申请执行人一般只看执行结果，只有全部实现生效法律文书的内容当事人才会满意，而许多执行案件，被执行人或是下落不明，或是一贫如洗，法院作了大量的财产调查工作，千方百计采取措施，仍无法执行到位。

□ 执行感悟

执行工作中记日记很有必要。执行日记能促进执行工作的规范化和透明化，有效提高执行工作的法律效果和社会效果。

——田立新

独特阅历

一走进他的办公室，首先感叹的就是他的书。两个书架上各类书籍堆的满满的，其中

众满意的政法干警、优秀法官、优秀公务员、优秀共产党员等光荣称号。

大部分都是法律业务书籍，也有不少历史、哲学书籍。他说，读历史可以了解古今变迁，开阔视野；读哲学可以训练逻辑思维，增强自己的理性；而这些，都是一名合格法官所必不可少的素质。作为一个执行法官，他的风格不应该是强势且咄咄逼人，而应该是理性而和风细雨，只有通过耐心细致的工作，用温和而充满理性的方式去做好执行工作，才会真正实现案结事了、社会和谐。

2009年底，田立新从陕西被选调到海南省洋浦法院。当时的洋浦法院独立建制不久，刚刚成立执行机构。这时的执行机构还叫执行庭，只有两名执行人员，都是临时从各部门抽调而来的参加工作不久缺乏执行工作经验的同志，急需一名懂执行业务，能迅速工作的负责人。院党组经过慎重考虑，刚刚来院报道的田立新被委以重任，担任执行庭的负责人。

田立新虽在原单位从事了多年刑事、民事审判工作，但对执行工作业务并不熟悉。要从一个执行工作的门外汉转变为整个执行机构的负责人，在做好执行工作的同时又要带领年轻同志快速成长，田立新感到了巨大的压力。

不管怎么样，一定要对得起党组领导的信任，田立新迅速进入了角色。开展工作的当务之急是要在最短时间内熟悉执行业务，同时需要建章立制，实现执行工作规范化、长效化。田立新开始利用一切时间学习执行业务。他购买了大量业务书籍认真钻研，同时向上级法院、兄弟单位的领导、同行虚心请教，在短时间内熟悉了业务。他利用节假日时间，根据上级法院的相关规定，借鉴全国各先进法院的经验，制定了《洋浦法院执行工作流程管理规则》，《涉执行信访案件办理流程规定》、《执行督办案件管理办法》等一系列规章制度，使执行工作开始走上规范化道路，执行行为有章可循、责任分明，很快扭转了执行工作的被动局面。

执行信访案件是法院工作的“老大难。”许多案件由于时间较长、原有的承办人员工作调动或退休、卷宗材料不完善等原因，处理起来非常复杂。洋浦法院独立建制以前遗留下部分执行信访积案，当事人反映很强烈，如何化解这些积陈已久的信访案件，对刚刚上任的田立新是个不小的考验。

对此，田立新没有畏难，他相信只要通过耐心细致的工作，一定会打开当事人的心结，化解矛盾纠纷。他将以前遗留的涉执行信访案件进行了梳理，挑出最难的由自己承办。针对当事人提出的诉求仔细核查原始卷宗，进行调查取证。对当事人合理合法的要求，依法予以支持并积极协调解决，对当事人无理的要求，通过耐心细致的解释使其认识到自己主张的错误。在给当事人作出书面答复意见时慎重合议，尽量做到说理清楚，论证充分。

中国信达资产管理公司海口办事处请求完善椰海山庄碧林阁10号房产过户所需法律手续信访案及关闭海南发展银行清算组请求更改（1996）浦执字第64号民事裁定书内容信访案两案，当事人均信访多年。田立新经过认真调查取证，对不予支持当事人请求的原因进行了详细的书面答复，当事人在接到答复意见后均未提出异议，也不再继续信访，实现了罢访息诉的目标。在田立新的带动下，洋浦法院的执行信访案件很快被全部化解。

“田法官为案件执行做了大量工作，我不该错怪田法官。”2011年3月份，在洋浦法院，当事人李某真诚地向执行法官田立新道歉。原来，李某申请执行的案件一直未能执结，李某本打算找法官兴师问罪，看了法官在执行过程中记录的执行日记后，才意识到自己错怪法官了。

鉴于执行工作的特殊性，申请执行人一般只看执行的结果，只有全部实现生效法律文书的内容当事人才会满意，而许多执行案件，被执行人或是下落不明，或是一贫如洗，法院作了大量的财产调查工作，千方百计采取措施仍无法从被执行人处执行到财产。这时申请执行人往往并不理解法院所作的工作，认为执行法官没有尽力，不负责任，从而抱怨甚至上访。如何保障当事人对执行工作的知情权，减少这种因为误解的信访呢？

田立新每天都有记日记的习惯，一天他突然想到，如果把每件案件执行的情况都用日记的形式记下来，让当事人了案件的详细执行情况，不就可以避免这种误解了吗。于是，经过一段时间的摸索和实践，田立新决定在执行局推广执行日记制度。执行日记详细记录每天的执行情况，如发出执行通知的时间地点、采取的强制措施、执行财产收付分配等，结案时执行日记附卷归档。这样一来，既保障了当事人对人民法院执行工作的知情权，又有利于法院本身加强对执行案件的监督管理，更好地督促执行人员不断提高办案质量和效率，做到廉洁高效执行；同时，对执行人员来说，执行日记还能加强与当事人的沟通，消除可能发生的误解。

执行日记促进了执行工作的规范和透明，有效提高了执行工作的法律效果和社会效果。自推行执行日记制度以来，该院执行案件无一起引发上访。

2

□ 核心提示

晚8时许，执行指挥中心接到当事人电话举报，一起案件的被执行人即公司的法定代表人在洋浦大嘴鱼乡餐馆出现。由于该案被执行公司下落一直不明，执行法官多方查找仍未发现被执行人下落及财产线索，案件一度陷入僵局。

□ 执行感悟

不管怎样想方设法，总有执行不能的时候。要么是找不到被执行人，要么是被执行人没有财产，执行工作经常遇到这样的疆局。每当这个时候，当事人骂我们抱怨我们都可以理解，但是我最怕看到的就是申请执行人无助的双眼。

——田立新

独特阅历

执行时机稍纵即逝。从事执行工作以来，田立新一直在思考一个问题，那就是如何提高执行队伍的快速反应能力。后来，田立新从“110”的运行模式中得到灵感，向院党组提出了建立执行指挥中心的设想，得到院党组的肯定和支持。2010年5月，执行指挥中心顺利揭牌，洋浦法院成为全省首家设立执行指挥中心的法院。

指挥中心对原有执行资源进行整合，从执行局、法警大队抽调人员，由主管执行工作的副院长亲自担任总指挥，形成统一管理、统一指挥、上下联动的执行管理体制。执行指挥中心的主要任务是接受执行案件财产、被执行人下落的线索及突发事件情况报告，并视情况采取必要的处置措施。中心开通了24小时值班电话，配备了专门的交通和通讯工具，建立了快速反应机制，规定一般情况下接到线索后10分钟内必须赶赴现场，情况紧急的应当立即采取措施。

2011年4月20日晚8时许，执行指挥中心接到当事人电话举报，一起案件的被执行人法定代表人在洋浦大嘴鱼乡餐馆出现。由于该案被执行公司下落不明，执行法官多方查找仍未发现被执行人下落及财产线索，案件一度陷入僵局。接到举报后，田立新立即带领执行干警驱车赶往现场。看到从天而降的执行法官，被执行人一下子蒙了。当晚，执行法官将其传唤至法院。经过做工作，被执行人终于表示愿意履行还款义务，与申请执行人签订了执行和解协议，该案圆满执结。

自2010年执行指挥中心设立以来，多次接到当事人通报的执行线索，并快速进行了处置，一些长期躲债、下落不明的“老赖”被及时发现和处理，使得一批陷入僵局的案件得以顺利执结。洋浦法院执行指挥中心的做法在全省法院系统引起了广泛关注，不少法院纷纷前来学习取经。

踏踏实实做事、清清白白做人是田立新的信条。他认为，作为执行法官，只有保证自身清白，才能赢得申请执行人的信任，才有资格要求被执行人履行法律义务。

在生活中，他严格要求自己，从不接受当事人的吃请送礼，也严格管理本部门的同志，大大增强了执行部门的廉洁自律，杜绝了违纪现象的发生。

法院的执行工作权力比较集中，是发生腐败现象的高危地带，为防患于未然，必须从制度上规范，构建“不能为、不敢为”的制度防线。洋浦法院独立建制不久，很多制度需要进一步完善，为了防止出现管理漏洞，2011年3月，田立新组织人员进行了一次专项清查，对执行款账户进行摸底清查，分门别类，逐案建立明细台账。同时，田立新向院党组提出，由行装科（财务室）、监察室对执行款账户中的款项进行核查，通过逐案核查卷宗、询问承办人、检查财务流水账等方式，确保万无一失。

经认真核查，没有发现在执行中擅自使用、截留、挪用、侵吞和私分执行款物及其孳息、对执行款物无正当理由拒绝支付、不予支付、变相获取利息的行为；也没有利用执行款物的保管、分配和发放私自设立小金库的行为；也不存在对执行过程中保管的查封、扣押物品未尽妥善保管职责导致上述物品灭失、毁损或严重贬值的行为。

但是清查也发现了一些小问题。针对清理活动中查出的问题，执行局采取了以下整改措施：对于能够及时给付而未给付执行款的两件案件，立即与申请执行人联系，及时向其予以支付；对于刑事附带民事被害人拒绝受领执行款的情形，想方设法做好解释工作，使其早日接受被执行人的赔偿，化解社会矛盾；对于因受领人原因不能及时领取执行款的情况，督促其采取清算或设法恢复银行账户等措施，消除不能受领的原因，及时向其支付执行款。同时完善执行款收付管理制度，执行部门与财务部门分别逐案建立明细台账，每月就执行款的收付情况对账一次，对发现的问题及时予以协调处理，充分发挥两部门的相互监督制约作用，做好执行工作规范化建设。

有了这项制度，田立新悬着的一颗心终于放了下来。

不管怎样想方设法，总有执行不能的时候。要么是找不到被执行人，要么是被执行人没有财产，执行工作经常遇到这样的疆局。“每当这个时候，当事人骂我们抱怨我们都可以理解，但是我最怕看到的就是申请执行人无助的双眼。”田立新说。

郭珊的丈夫在一起故意伤害案中死亡，留下郭珊和三岁的儿子相依为命。2010年1月，该案被告人王某被判处无期徒刑并赔偿郭珊一家经济损失22万多元。此后，因王某没有履行能力，赔偿金一直无法到位。丈夫去世后，郭珊精神上和经济上都失去了依靠，生活简直陷入了崩溃的边缘。作为此案的执行法官，田立新一直积极采取措施，但该案始终无法执行。郭珊一家的困难田立新看在眼里，急在心上。眼看春节将至，田立新向开发区政法委写了一封书面报告，汇报郭珊一家的困难情况，引起了开发区领导的高度重视。经过多方奔走，田立新为郭珊一家争取到了1万元的救助款。

看到田法官冒着寒风送来的执行款，郭珊禁不住热泪盈眶。她说："田法官不仅帮我解决了生活的困难，还给了我生活下去的勇气，我一定要好好带孩子，好好生活下去！"

执行工作是人民法院工作的重要组成部分，对人民群众合法权益的实现意义重大，但有相当一部分涉及赡养费、抚育费、扶养费、人身损害赔偿纠纷等执行案件，由于被执行人下落不明或缺乏履行能力，导致申请执行人的生活严重困难，此类案件容易引发上访等不稳定因素。对于被执行人确无执行能力，但不执行会给申请执行人带来严重生活困难的案件，田立新深深体会到当事人的难处，他积极和上级法院及辖区党委政府协调，争取司法救助资金，对当事人进行司法救助，通过救助，使当事人感到司法的人文关怀，解决他们的燃眉之急，化解了社会矛盾，减少了信访案件的发生。

执行难，是一个社会问题，需要全社会的共同努力。田立新表示，作为法院执行人员，不管有多难，他们一定会全力以赴，用心做事，用心做人，用心去维护当事人的合法权益！

（本文其他作者：林筱发）

第二十一章　福建龙岩邱莉华

一年执结 210 个案子的女法官

背景·印象
Background & Impression

法院执行工作被国人誉为天下第一难事，因此倍受各级党委政府的高度重视，而作为法院执行部门更是把执行工作看成自身的“四千工作”即“千家万户、千丝万缕、千头万绪、千言万语。”

年满52周岁，长期在平凡执行一线工作的龙岩市新罗区人民法院执行法官邱莉华对此更是感触颇多。岁月匆匆，再过三年即将退休的她并没放慢工作的脚步，从事执行工作十余年来，她始终把破解执行难当成头等大事，全身心地投入到执行工作中，凭其一贯的干劲、钻劲、韧劲，历经了从执行办案“新手”成为

1

□ 核心提示

一天下午，当申请执行人陈振华得知消息：被执行人有一批从台湾退回厦门码头的货物时，立即向新罗法院申请执行查封、扣押属于被执行人张柏泉、永定县宏洋竹木制品有限公司所有的这批货物。

□ 执行感悟

主观上讲，执行难，难在对过程的坚持，难在对方法的运用，难在是否有主动性、创造性和技巧性。

——邱莉华

独特阅历

执行难，难在对过程的坚持，难在对方法的运用，难在是否有主动性、创造性和技巧性。破解执结一些老案的坚冰，邱莉华从不退

能办案、快办案和办好案的执行能手，执结了一大批常人认为难以执结的老案，使当事人的合法权益得到保障，大量社会矛盾得以化解。十余年来共办理执行案件1323件，为当事人追回执行款达5000多万元，取得了良好的社会效果和法律效果，受到社会各界的普遍认可。

缩，只要有一种可能，她都会想尽办法去尝试。

2007年12月14日，新罗法院受理了福建恒亿建设集团有限公司申请执行福建省龙岩市商业（集团）总公司工程款纠纷一案，申请执行标的为797345.12元及利息。本案申请执行人福建恒亿建设集团有限公司的法定代表人，是省人大代表。该工程款是1996年申请执行人福建恒亿建设集团有限公司为被执行人福建省龙岩市商业（集团）总公司承建“集资住宅”时被拖欠的。

该款已拖欠多年，而被执行人福建省龙岩市商业（集团）总公司又是正在改制的国有企业，绝大部分职工下岗分流，公司的经营业务早已停止，靠一些店铺出租的租金收入来维持公司的正常运作，不足部分由上级政府支持解决。该案解决确有难度，原由其他法官承办未果后，2008年12月领导将该案指定交换由邱莉华执行。

邱莉华接手该案后，了解到上述原因，立即找被执行人协商如何履行。被执行人陈述了其经济困难，同时还称因该工程款久拖未付，申请执行人也将建设施工、工程验收的所有材料扣着不给，致使该房产至今也没有办理产权证。

结合案件的特殊情况，她凭借多年执行积累的经验和技巧，寻找到执行工作的突破口，即同被执行人一起找上级主管部门龙岩市经贸委要求帮忙解决这一问题，经多次联系、做工作，被执行人多方筹集，于2009年5月14日履行了该执行标的，申请执行人也将所有建房手续交给被执行人，双方当事人皆满意，本案真正做到案结事了，使一起各方较为关注的案件得到圆满执结。

邱莉华2005年初被调整到执行局综合组后，还负责执行多年未结的"骨头案"、"钉子案"，正因为她迎难而上，讲究技巧，到2011年已顺利执结"骨头案"、"钉子案"近200件，成为不折不扣的破"难"女尖兵。

执行工作必须具备良好的心理素质和极强的耐心，同时用换位思考的方式让当事人理解和配合。邱莉华将女性的弱势变优势，将女同志更能耐心细致地做当事人的工作长处得到充分发挥。她常告诫自己要换位思考，替当事人想想，了解当事人的心态，尽量做好当事人双方及其家属的思想工作，让被执行人心服口服地履行，让生效法律文书得到圆满执结。

面对每天数批不同的当事人，邱莉华总能不厌其烦地热情接待，遇到难缠的当事人，作耐心细致的解说，始终把当事人的利益放在首位，充分化解当事人之间的矛盾，维护人民法院和执行法官的良好形象。很多当事人反映，和邱法官接触很亲切，没有距离，她是我们的知心人。是的，正是邱莉华这种把当事人当亲人，把当事人当知心人的想法、做法，使得执行案件变被动为主动，绝境变坦途，从而赢得了同事和群众的尊敬。

在办理申请执行人陈振华申请执行被执行人张柏泉、永定县宏洋竹木制品有限公司购销合同纠纷一案中，执行标的近300万元，而被执行人已倒闭、破产，该案难以执行。

一天下午，当申请执行人陈振华得知消息：被执行人有一批从台湾退回厦门码头的货物时，立即向新罗法院申请执行查封、扣押属于被执行人张柏泉、永定县宏洋竹木制品有限公司所有的这批货物。

当裁定书、协助执行通知书等相关法律文书制作清楚后已超过下班时间，准备第二天上班后立即赶去厦门，但晚上11点多申请执行人陈振华电话告知她：被执行人已办好所有的通关手续，可能第二天一早就会提货出关。

得知这一消息后，她比当事人还急，更意识到若是第二天一早去厦门，路上奔波几小时，很可能这批货物就会被转移。于是当即请示领导，当晚11时多她就与同事紧急赶往厦门，到达厦门已是凌晨2点多了，第二天一早他们就赶到厦门码头，一上班就将查封的相关手续送达给厦门海天码头和象屿码头，查封、扣押了被执行人张柏泉、永定县宏洋竹木制品有限公司出口台湾退回的九个货柜的货物，申请执行人陈振华感慨地说：不知怎么样感谢你们，你们真是急当事人之所急，想当事人之所想啊！

2

□ 核心提示

在执行龙岩市航宇铝业有限公司民间借贷、买卖合同纠纷等系列案件中，面对多位申请执行人申请执行的标的达一百多万元的14件案件，她对龙岩市航宇铝业有限公司的状况进行了深入了解。

□ 执行感悟

作为一名执行法官，只有切实做好执行工作，不简单机械办案，才能最大限度地化解当事人矛盾，让当事人暖心，实现法律效果与社会效果的有机统一。

——邱莉华

邱莉华深刻地认识到，注重执行效果是办案的一个目的，任何一个案件，经过立案、审理、宣判后进入执行程序，都已经过了一定的时间，宣判后胜诉方对胜诉结果的祈盼、败诉方对裁判结果的抵触都集中到执行程序中。作为一名执行法官，只有切实做好执行工作，不简单机械办案，才能最大限度地化解当事人矛盾，让当事人暖心，实现法律效果与社会效果的有机统一。

执行“两步曲”是她的经验体会。首先要对接手的每一个案件进行透彻了解，掌握调解书、判决书内容，了解申请人的要求是什么，被执行人为什么没有自觉履行，我们需要执行的标的是什么，为执行工作奠定基础；其次要了解被执行人的基本情况，如婚姻状况、经济情况、家庭状况、是否有孩子在上学、履行能力如何，等等。每一个被执行人不履行债务总有其主，客观原因，如一时资金周转困难或经济陷入困境，或有履行能力不履行，有可供执行的财产却将其非法转移等等。对不同的情况分别做当事人的思想工作，取得申请执行人的谅解，欠款分期给付、执行和解结案或使被执行人自动履行，切实做到案结事了。

在执行龙岩市航宇铝业有限公司民间借贷、买卖合同纠纷等系列案件中，面对多位申请执行人申请执行的标的达一百多万元的14件案件，她对龙岩市航宇铝业有限公司的状况进行了深入了解，原来该公司是一家以生产食品、矿碴、水泥专利烘干机为主的企业，生产的航宇牌烘干机具有节能环保等特点，在省内也仅此一家。

该企业在起步阶段由于资金缺乏对外举债和赊购货款达一百多万元，1999年投产不久，债权人陆续起诉要求还款，并向新罗法院申请执行。在摸清该企业只是资金暂时周转困难，其仍在正常经营这一情况后，本着保障债权人利益并扶持特色企业的大局观念，她多次耐心做申请执行人的思想工作，促成双方当事人达成分期还款计划，逐步履行，以达到双赢的目的。

2008年，由于受国际金融危机的影响，被执行人的还款能力降低，申请执行人强烈要求法院采取强制措施，邱莉华于2008年11月7日依申请执行人的要求冻结了被执行人的银行账户，同时组织双方当事人再次进行和解。在和解过程中竭力寻找各方利益的平衡点，与部分申请执行人共同向被执行人提出了企业发展和渡过时艰的有效意见，使被执行人通过后续经营恢复偿债能力成为可能，最终促成双方再次达成了分期还款协议。

到2009年2月23日时，被执行人已经按协议履行了全部义务，新罗法院也一次性执结该系列案件14件，得到双方当事人的一致肯定，收到了良好的效果。

在执行局工作十余年，执行案件上千件，难免会遇到一些案件的当事人，或是出于感激之心，或是为了让经办法官对其手下留情，而采用各种手段、方式向其或其家属送礼品、现金等。在办理被执行人陈文莉及其开办的被执行人龙岩市鸿雁电器销售有限公司的系列案件20多件中，执行标的200多万元。由于被执行人陈文莉所负债务太多，经合议庭讨论后，决定对其和龙岩市鸿雁电器销售有限公司的房产、货物查封、拍卖。陈文莉为使自己财物不被法院全部执行，通过多方途径打听到邱莉华的住所，找到她家中送红包，邱莉华对其进行了严厉批评，对维护法律权威表现了鲜明的态度，陈文莉见状只得罢手，最后所有拍卖款按比例分配给各申请执行人，该系列案件得以圆满解决。

一次，邱莉华正在执行被执行人郭金香欠申请执行人龙岩市新罗区西安村农村合作基金会遗留债权债务清偿领导小组借款合同纠纷案时，被执行人郭金香不知从哪知道她丈夫因病正在住院，自己跑到医院去看邱莉华的丈夫，放了一个内装1000元的红包，第二天邱莉华把这1000元钱当作执行款交到财务室，并打电话告知了被执行人郭金香。

邱莉华就是这样一位执行法官，这些年办案数量连续多年居全局之首，最多一年办理了210件。劳苦也就功高，她曾两度被福建省高级人民法院评为优秀执行员和执行办案能手；2004年被龙岩中院评为执行能手，获个人嘉奖一次；2009年11月被龙岩市社会治安综合治理委员会、龙岩市人事局授予年度社会治安综合治理先进工作者；2010年3月被龙岩市新罗区妇联授予“三八”红旗手；并连续多年被本院评为目标管理先进工作者。

邱莉华就是这样，以她的责任感和使命感，使一件件执行案件不再难，使一个个当事人的权益得到维护。她常说，我只要在一天岗位，就要干好一天工作，尽一份法官之责，对得住自己的良心。她相信未来的执行之路并不平坦，但执行的明天一定会更好，越来越多的当事人权益将会得到维护……

（本文其他作者：简华良）

第二十二章　福建长汀兰文

记忆深处的执行经历

背景·印象
Background & Impression

福建长汀，虽是县的建制，其实此县可不一般，其不但拥有数十万的人口，而且人文历史深厚，人杰地灵。该县至今保留着比较完整的古城墙，特别值得一提的是，她还是全世界客家人的祖地。我们文中的主人公兰文，就是此地法院原来的执行法官、副局长，如今的办公室负责人。

兰文2006年从刑事审判岗位调到执行局任副局长，至今共办结600余件执行案件，未发现一起上访或信访。由于他孜孜不倦的工作，以及不凡的成绩，先后四次荣立个人三等功，两次被省高级法院评为先进工作者，

1

□ 核心提示

在一次执行协调过程中，阿坚年近七旬的母亲依仗年老体弱，突然在当地亲朋和不明真相的人们围观时，大喊假牙被法院的人打掉，躺在地上“装死”，阿坚的媳妇也乘乱之机，手持盛有粪便的塑料勺横在简易房门口，阻碍执行。

□ 执行感悟

执行法官必须具备较强的责任意识，变被动执行为主动执行；必须具备较强的吃苦能力，耐得住发生在眼前的各种意外，竭尽全力完成执行任务，才能维护申请人的利益、维护法律的尊严。

——兰　文

独特阅历

2006年9月15日，兰文接到阿云申请强制执

2010年被省政法委、省高院评为全省集中清理执行积案活动先进个人。

行阿坚拆除在长汀县某开发区私自搭盖的建筑物，将该地块交给申请人阿云使用的任务。

向被执行人送达执行通知书后，被执行人阿坚以无房居住为由拒不履行义务。兰文他们设法找到他，进行执行协调。在这个过程中，阿坚年近七旬的母亲，依仗自身年老体弱，突然大喊自己的假牙被法院的人打掉，躺在地上“装死”；而当附近的亲朋和不明真相的群众闻声过来围观时，阿坚的媳妇也乘乱，手持盛有粪便的塑料勺站在简易房门前的桌子上，向他们发出威胁，企图阻碍执行。

面对这种情况，兰文及时安抚被执行人别激动，接着首先迅速撤离了现场。稍后，他出去走访，了解到阿坚一家确实经济极为拮据。看来，在未妥善安置住房前，对方的对立情绪极大，如果动用强制措施有可能发生意外。

为此，他改变了执行策略，不再轻易动用强制措施，而是先后二十多次找到阿坚及相关人员，苦口婆心地做他们的思想工作，组织被执行人的家属、村干部等召开座谈会，对被执行人进行说服教育，动之以情，晓之以法，让其消除对抗情绪，同时做好申请执行人阿云的工作。阿云被执行法官的敬业精神打动了，主动提出自愿补偿阿坚搬迁费人民币5000元，供其租房搬家。兰文的用心，终于释化了阿坚及其七旬老母的凝结之心。2008年3月13日，阿坚主动拆除了简易搭盖，将所强占的土地交给申请人阿云使用，阿云也自愿补偿给了阿坚搬迁费人民币5000元。至此，这起近两年的“骨头案”顺利执结。

“小工头”赖某，1997年雇请林某在其承包的工地上装修时，林某不慎从脚手架上摔下致死。林某亲属秀秀等人在索赔未果的情况下诉诸法院，长汀法院依法判决作为雇主的赖某应赔偿林某的亲属秀秀等人3万余元。判决生效后，赖某并未履行义务。秀秀等人向长汀法院申请强制执行。

接案后，兰文他们马上做了执行调查。了解到由于被执行人赖某长期外出，偶而回家也有意躲着申请人及法院，以至一晃十年过去，没有赔偿，造成申请人在承受着失去亲人巨大精神压力的同时，还承受着失去家庭“顶梁柱”后经济上与日俱增的压力。兰文尽力像亲人般地用执行法官的爱心去温暖申请人，并一再向她们承诺法院会竭尽全力！

2007年年前，经过多方打听，兰文掌握到了赖某盖有别墅及购置了车辆并已回家的情况。经过周密安排，为防赖某脱逃，他们决定凌晨行动。2008年2月19日凌晨，将正在熟睡的赖某堵在了家中。听到执行法官在窗外的叫声，赖某情急之下忙躲进房间里的大衣柜里，却被兰文识破。他和法警一起将赖某揪出。赖某被从衣柜揪出后，迫于法律的威慑力，当即表示要履行全部赔偿义务。第二天，申请执行人秀秀就拿到了“小工头”赖某本应在十年前支付的赔偿款近3万元时，她激动不已，专门赶到执行局，握住他的手连连说着一句话：“感谢你们。”

高某与王某是多年的朋友。后来，因高某向王某借钱未能如期归还，王某于2009年元月向长汀法院起诉，要求高某归还借款本金800元及利息216元，元月31日经法院主持调解双方达成调解协议：由高某于2009年3月底前一次性归还王某借款800元，王某放弃利息。高某到期后未履行债务，王某于4月10向法院申请强制执行。

兰文立即召集双方进行和解。经过思想交锋，申请人王某同意被执行人高某分两期支付。5月21日，高某在支付第二期欠款200元时，突然又埋怨起王某，埋怨他向法院起诉自己，并称这800元不是借款本金而是利息。为发泄怨气，他竟与第一次付款时一样，用塑料袋装着故意兑换来的一角、五角等硬币一大包，气呼呼地甩到了王某面前。年近七旬已是老花眼的债权人王某，花了两个多小时数钱，高某还故意趁王某数钱时挑拨、嘲讽、辱骂王某，以发泄心中的怨气。兰文上厕所回来，正好看在眼里，当时就训戒高某，并责令高某向王某赔礼道歉。

1997年3月20日，段某乘坐潘某驾驶的摩托车与潘某清驾驶的手扶拖拉机发生交通事故，段某因此受伤并致六级伤残。经长汀县交警大队认定，潘工某负事故的主要责任，潘某清负事故的次要责任。在段某住院治疗期间，其妻子与潘某达成赔偿协议，由潘某一次赔偿段某各项损失29800元，该款于同年7月18日全部付清。同年8月段某起诉潘某清，长汀法院于1997年10月19日作出判决，判决潘某清赔偿段某各项损失9910.25元。判决发生法律效力后，段某一方面申请法院强制执行该判决，同时又认为其妻与潘某达成的赔偿协议无效，该判决未将潘某列为共同被告，并判决其承担继续治疗费等费用为由，不断上访。

1999年10月8日，龙岩市检察院对此案提出抗诉，长汀法院进行再审后以段某之妻与潘某达成了赔偿协议，潘某已按协议全部履行，特别是段某在原审中已明确表示放弃对潘某的起诉为由，作出维持原审判决。段某不服判决提出上诉，龙岩市中级人民法院作出维持原判的终审判决。此后，段某仍不服判决，不断向上级和有关部门上访，成为老上访户。

此案由于被执行人潘某清长期在外打工，家中无财产可供执行，兰文和同事多次往返潘某清的家，通过做其妻的思想工作陆续履行了一部分，但仍未能全部执结。申请执行人段某因此对执行工作颇有微词。兰文看在眼里，急在心中，为能及时掌握被执行人潘某清的情况，他确定了当地村干部王某作为该案的执行联络员。

2008年8月初，执行联络员王某给兰文来电，说这些天他通过走访、排查，确定多年外出的被执行人潘某清已回家中，并在本镇一竹木制品厂打工。王某的这一信息，让兰文不禁为之一振。他第一时间组织执行人员及法警出击，在执行联络员王某的积极配合下，果真就在一个工厂的车间，找到了被执行人潘某清。

在强大的执行威慑力之下，以及他们对被执行人潘某清动之以情、晓之以法的思想、法律引导，被执行人潘某清认识了自己长期躲避不履行判决的错误，当场履行了3000元。余款在征得申请人段某同意后，提供了担保人担保，双方达成分期履行的和解协议，申请执行人段某当场表示不再上访。至此，长达十一年的一起老上访案，实现了案结事了。

2

□ **核心提示**

在得到申请人举报林老汉在家时，他们迅速将林老汉控制，在其再次表示不还王某欠款时，决定以拒不履行生效法律文书所确定的义务，对林某司法拘留15日。林老汉迫于法律的威慑力，在拘留所通过打电话与亲属联系，由其亲属代为全部履行了还款义务。

□ 执行感悟

面对被执行人未履行义务的三种主要原因：对裁判不满；与申请执行人积怨深，或认为自己吃亏，或为了争气；因确实困难而无履行能力，执行法官必须具备较强的应对能力，要采取不同的策略，动之以情，晓之以法，针对不同的人去寻找他们思想和感情上的突破口，进而执结案件。

——兰　文

独特阅历

1998年间，林老汉与申请执行人王某及魏某三人合伙前往安徽合肥做纸生意，因生意亏本，三人回家后结账，林老汉欠王某近5000元，也欠魏某近5000元。林老汉分别出具欠条给王某、魏某并约定了还款期限，但到期后均分文未付。几经追讨未果的王某于是诉诸法院，要求林老汉归还欠款并支付逾期还款利息。在诉讼过程中，双方未能达成还款协议，法院依法作出林老汉应履行还款义务的判决。判决生效后，林老汉并未履行还款义务，王某向法院申请强制执行。

在执行过程中，林老汉扬言王某起诉了他，与他打了官司，这债他不还，而魏某未起诉他，他要逐步还清欠款。此后，林老汉长期外出到广东打工，偶而回家也有意躲着申请人及法院，以至近十年该案未执结。2008年3月初兰文打听到林老汉已回家，并且在早几年就已还清了魏某的欠款，但就是不还申请人王某的欠款。

3月15日，在得到申请人举报林老汉在家时，兰文他们迅速将林老汉控制，在其再次表示不还王某欠款时，决定以拒不履行生效法律文书所确定的义务，对林某司法拘留15日。林老汉迫于法律的威慑力，在拘留所通过打电话与亲属联系，由其亲属代为全部履行了还款义务。

3月21日，被提前释放的林老汉，在被释放时，握着兰文的手向在场的干警及拘留所干警连连说道："我太糊涂了，我太糊涂了，怎能跟法律赌气，这次的教训深刻啊！今后我一定引以为戒，并要为身边的人多宣传法律。"

董某因离婚被法院判决给付申请人（其妻）肖某分割共同财产补偿款人民币41500元，并每月支付给申请人肖某小孩抚养费200元。到期后，董某未履行义务，肖某于2008年8月21日向法院申请执行。

在送达了执行通知书及责令申报财产通知书后，于2008年8月26日，法院依法查封了被执行人董某所有的比亚迪牌小轿车（车号粤TR3663）一部，并责令董某保管，其汽车行驶证被扣押。但被董某置法律不顾，于次日将该车开离查封地，藏于他处。

此后，他们迅速到查封车辆登记地广东调查，经查，2008年8月29日董某以行驶证丢失为由向广东省中山市交通警察支队车辆管理所补领了行驶证。为保护申请人肖某的合法权益，严格执法，兰文在取得相关证据材料的基础上，于2008年9月12日以被执行人董某的行为涉嫌构成拒不执行判决裁定罪，移交长汀县公安局立案侦查。长汀县公安局审查后决定对董某涉嫌构成拒执罪刑事拘留，并进行网上追逃。同年11月8日被执行人董某在河北省文安县住旅馆时，被当地公安机关抓获。2008年11月20日被执行人董某因涉嫌拒执罪在长汀法院法警的配合下，由长汀县公安局干警从河北省文安县看守所羁押回长汀。

2009年2月12日，长汀县检察院以被告人董某涉嫌拒执罪，向本院提起公诉。2009年2月29日长汀法院认为，被告人董某无视国家法律的权威性和强制性，对人民法院的判决有能力履行而拒不执行，情节严重，其行为构成拒不执行判决、裁定罪，鉴于被告人董某归案后，履行了全部义务等性节，酌情从轻处罚，遂以被告人董某构成拒执罪，判处有期徒刑一年，缓刑一年三个月。

2008年4月12日，兰文带领一组干警前往汀州镇营背街二楼执行，在执行过程中，突然听到大街上一片嘈杂与呼救声，他与同行的干警小中首先冲下楼，发现一“武疯子”手持一根5米左右长的铁棍见人就打，此时正追着一奔跑不便的孕妇，眼看孕妇的生命受到严重威胁，而周围上百名群众也同样处于危机中。

就在此时，兰文与小中为保护人民群众生命财产安全，不顾个人的安危，冲上前去欲夺铁棍，不料该举动被“武疯子”发觉，“武疯子”一铁棍砸向小中，小中迅速躲闪，但手臂仍被砸伤，铁棍最后砸向警车的挡风玻璃，挡风玻璃顿时粉碎。就在“武疯子”欲举铁棍再次砸时，兰文趁机迅速抓住铁棍，“武疯子”一脚踹向他，他不顾疼痛紧紧抓住铁棍，此时小中前来与兰文一并夺下铁棍，最后“武疯子”被他们擒获。目睹这一壮举，周围上百名群众无不称赞法院工作人员的见义勇为精神。

事后，经向营背街居委会了解，这位“武疯子”叫傅某平，1975年12月出生，患精神分裂症，他一家有三名精神分裂症。为了让这位“武疯子”不再伤害无辜，兰文他们还与营背居委商议，由居委会动员“武疯子”的母亲将“武疯子”监护起来。同时，鉴于他家生活极为拮据，在执行局的建议下，当日下午营背居委派人为“武疯子”办理了低保，解决了他的生活困难问题。

（本文其他作者：昭　辉）

第二十三章　吉林长春杨瑞平

既当猛张飞又做诸葛亮

背景·印象
Background & Impression

在吉林省长春市，有个二道区，此区法院的执行局局长，是一名从事执行工作有十个年头的中共党员，他三次被荣记个人三等功；两次被省政法委、省高级人民法院授予吉林省人民满意法官称号；多次被上级法院评为业务标兵、十余次被评为本院的先进。而在这些先进和优秀之外，老百姓的口碑和认同，更能体现出杨瑞平从事执行工作的价值和意义。

1

□ 核心提示

五年前，三道林水粮食加工厂收购当地农民玉米，打了150万元的白条子，三百多户农民集体诉讼到二道区法院。法院受理后，依法保护了农民的合法权益。可是手拿法院有效判决的他们，却无法实现自己的合法权益。在债权无法实现的情况下，他们走上了越级上访的维权之路。

□ 执行感悟

还是那句话，案子要执行，大家的权益要兑现，但我们不能完全等着法院来解决，一起想办法找线索，只要找到被执行人，只要发现还有可供执行的财产，法院保证让你们拿回自己的血汗钱。这句我曾说过的话总是能给我许多的勇气和智慧。

——杨瑞平

2005年以来，杨瑞平结交了很多的农民朋友，最多的就是三道镇、泉眼镇一带的村民了。一年四季，总有一些进城办事的农民朋友顺便过来看看他。结交了这么多人是缘于两个涉农执行案件。

2005年3月，杨瑞平接手了一起执行案。五年前，三道林水粮食加工厂收购当地农民玉米，打了150万元的白条子。纠纷发生后，三百多户农民集体诉讼到二道法院，法院受理后，依法保护了农民的合法权益手拿法院的有效判决，却无法实现自己的合法权益。债权无法实现的情况下，当地农民走上了越级上访的维权之路。他们组织起来冲击政府机关、拦截车辆、堵塞交通，连续几年在社会上造成了非常消极的影响。

杨瑞平接手案件后，迅速带领执行组深入到乡镇，进行实地考察，争取在了解实际情况的基础上寻求切实可行的解决方案。到达三道镇，他们面对的是人去楼空的一片破败景象。作为执行组的组长，杨瑞平以多年的执行经验估量出这个执行案件的难度。

法律判决是公正的，但面对林水粮食加工厂这样的情况，要兑现农民的合法权益真不知要比下一个判决要难上多少倍。春耕将至，地不等人，眼看着一些急等钱用的农民，杨瑞平心急如焚。

经过认真思考和谨慎斟酌，他和执行组的同志们商量出了一个执行方案：出租部分尚存厂房设备以筹措资金，尽快缓解春耕用钱的燃眉之急。他带领执行组的同志们四处联系承租方，用最快的速度租出了林水粮食加工厂现有的厂房、设备。

当他和执行组的同志们顶着刺骨的春风、冒着寒冷的春雨在三道镇政府院里发给农民部分执行回款时，农民心中升腾起来的是三月阳春的热气，一些被感动的纯朴的农民面对一天没有吃喝上的法官们，真情地邀请他们吃口家里的热乎饭，被他们谢绝了。当杨瑞平他们驱车回走时，一位农民流出了感动的泪水。

春耕过去了，农民播下了希望的种子，但农民更期待着杨瑞平能像春耕前那样把所有的玉米款都要回来。诚实的杨瑞平没有用动听的话去讨好农民，他知道下一步执行的难处。他向院党组汇报了全部执行的情况，提出召开农民代表座谈会，向农民讲清事实，给农民一个底数。院领导支持并鼓励他要开好这个座谈会，杨瑞平树立了一个基本原则即站在讲大局的角度上，稳定社会、稳定农民，避免农民超级上访。这是一项艰巨的任务，也是摆在杨瑞平面前需要他为之摸索的一条执行工作新路。

在艰巨的任务面前，杨瑞平非但没有退缩，还主动出击，6月份，他把农民代表召集到了一起，向农民讲清了眼下继续执行的难处，也向农民讲清了如果林水粮食加工厂厂主还是像现在这样长期躲避，执行案件就要中止的法律根据。情绪激动的农民沸腾了，叫骂、怨恨、不理解连成了一片。杨瑞平以他的执着、冷静和真诚，使会场一次又一次地安静下来。

在第二次代表座谈会上，一位年长者代表大家说出了一句话："杨法官!你给我们出个注意吧，这事到底咋办？"杨瑞平稳重地回答说："还是那句话，案子要执行，大家的权益要兑现，但我们不能完全等着法院来解决，一起想办法找线索，只要找到林水粮食加工厂厂主，只要发现还有可供执行的财产，法院保证让你们拿回自己的血汗钱。"阵阵激烈的掌声道出了老百姓的心声，四年如一日不停上访的老百姓终于止住了上访的步伐，四年来受害的农民没有一个再上访上告，杨瑞平带领执行组的同事历尽千辛万苦，终于在2007年给老百姓交了一份满分的试卷。至此，该案全部款项执行完毕。

2006年，二道区泉眼镇新立村400多户农民与吉林省农垦茂丰种子公司因种子收购问题发生了纠纷，种子公司累计拖欠农民制种款一百多万元，这些农民曾自发地组织起来几次开着四轮拖拉机进城上访，还把卖不出去的种子装了两大卡车卸在省政府门前，在社会上造成了严重的不良影响。经引导，该案很快进入司法程序并审结。到了执行阶段，由于被执行人恶意躲避，农民的债权得不到实现，该案进入一个瓶颈期。老百姓情绪很不稳定，意见非常大，随时都有可能继续上访。法院党组研究后，这个看似不可能完成的工作又落到了杨瑞平肩上。

受案后，杨瑞平领着执行组深入到农民家中，一干就是20多天。没白没夜的超负荷工作压得他腰间盘突出症频频发作，可他仍然一瘸一拐地坚持走访。他在农民中反复宣传院党组的这样一句口号："农民的债权可能不完全兑现，但我们的真诚保证百分之百。"杨瑞平把自己的联系方式给了农民代表，并承诺说，只要你们什么时间发现被执行人有财产，我随叫随到。11月份，一天半夜11点，农民打来电话，说种子公司有一车苞米种子从公主岭拉往长春，杨瑞平二话没说，组织执行组开车上路布置堵截，等把苞米扣下，都后半夜3点多钟了。这些行动给农民留下了深刻的印象，在当地传为佳话。第二年春天，一位农民把自家樱桃树上挂满樱桃的树枝折下来，从四十里外的家中专门赶到法院说要送给杨瑞平，说是全村农民的一点"心意。"过了几天，又是这个农民进城办事时拉着他的媳妇到杨瑞平办公室，给媳妇介绍说：这就是我认识的杨法官。老百姓那种感激的心让杨瑞平也深刻体会到了自身工作非同一般的意义。

2006年，一个农民代表家的孩子结婚邀请杨瑞平去参加婚礼。2010年的8月份，两个农民还专程到单位为他送来十穗青苞米。

杨瑞平出生在农民家庭，小时候艰难的生活磨炼了他坚韧的意志，也让他深知农民生活的艰苦和面对灾难的无奈。因此，在重重困难面前，杨瑞平坚决不屈服，想尽一切办法，充分发挥自己的主观能动性，为民解忧，为民排难。一起上访案的农民有一回结伴来到法院感谢杨瑞平，面对他们发自内心的感激，杨瑞平说："我是农民的儿子，深知农民的不易。"一句平淡朴实的话，感动得在场的老百姓泪流满面。

2

□ **核心提示**

2005年初冬，杨瑞平领着他的执行组成员到泉眼镇某石场扣押一台铲车。车主疯狂地拦在铲车前不让开走，并威胁执行人员说，谁要是开走我的车，谁就先从我的身上轧过去。

□ **执行感悟**

执行工作一定要猛，但更要讲执行艺术和执行效果。换言之，既要当猛张飞，又要做诸葛亮。

——杨瑞平

独特阅历

在二道区法院的荣誉室里，有很多当事人送来的锦旗和感谢信。其中有一面锦旗上写着这样一句话：不惧强暴，执法如山。就是这面锦旗记载了杨瑞平执行组的一段惊心动魄的感人故事。

2005年初冬，杨瑞平领着他的执行组成员到泉眼镇某石场扣押一台铲车。车主疯狂地拦在铲车前不让开走，并威胁执行人员说，谁要是开走我的车，谁就先从我的身上轧过去。执行现场陷入了僵持状态。执行法官反复做普法和说服工作，一点效果都没有。

车主还叫嚣说，等一会我的儿子来了有你们好瞧的。两个小时过去了，车主的儿子真的赶来了。一下子，执行现场充斥着车主儿子的叫骂声。杨瑞平和他的同事们以极大的忍耐力与他抗衡着。车主的儿子见叫骂侮辱不起作用，就开始推搡和拉扯执行公务的工作人员。

车主的儿子是一位经过训练且有着丰富打斗经验的年轻人。一时间，在他的撕扯中执行法官们就乱了阵角，开着铲车的司机更是吓得不知所措，稀里糊涂地就要把车开回去。看到这种混乱局面，杨瑞平冷静下来，脱掉被撕扯乱的外衣，正一下胸前法院的徽章，在凛冽的寒风中挺身站在了执行组同志们的前面，面对车主的儿子说："法院执行是天经地义，你这是抗拒法律，今天你拦下车，明天我们还是要执行你，抗拒法律是要付出代价的。"

凛然正气，震慑了车主的儿子，他不由地住了手，法律的尊严得到了维护，正气在不断上升，舆论开始向法律这面倾斜。又是两个多小时过去了，在正义气氛的冲击下，车主动摇了，无奈地让开了路，同意将车开回法院扣押。杨瑞平和同事们把车开回法院后，紧张的神经一下子松驰了下来，随即感到的就是身上的阵阵疼痛，他们脱下衣服才看到身上是一片片青紫和一道道抓痕。

近年来，在执行过程中遭遇抗拒法律的现象是经常的，二道法院的执行法官们和杨瑞平有这样的感触：在关键时候，只要你敢站出来，他就不敢继续嚣张。

杨瑞平是从一个执行员、执行长一步步走上法院领导岗位的。长年的执行工作使他经历了很多的风风雨雨，复杂的执行环境更磨炼出他沉稳的性格和勤于思考的习惯。

2007年，二道法院执行局召开了第一次执行工作理论研讨会。杨瑞平在会上汇报的题目是《试论执行工作在维护社会稳定的作用》。他用丰富的执行经验论证了执行工作在维护社会稳定中的意义、作用。他的论说得到了与会领导的好评。杨瑞平的论文是在多年执行经验的基础上，站在全局的角度回答了一个执行法官应该认真思索的问题，是法院的执行形势变化了，还是用程咬金的三板斧：查封、扣押、拘留已经远远跟不上执行形势的发展了？执行工作一定要猛，但更要讲求执行艺术和执行效果。换言之，既要当猛张飞，又要做诸葛亮。

随后的工作中，杨瑞平将这句话一以贯之。2007年，他在执行局提出"阳光执行"理念。他讲的阳光不仅仅局限于阳光般的透明和公开，还有阳光般的温暖，就是执行人员要把自己的热心、耐心、爱心送给每一位当事人；再就是阳光般的无私，常言说"地无私载，天无私覆，日月无私照"，就是让执行人员公平公正无所要求地对待每一位当事人，不论其是贫穷还是富贵等。通过一段时间的落实，阳光执行的理念取得了明显的成效，执行工作受到了当事人的好评。

2011年年初，他们执行局为了进一步贯彻落实最高法院《关于进一步加强和规范执行工作的若干意见》（法发〔2009〕43号）在调研广东从化法院主动执行，学习朝阳法院分权改革和借鉴北京二中院主动查找和调查被执行人财产的经验基础上，结合执行工作的实际，按照上级法院的要求，提出了"能动、快捷、阳光、和谐"的执行工作理念，打破了过去传统的一人一案一包到底的执行工作模式，实行多人一案、分段实施、集约执行、节点控制的执行方式。为解决执行中的"三难问题"即执行难、信访难、队伍管理难，执行局成立了五个科，即综合协调科、裁决送达科、财产查控科、财产处置科、监督调处科。他还制定执行案件流程管理信息表，将立案、审判和执行有机地联系起来。

成立执行服务中心，建立起一个近四百多平方米的执行服务大厅，完全从老百姓对执行工作的需求出发，设立六个服务窗口，即综合查询、裁决受理、快速反应、监督投诉、财产处置功能。大厅设有电子触摸屏，当事人随时可以凭密码进入查询系统，知晓自己案件的进展情况。服务大厅的建立极大地方便了群众执行。执行方式的改革也极大地提高了执行的效率。

杨瑞平担任执行局局长对自己的要求是严格的，他在全局中提出了“四个自觉”和“四个管住”，还主动建议在执行局侯执大厅设立廉政意见箱，建立执行效益和廉政回访制度。他是这样要求别人的，自己也是这样做的。

2008年春节，一位公主岭的当事人带着两瓶名酒还有2000元现金要送给他，当事人也很现实地说：“过节了，你忙了这么长时间费了不少心，案子马上就要结了，如果案子结了我也不能再来看你，如果案子不能结你也不能收这些东西，现在案子要结还没结的时候，又逢春节，给你拜个年。”杨瑞平对他说：“案子结了你不来我不怪你，你拿东西来我也不能收，案子没结你拿东西我同样不能收。你要相信法律是公平的，法官是公正的，是廉洁的。”最后那位当事人真诚地说道：“法官都能像你这样，真是老百姓的福啊！。”

杨瑞平不愿说漂亮话，但他用自己的行动努力地践行着流传在二道法院的一句话：用真心换民心，用实际树形象。

（本文其他作者：于淞合）

第二十四章　河北涿鹿陈玉海

执行战斗在桑干河畔

背景·印象
Background & Impression

当新一轮红日从桑干河尽头冉冉升起时，涿鹿人繁忙而繁荣的一天就又开始了。涿鹿县位于河北省西北部永定河上游、桑干河下游，隶属张家口市，全县总面积2802平方公里，辖1区、13镇、4乡、373个行政村，总人口34万，人口居住相对集中。近年来，随着经济的发展，涿鹿县城镇建设步伐越来越快，而承担着司法保障当地经济持续稳定科学发展使命的涿鹿县人民法院，也在司法为民中实现着跨越和贡献。这当中，人民法院的执行法官们驻村入户，既是案件执行法官，又是法制宣传员、矛盾纠纷调解员，

1

□ 核心提示

年已78岁的李玉琴，五个子女谁也不愿意赡养她，自1990年案件判决后，每年为她执行赡养费成了涿鹿法院执行法官们的一项必须工作。二十一年来，陈玉海已从当初的普通执行干警成长为法院执行局长，可这事却一直记挂在他的心上。

□ 执行感悟

做执行工作首先要有大局意识，再就是要舍得下功夫，要耐得住等待，要善于抓住有利执行的时机。这样做了，工作的效果就出来了。

——陈玉海

独特阅历

虽说涿鹿县法院年均执行案件不算太多，

正是他们常年的劳碌奔波，辛苦工作，才悉心维护了这一片土地的繁荣和宁静。陈玉海，就是这个团队的掌门人。

可要一件处理不好，都会引起群众不满甚至矛盾激化，所以不论事大事小，大家总会看到陈玉海带领的团队第一个赶到现场。

陈玉海，1962年生，涿鹿本地人，本科学历，中共党员，现任河北省涿鹿县人民法院党组成员、审委会委员、执行局局长，四级高级法官。1989年调入法院后，历任书记员、助审员、审判员、副庭长、庭长、副局长、局长。他常说：群众的事就是咱自己的事。负责执行工作十五年来，他是一步一个脚印走过来的。

从事执行工作十五年来，在他的带领下，全局干警牢固树立“三个至上”指导思想，努力践行科学发展观，运用灵活多样的调解、执行艺术，快办案、办好案，做到案结事了，赢得了人民群众的普遍赞誉。

年已78岁的李玉琴育有五个子女，因种种原因谁也不愿意赡养她，自1990年案件判决后，每年为她执行赡养费成了涿鹿法院执行干警们的一项主要工作。二十一年来，陈玉海已经从当初一名普通的执行干警成长为法院执行局长，可这件事他却一直记挂在心上，每年时间一到，他就亲自将执行案款送到老人家中，顺便还不忘给她买点生活用品，与她拉拉家常。她逢人便说：“执行局的小陈就是我的亲儿子。”

常年顶风冒雨奔波忙碌在执行岗位上，年

均下乡150天以上，行程数万里，执行工作中他总是走在最前面，多少次不同程度受到过被执行人的围攻、辱骂和殴打。但是他从没有因此退缩过，没有向组织提过任何要求，没有向当事人伸过手，始终坚守忠于法律的品格和勇于奉献的敬业精神。

多年来全局没有发生一起违法违纪事件，没有一名干警受过处分，执行局在涿鹿政法系统树立了特别能吃苦、特别能战斗的团队精神。2009年，北京市朝阳区人民法院委托涿鹿法院执行北京华润健翔房地产开发有限公司与徐铁明保证合同纠纷一案。

接受任务后，陈玉海抽调执行骨干，成立了专门行动小组并亲自带队，先后三次往返北京调查了解情况，仔细研究解决此案的工作方案。在徐铁明住地，他们通过网络查询、走访当地居民等多种方式了解被执行人的去向，最终找到了徐铁明，将其一起带到北京。通过进一步的思想工作，当事双方再次达成和解协议，徐铁明当即一次性给付北京华润健翔房地产开发有限公司各种款项共计57万元。案件执行完毕后，开发公司经理握住他的手不住地说着感谢，就连被执行人徐铁明也为执行法官的敬业而叹服。

2010年3月25日下午6点，正当陈玉海准备下班回家时，申请人王清急匆匆而来，申请强制执行被执行人黄康森不还借款一案。王清称黄非但不还借款，还有逃跑迹象。他立即召集执行局干警到岗，了解案情后，立即行动，及时赶往被执行人黄康森住地，下达了执行通知书，将其带往法院，并扣押了其奥迪轿车一辆，为下一步执行工作奠定了良好的基础。

原来，王清与涿鹿县长城电器业主黄康森因民间借款一案，于2008年10月15日在法院主持调解下，双方当事人自愿达成调解协议。后来，黄康森按协议履行了三期还款后，就不再按协议履行义务。截至2010年3月份，被告黄康森还欠原告王清本息共16万余元。2010年2

月底，黄所经营的涿鹿县长城电器商店因经营不善，亏空较多，举债较大，众多债权人纷纷上门要账，并且黄已将长城电器商店所有物品全部转卖给了春来电器商城。当王清于2010年3月初，按当初协议来向黄要钱时，黄称没钱，但却连夜与春来电器商城业主点货过手，同时黄也在收拾行装，准备外逃躲债。

面对陈玉海局长，黄康森一开始还找各种理由推脱，但经过大家一番释法说理，黄康森最终还是承认了想要外逃的事实，但已经认识到自己的错误，表示一定想尽办法还清欠款，把还款协议履行完结。当天事情结束后，陈玉海担心黄再次变卦，于当天晚上和接下来的两三天又不断地找黄康森谈话和了解掌握其还款能力，最终在大家的一起努力下，用了一个星期时间，黄康森一次性还清了王清本息共16万余元。事后，黄康森十分感动，一再说法院陈局长们不但在关键时刻救了自己，让自己没有最终走上拒不执行法院判决的犯罪道路，而且还明白了许多为人处事的道理。

在执行工作中，陈玉海经常教育大家一定要牢固树立大局意识、责任意识，围绕辖区经济发展和构建和谐社会，加大各项执行工作力度，为县域经济发展提供有力司法保障。2008年奥运保障期间，他带领大家成功执结了辖区黑山寺、矾山镇附近20件50千伏输变电工程中施工单位与当地村民赔偿纠纷案件。

在执行中，他提出执行局与立案、审判部门联动出击，简化程序，快速结案的方法，获得认可，经过实施，立刻见效。这一次，他亲自上阵，带领50多名干警大家，出动了11台车，多次往返烈日炎炎的现场，耐心做好当事人的思想工作，有效化解了纠纷，既保证了重点工程顺利进行，又为奥运安保工作和社会稳定营造了平安和谐的社会环境。

2009年，正当涿鹿县城“三年大变样”旧城改造工程进入高潮时，建设单位、拆迁公司、搬迁户因为施工建设、旧房拆迁、补偿款分配等问题纠纷不断，涉及执行的案件也不少。可就在大家认为这些都是棘手问题时，陈玉海却用他独特的处理问题能力，和谐化解了一起又一起矛盾。

8月12日上午，涿鹿县建设局申请执行一个搬迁户，因为事前双方已达成补偿协议，发放了全部补偿款，可是该户却由于家庭内部分款之事搁置搬迁，严重影响了工程进度。

接案后，陈玉海带领执行干警首先入户了解情况。原来，居住在涿鹿镇东关的一户老人在县旧城拆迁改造过程中，因自己的房屋拆迁，得到补偿款35万元，于是老人决定将部分款项分配给自己的三个儿子。可是在老人与拆迁公司达成拆迁补偿协议领取补偿款后，老人家庭内部为补偿款的分配发生分歧，致使被拆迁房屋不能腾清，直接影响了工程进度，而且老人家庭内部也因此事弄得矛盾重重，老人为此相当头痛。

经审查，老人拟定的补偿款分割方案基本公平，三个儿子每户得款8万元，老人自留11万元以备养老。只是大儿已逝，大儿媳带着患病的儿子，生活没有其他来源，要求照顾，希望多分一点。这样引起了另外两个儿子的不满，老人也觉得这样分配不公，心中很是犯难。

了解情况后，陈玉海嘱咐执行人员首先分别做老人及其他两个儿子的思想工作，希望对母子二人进行特别照顾，最后老人同意再给母子二人5000元，但母子二人仍不同意，工作陷入僵局。为保证拆迁工作顺利进行，构建和谐拆迁氛围，次日陈玉海带领干警和建设部门再次召集双方进行协商。经过艰苦的思想工作，老人深明大义，愿意一次性从自己的11万中再拿出2万元交给大儿媳，算作是给自己的孙子看病的治疗费用。母子二人也表示接受，最终和谐解决了家庭内部矛盾，县建设局的拆迁工作也得以顺利进行。

2

□ 核心提示

十多年来，该局执行案件3000余件，结案标的达1.2亿多元，和解结案的占六成，先后被省高级人民法院荣记二等功一次，被市中级法院荣记三等功二次，2010年被评为全省无执行积案先进法院。局长陈玉海先后获得省、市、县的优秀共产党员和先进工作者等多项荣誉。

□ 执行感悟

一个合格的法官，如果经不起物质利益的诱惑，挡不住人情风的侵蚀，理不清关系网的危害，就会使公正的天平倾斜。

——陈玉海

独特阅历

在2010年的"清理执行积案"活动中，陈玉海挑选了八名具有基层法庭工作经验的执行人员，亲自上阵，全权负责，每天风餐露宿，分片驻点抓涉农案件的执行工作，经过大家8、9两个月连续加班，八名执行干警分成四组，把前期摸排整理出的执行案件包干到人，既联合行动又各个击破。

他们先后到达涿州、张家口、蔚县、宣化、下花园及辖区涉案乡镇，行程近3000公里，经过近两个月的辛勤努力，执结案件53件，为当事人追回案款600余万元，仅拖欠农民工工资就追回270余万元。

钱玉玲与闫秀根交通事故人身损害赔偿一案是几年前执行过的一起案件。当时，涿鹿法院判决闫秀根赔偿钱玉玲医药费、误工费、残疾用具费、被抚养人生活费等各项经济损失130871.7元。钱玉玲申请执行后，因闫秀根经济来源较少，虽经涿鹿法院多次努力，先后执行了1.5万元，此后一直未能全部执结。后闫秀根外出打工多年不归，又无其他可供执行的财产，案件陷入了困境。

钱玉玲多次来法院要求执行。2010年国庆前，钱玉玲及家人又到县委、政府信访，并声称要进京上访。得知这一情况后，院长高永生和陈玉海在第一时间接待了当事人，并主动联系组织召开了由法院、信访局、公安局、信访人所在地的乡镇等有关人员参加的会议，大家一起分析案情、出主意。接着，他们一方面做好信访人的思想工作，安排好家人的生活；一方面加强法院、公安的密切配合，采取有效措施，查找被执行人和财产的下落，尽快执行。

此后一连几日，陈玉海从执行局抽调多名干警除工作日外，还利用业余时间深入到被执行人住地、租住地、可能出现的场所查找下落，通过公安部门查找相关线索。此外，法院执行人员还通过闫秀根的亲戚朋友打听他的消息，并通过其亲属向闫秀根做工作，讲明利害，晓之以理，动之以情，促使其主动履行义务。

最终在法院执行机制的威慑和多方努力下，闫秀根从内蒙古回到涿鹿，到钱玉玲家协商此事，并达成了执行和解协议。一星期后，当陈玉海拿着全部剩余执行款交到钱玉玲手上时，钱玉玲握着他的手，激动得一句话也说不上来。

“这份礼我们不收！”面对被执行人送来的礼品，陈玉海如是说。原来，申请人王桂军与被执行人张秀林、王桂云因林地转让纠纷一案，于2009年3月13日立案，申请人王桂军申请先予执行，2009年3月17日涿鹿法院执行局给被执行人张秀林、王桂云送达了执行通知书。

张秀林、王桂云觉得只要送点礼，通融通融，执行一事可能就不用追究了。于是，2009年3月21日，二人提着茅台系列高档酒两瓶，红塔山香烟一条来找陈玉海。当时就被陈玉海严词回绝，陈还告诉他们，依法执行是法院执行干警义不容辞的责任和义务，对当事人负责就是对国家和法律负责。可是两人并不死心，转而又送到陈局长家中。陈玉海无奈，第二天上午一上班，就将礼品全部交到法院纪检组，并向院党组详细汇报了事情的经过。

在陈玉海看来，一个合格的法官，如果经不起物质利益的诱惑，挡不住人情风的侵蚀，理不清关系网的危害，就会使公正的天平倾斜。执行工作天天与当事人打交道，经常面对几十万甚至上百万的执行款，属于易受腐蚀的高危工作。但陈玉海始终做到廉洁自律，依法办案，坚决防止“人情案、金钱案、关系案”的出现。

在执行局工作的十五年来，他先后拒贿12次，拒贿金额共9860元，拒吃请、拒说情更是不计其数，体现了一个新时期法官刚正不阿、无私奉献的风貌。他以一名普通法官的公正和良知，秉公执法，清正廉明，树立了新时期人民法官的良好形象。

朴实的语言，由衷的信任，是一方百姓对执行局长陈玉海的赞誉。他用自己一颗火热的心，为人民献上了一曲动人的和谐之歌；他用一腔热血和真情，铸就了公正而神圣的法律天平和正义之剑。

近十年来，该局先后执行案件3000余件，结案标的达1.2亿多元，和解结案的占近六成。执行局先后被省高级人民法院荣记二等功一次，被市中级法院荣记三等功二次，2010年被评为全省无执行积案先进法院。陈玉海本人先后获得省、市、县的优秀共产党员和先进工作者等多项荣誉称号。

每次谈到成绩时，他总是摇摇头，不置可否地笑笑，认为工作还没有做到最好，认为这本就是院党组的领导有方。

也确实，近年来，涿鹿法院在以高永生院长为首的党组带领下，已经形成和完善了“一把手亲自抓，分管院长具体抓，其他党组成员配合抓”的执行工作领导机制。党组把执行工作列入重要议事日程，及时学习研究上级关于执行工作的精神，分析执行工作形势，研究执行工作措施；不折不扣地执行上级法院及院党组的工作安排，确保政令畅通，令行禁止；对于执行工作的重大事宜和涉及的突出、敏感问题及时研究解决，千方百计解决人员少，任务重，经费不足的困难，促进了执行工作的顺利开展。

（本文其他作者：景世云）

第二十五章　云南昭通陈昌

乌蒙山反规避执行之战

背景·印象
Background & Impression

当执行干警突然降临他的煤矿，查封他的煤矿经营权、采矿权，并当场通知他：将对煤矿的标的物进行评估、拍卖，冻结其在重庆、昭通等地开设的五个账户，限制其高消费和限制出境时，有着千万身家的被执行人甘某如梦初醒。次日，甘某主动找到申请执行人陈某，在2011年4月29日这天，双方达成了和解执行协议，并给付了欠款及利息一千五百余万元。

这是云南省昭通市中级人民法院开展反规避执行专项行动以来的一个典型案例。这次乌蒙山执行之战，成效显著，切实维护了债权人

1

□ 核心提示

昭通市两级法院采取的公开曝光执行机制，是通过互联网、报纸、电视、广播、电子显示屏及张贴布告等形式公布拒不执行生效法律文书确定义务的被执行人名单，促使被执行人自动履行法定义务。目前，两级法院已形成电子显示屏曝光、电视曝光、布告曝光、广播曝光、网络曝光、报纸曝光等多层次、多样化的曝光体系，有效地促进了执行工作的顺利开展。

□ 执行感悟

由于我们全市两级法院之前的清积工作做的扎实，公开曝光执行机制完善，绩效考核办法落实，才使我们的这次反规避执行专项行动，打了一个漂亮仗。

——陈　昌

的合法权益，回应了社会对司法权威的期待，奏响了一曲和谐凯歌。

独特阅历

云南省昭通市中级人民法院院长陈昌，虽然一贯严谨，但也健谈。在一个阳光明媚的上午，趁他不太忙的时候，我们请他给我们讲讲两年来最大的一次反规避执行之战，他不假思索，快人快语地道来——

早在2009年，昭通中院就建立和完善了曝光执行机制。我们统一部署和安排全市十一家县区法院设立了专职新闻工作人员，有条件的法院成立了新闻中心。

截止2010年12月，全市法院全部配置了专职新闻工作人员，有五家法院设立了新闻中心，各法院均建立了自己的网站，据2010年统计，全市法院网站的点击累计达到两百万余次。利用网站的影响，各县区法院网站建立执行专栏，并将未履行债务的被执行人的情况在互联网上公布，同时与各县区法院新闻中心互动，将未履行债务的被执行人情况录播后投放到当地电视台、广播台，24小时滚动播出，使曝光机制尽量覆盖各个角落，消除曝光盲点。

中院呢，指导各县区法院新闻中心，针对执行专项工作报道建立考核机制，在各专项执行活动中，新闻宣传工作人员均在第一时间，跟踪现场，采集录像、照片，采写文字稿件，向国家，省，市级媒体发布执行工作报道，造成声势，形成影响，取到了较好的互动效果。

据统计，在清积执行和反规避执行专项活动中，全市法院共曝光被执行人员2408名，敦促被执行人主动到法院清结执行2192件案件，执结率达到91.03%，兑现标的14696.62万元。截至2011年6月31日，两级法院执行案件的执结率和实际执行率与去年同期相比分别提高了13个百分点和8个百分点。

与此同时，为了推动全市法院反规避执行工作绩效考核的制度化、规范化，引导和促进执行工作考核科学发展，实现执行工作应有的效率，昭通中院率先出台了《执行工作绩效考核办法（试行）》。

该考核办法的主要内容有：执行工作绩效考核以案件执行为中心，以实事求是的要求和具体的指标为量化标准，以实现案件的公正、及时执行为具体目标，在全市以各法院为单位，对执行工作的有效性进行考评，反映执行工作的真实情况。考核全程公开透明，规范管理，考核结果与奖惩挂钩，充分体现考核机制的引导性和激励性。构建执行工作长效机制的考核包括：是否建立和完善将执行工作纳入社会治安综合治理考核制度，是否建立向综治委进行执行工作信息报告制度；是否建立联动机制、执行工作协调领导制度（执行工作联席会议制度）；是否建立执行救助机制。执行案件的程序性考核包括：执行案件统一由立案庭立案，受理案件符合法定条件；采取各项执行措施符合法定程序；暂缓、中止、终结执行案件符合法定条件；依法处理案外人及执行当事人提出的异议；实行执行公开制度；严格执行办案期限，注重执行效率；实现执行收结案动态平衡；及时办理受托执行案件；法律文书格式规范，引用法律条款准确；严格执行案件的合议和审批制度。执行案件的量化考核包括：执行案件年新收案件执结率达70%以上，刑事附带民事案件的执结率达50%以上，旧存案件的执结率达40%以上。

执行工作管理考核包括：院党组定期研究执行工作；落实上级法院各项工作部署，执行有关决定和意见；制定统一、规范的执行工作制度，形成较为完善的制度体系；严格执行案件流程管理规定和执行文书立卷归档；认真办理上级法院督办的案件，上级法院加强对下级法院执行工作的检查与指导；积极协助外地法院执行。

执行队伍建设考核包括：建立健全执行工作机构和内设机构；执行人员的数量与执行工作的需要基本适应；执行人员大专以上文化程度（含大专）不低于所在法院平均比例；具有审判职称的执行人员不低于全体执行人员的40%；加强执行人员廉政教育，无重大违法违纪事件发生和加强执行理论与实务研究。

执行保障考核包括：配备与执行任务相适应的车辆、警械、通讯、摄像等装备；执行经费有保障；建立司法警察协助执行制度。执行威慑机制建设考核包括：重视执行威慑机制的建立，成立执行案件信息管理领导小组；执行案件信息数据录入全面、及时、准确；制定并严格执行案件信息管理制度。由该院成立执行工作考核领导小组，负责考核工作，考核每年进行一次，严格考核，并将考核结果与评优评先挂钩，奖惩到位。

2

□ 核心提示

“一个月就帮我追回一百多万元，要不是你们采取司法拘留、限制被执行人高消费帮了我，我对生活都要失望了。”当申请人朱明德双手举着锦旗走进昭阳区法院时，发自肺腑地说。

□ 执行感悟

申请执行人的希望就是我们法院的希望，他们有了希望就不会对我们失望。

——陈　昌

独特阅历

“一个月就帮我追回一百多万元，要不是你们采取司法拘留，限制被执行人高消费帮了我，我对生活都要失望了。”当申请人朱明德双手举着锦旗走进昭阳区法院时，发自肺腑地说。

2010年12月3日，申请人朱明德依据已发生法律效力的昭阳区人民法院民事判决书向我院申请强制执行云南创于景航实业有限公司租赁合同纠纷一案。

该案执行标的达100多万元，案件受理后，昭阳区法院执行局干警积极查找被执行人财产线索未果。2011年2月23日，法院干警通知云南创于景航有限公司法人代表周景文来昭阳区法院，通过执行局干警长时间的做工作，以期敦促周景文自觉履行给付义务，但周景文不但不自觉履行给付义务，还企图将其公司所有的财产进行转移。执行局干警果断采取措施将周景文司法拘留，第二天由余某作为担保人并支付5万元后，将周景文提前释放。

昭阳区法院执行干警经过多方努力，终于查找到属被执行人云南创于景航有限责任公司所有的工程机械共计20余台，机械价值足以支付申请人申请的标的。执行干警迅速将其查封，等待下一步处理。若被执行人云南创宇景航有限责任公司继续抗拒执行，法院将对该批财产依法评估拍卖，所得款项用于支付申请人朱明德。

该案在执行过程中，被执行人有意规避法院执行措施。其行为既扰乱了社会主义市场经济次序，也损害了当事人的合法权益。昭阳区法院执行局干警运用反规避执行理念，成功将该案件执结。

“权益人的希望就是我们法院的希望，权益人有了希望就不会对我们失望。”陈昌院长这样说道。近年来，昭通市两级人民法院运用反规避执行理念，成功执结了多起疑难案件，不仅维护了正常的社会主义市场经济次序，实现了为经济建设保驾护航的重要使命，使诉讼当事人的合法诉求最终得到了司法保障，同时也增强了人民法院的司法公信力，在社会上赢得信任和好评。

在昭通中院的引导和规范下，两级法院在各专项执行活动中，均为各专项活动制定了一批制度。

永善法院制定的《关于举报被执行人财产线索实行悬赏的规定》，鼓励一切知道被执行人财产真实情况的公民、法人或其他组织对被执行人财产进行举报或向法院提供可供执行的线索。

大关法院为开展反规避执行专项活动，亦建立相关配套措施，以被执行人财产申报制度和财产调查制度的完善为着力点，以追查被执行人财产为手段，以严厉打击拒执犯罪活动为国家强制力后盾，力求最大限度地保护申请执行人的合法权益，树立司法权威，改善执行环境，建立长效机制，在社会上形成自觉履行生效法律文书的良好氛围，推动执行工作长远健康发展。

为破解执行难，昭阳区法院亦率先在全省制定了《关于昭阳区解决执行难问题的实施意见》，明确规定对财政供养的单位或个人拒不履行法院判决、裁定的或暴力抗拒法院执行的，将坚决查处；涉及单位的将停止核拨业务经费，并追究主要领导及其直接责任人的责任；涉及个人的，除扣发工资外，还将给予严肃处理。

覃卫国与枣阳市金辰钢结构有限公司劳务合同纠纷一案，由水富县人民法院审理，于2010年8月10日作出由枣阳市金辰钢结构有限公司支付覃卫国劳务工程款155357元的判决。枣阳市金辰钢结构有限公司不服上诉，同年11月30日，昭通市中级人民法院作出驳回上诉，维持原判的判决。判决生效后，覃卫国于2011年3月21日向水富县人民法院提出执行申请，要求枣阳市金辰钢结构有限公司支付其工程款155357元及迟延履行金1692元。

在执行过程中，人民法院向协助执行人某股份有限公司送达了执行裁定书、协助执行通知书，要求其协助执行被水富县人民法院依法保全在该局的被执行人枣阳市金辰钢结构有限公司的工程款164476元。但协助执行人没有严格遵守法律规定，擅自向被执行人枣阳市金辰钢结构有限公司支付227877元。

4月27日，人民法院依法向协助执行人发出责令追回擅自支付款项通知书，责令其于本通知书送达之日起7日内追回擅自支付的款164476元，但协助执行人逾期仍未追回款项，其行为已构成妨害执行。水富县人民法院依法裁定由协助执行人在其擅自支付的数额内向申请执行人覃卫国承担164476元的赔偿责任，并对其处以20万元罚款，成为近年来昭通执行工作中向协助执行人开出的最大一张罚单。目前该罚款及需要协助执行划扣的36万余元资金已悉数划到人民法院。

对于此案的成功执结，陈昌院长认为："积极推进反规避执行专项活动，加大对规避执行行为的制裁力度，强化财产报告和财产调查，多渠道查明被执行人财产，强化财产保全措施，加大保全财产和担保财产的执行力度，完善被执行人享有债权和保全执行措施，应用代位权、撤销权诉讼反制规避执行行为；充分运用民事和刑事制裁手段，依法加大对规避执行行为的处罚力度；健全与相关部门资源共享的信用平台，加大舆论宣传力度，充分运用限制高消费措施，防止由于执行行为不规范或者消极执行导致的规避执行行为，遏制和扭转规避执行行为造成的恶劣影响和不良后果，最大限度地实现胜诉债权，维护法律尊严和司法权威。"

在反规避执行期间，陈昌院长亲临大关法院进行了调研，大关县法院院长吉敏介绍了开展反规避执行以来取得的辉煌战果，截至7月15日，大关县人民法院已对四个规避执行或拒不履行义务的被执行人依法进行了拘留，对三个拒不履行义务的被执行人依法进行了罚款。

张银莉、付友松诉李显会占有物返还纠纷一案，经大关县人民法院审理，判决由李显会返还付友松各项费用224654.68元。判决生效后，李显会拒绝履行返还义务。付友松及其监护人张银莉于2011年1月17日向大关县人民法院申请执行。

李显会向人民法院表示本案标的已被其全部焚烧，无法履行返还义务。经执行人员多次做思想工作、释明法律关系，但其态度仍没有改变，还向执行人员提出无理要求，并两次用喝农药的方式威胁执行干警阻挠执行。

因拒绝履行义务，大关县人民法院曾于2011年3月29日作出对李显会拘留十五日的决定。在拘留过程中，李显会提出，如果对方同意认可其所谓3万元钱的借款后，表示可以分两次履行本案的全部款项。执行人员与权利人沟通后，权利人表示可以放弃被执行人提出的3万元钱。

李显会的家属到监所探望后，李显会态度坚决地回复人民法院，其现在无法履行义务，与此前判若两人。4月8日执行人员前往李显会住所地搜查，发现其使用过的存折中有大量资金显示清单，但未查到存款的下落。4月11日，因被执行人李显会拒绝履行法律文书确定的义务，故意隐匿、转移执行标的款，大关县人民法院将该案移送大关县公安局立案侦查。目前，大关县人民检察院已批准逮捕李显会。

据了解，昭通市反规避执行第一阶段取得了辉煌的战果，除绥江县外，其余十个县区和市中院均实现了将执行救助资金列入财政预算的目标，在争创无执行积案法院活动中，全市共有八个法院申报了无执行积案法院，经省院考核验收达标六个，开展反规避执行专项活动以来，两级法院共对19件案件的22名当事人给予了罚款或拘留处罚。其中对1件案件的3名被执行人、1件案件的1名协助执行人进行罚款，对17件案件的18名被执行人给予了拘留处罚，促成了19件案件的执行。全市法院共办结执行案件653件，同比增加7.93%，执结率52.32%，同比上升8.09%，其中市中院执结16件，结案率47.06%同比上升4.56%。

在半年工作总结会上，陈昌再次强调，在全面动员，营造舆论声势，周密部署，制定规范性文件，开展实施行动，收集信息的基础上，我们要建立长效机制，完善综合治理执行难的工作格局，全面总结两级法院在专项活动中创造的大量好经验、好做法的基础上，继续推进反规避执行专项活动，将活动深入下去。

（本文其他作者：王　泉　黄代本）

第二十六章　内蒙包头团体

昆区法院的执行片段

背景·印象
Background & Impression

内蒙古包头市有个昆区，此区法院2011年跨入了全国先进法院的行列，这是一个巨大的荣誉。这个来之不易的荣誉是由多方面的成绩托举而成，而本文只叙述他们殚精竭虑于破解执行难题的事迹片段。

这当中，他们的执行法官以为群众排忧解难为己任，采取各种措施化解执行难题，特别是制定实施了《昆区法院执行案件流程管理操作规程》、《昆区法院反规避执行实施方案》等一系列制度，在以制度促执行之外，还积极探索创新执行举措，加大执行力度，充分发挥了执行和解对构建和谐社会的保障作用。

□ 核心提示

法院执行难已经不是一个新鲜的话题，执行难无疑已成为阻碍法院生效判决兑现的障碍，所以越来越引起社会各界的关注。研究和解决法院执行难的问题，切实保障实现当事人的合法权益，维护社会的公平与正义，就显得十分迫切和必要。

□ 执行感悟

破解执行难是一项系统工程，必须整合各种社会资源和力量，多头并举，循序渐进，既要着眼现实，解决治标的问题，也要立足长远，解决治本的问题。只有坚持标本兼治，综合治理，才能从根本上解决执行难的问题。

——裴向东

独特阅历

现在连好多打过官司的当事人都知道，在法院的执行案件中，有些被执行人履行判决的能力确实有限，申请执行人也因此更加担心自身权益不能得到实现。这种情况下，少数申请执行人会对被执行人一味地责备，使执行工作陷入僵局。

针对这种情况，昆区法院的执行法官们往往站在当事人的角度，不厌其烦地耐心做当事人的思想工作，尽力取得当事人的理解，进而引导当事人逐步走出认识误区，互谅互让，达成和解。

执行局法官裴向东，在处理一件执行案件时，因为申请执行人的孩子不幸患上了白血病，需要巨额医疗费，但被执行人家里也是一无所有、资不抵债。面对这种两难的境地，裴向东没有简单地结案了事，而是不停的奔走于申请执行人和被执行人家中，耐心细致地给双方做工作，使双方能够更多地了解对方的困难。

与此同时，裴向东向自己的领导作了汇报，执行局发动执行干警们给当事人捐款。干警们了解到这种情况，都不约而同地伸出了援助之手，裴向东一下子就把刚发的2000元工资全捐了出去。当执行局法官们将募捐来的钱款交到当事人手中的时候，当事人早已泪流满面，只能用他口里不停发出的“谢谢”两个字来表达他对每一位执行法官的无尽感激！

对于离婚、抚养、赡养纠纷等人身属性较强、不能或不便于使用强制措施的案件，该院执行干警通过主动与双方谈心的方式，深入了解双方的情感基础及矛盾焦点，利用离婚双方对孩子的感情、老人养育子女成人的辛劳、街坊邻居多年的交情等情感交融点感化当事人，在努力化解纠纷的同时，注重促进当事人加强感情交流，通过启发双方当事人换位思考换得双方的相互理解，使感情在原有基础上更加牢固。

抚育费案件是执行中比较有特点的案件，通常涉及到双方当事人的感情纠纷、生活琐事。在处理此类案件中，昆区法院要求执行人员以维护社会和谐、保障未成年人健康成长为出发点，深入了解双方矛盾症结，做好和解工作，使当事人“带着矛盾来、带着微笑走。”

在申请人王某某申请执行李某某抚育费纠纷一案中，双方当事人经法院调解离婚，由王某某给付李某某房屋补偿款10万余元，婚生女孩由王某某抚养，李某某每月支付500元抚育费。因李某某拒绝支付两个月的抚育费1000元，申请人王某某申请法院强制执行。在执行阶段，执行法官王伟接到案件后，立即着手与双方当事人进行沟通，通过数次深入谈话，王伟了解到双方矛盾的根源在是否送小孩学钢琴一事上。找到症结后，王伟再次找到了双方当事人，从有利于孩子上学、成长的角度耐心劝说双方。在王伟法官一次又一次苦口婆心的劝说下，双方当事人最终化解了纠葛，解开心结的被执行人也主动履行了按时交纳抚育费的义务。

对于有的被执行人虽然只有部分执行能力，但主动配合，态度端正，在做好申请执行人思想工作的同时，尽量照顾其实际困难，极力维护社会和谐。

一位年近六旬的老大娘2011年6月步履蹒跚的走进昆区法院执行法官的办公桌前，握着法官的手，满眼泪光的说，“执行法官们，我代表我儿子来法院履行欠款。”

原来，这位老人是被执行人王某的母亲，王某因与李某一起合伙做生意，拖欠李某工程款10万元。李某申请法院强制执行后，执行法官乔洁经多方寻找，得知王某因刑事犯罪正在北京某监狱羁押。

申请人李某得知这一消息后，就对要钱失去了信心。面对这种情况，乔洁法官并没有放弃，他一方面给申请人做工作，劝说其不要着急，相信法院会处理好他的问题，另一方面积极联络被执行人家属，多次上门从情、理、法等各个方面做被执行人家属的思想工作。

在乔洁耐心的劝说下，被执行人王某的母亲主动筹措了一部分钱，并与在监狱羁押的儿子联系，用儿子的一辆车抵偿所欠案款。

对于有一定执行能力而拒不履行义务的被执行人，他们通过采取查封、冻结、扣押财产、拘留等措施，对其形成心理压力，再对其进行细心劝解，刚柔相济，促使其最大限度履行义务或达成具有分阶段给付内容的和解协议。

腾房案件一直以来是执行工作中的重点、难点，为此，昆区法院执行局在日常工作当中注重工作方式的养成，通过不同的个案积累了丰富的经验和技巧，圆满执结一起腾房案件，在确保当事人合法权益的同时，对被执行人进行妥善安置，达到了法律效果和社会效果的统一。

此次腾房行动，被执行人抗拒执法意识较为明显（在标的物内存放3个煤气罐及2桶汽油），执行危险系数较大。为确保腾房工作顺利进行，避免突发事件发生，执行局先后与公安局、交警队、消防队、公证处以及有关人员及时进行接洽，并召开专项工作会议，就实施强制措施时可能遇到的突发事件与各方进行紧急磋商，制定了详细的工作预案，使各方人员紧密衔接，各司其职，各负其责，确保腾房工作顺利进行。

2011年3月17日上午9时，按照预案，消防队驾驶专车预先到达指定地点待命，公安干警随即封锁现场，交警封锁道路，我执行干警和法警队员按照预案要求，迅速进入现场，控制标的物内相关人员及易燃易爆品，并将被执行人强制带离现场，清空标的物内无关人员，全过程仅用时10分钟。取证组则对全程进行跟踪拍摄、录像，做好取证工作。物品清点组协同公证处人员分批次对相关物品依次进行查点、封存。稳控组成员及时与被执行人进行沟通，做好被执行人的思想工作。至上午11时，腾房工作圆满结束。

此次行动，涉及部门广，危险系数高，执行难度大，执行局为此做了充分的准备工作，得到了院领导及有关各方强有力的支持，我院法警队员不惧危险，迎难而上的密切配合，是此次行动得以顺利进行的有力保障。在今后的工作当中，执行局将进一步加强与各部门之间的沟通，协调，确保执行工作在和谐、稳定的大环境中进行。

（作者：敖旭扬　陈　静）